꼬인 인생을 풀고 새출발 하고 싶은 분의 책

꼬인 인생을 푸시려면 이리해보세요

강요셉 지음

"그런즉 누구든지 그리스도 안에 있으면 새로운 피조물이라 이전 것은 지나갔으니 보라 새것이 되었도다"(고후5:17)

성령

꼬인 인생을
풀시려면
이리해 보세요.

성령

들어가는 말

들어가는 말

'왜 이렇게 일이 안 풀릴까?' 왜 하는 일마다 꼬일까, 사주와 팔자가 나빠서일까, 아니면 부모를 잘못 만나서일까, 아니면 운이 나빠서일까? 필자가 지금 인생 71년 동안 인생을 살고, 25년 이상을 인생이 꼬인 사람들을 치유하다가 임상적으로 깨달은 것은 첫째가 마음의 상처입니다. 둘째가 혈통으로 대물림되는 귀신의 저주입니다. 셋째가 본인의 불찰인 욕심이 많고 분노가 심하고 우둔하여 당하는 것입니다. 그래서 성령의 임재 가운데 인생을 꼬이게 하는 원인들을 찾아서 적극적으로 해결하고 귀신을 쫓아내야 하는 것입니다.

많은 분들이 일이 잘 풀리는 때보다 꼬이는 때가 더 많다고 느끼며 살아갑니다. 직장에, 가족에, 바쁜 일상 속에 '내가 누구인지' 잊고, 나를 잃어버리고 사는 날도 많습니다. '하나님은 모든 것을 안다'는 것은 무슨 뜻일까요? 하나님은 그 원인과 뜻을 알고 계십니다. 성령으로 세례를 받고 성령 안에서 자신을 투시하면서 원인을 알고 적극적으로 해결해야 합니다. 인간의 문제와 그 뜻을 알고자 노력했던 옛 선인들은 자연의 이치를 살피고, 인간과 그 사회의 이치를 살피며 많은 학문적 이론을 설파했다고 합니다.

본인의 인생이 자꾸 꼬이는 이유를 자신의 안에서 찾지 아니하고 남 탓으로 돌린다는 것입니다. 이혼남은 '직업을 잘못 선택한 것'으로 돌리고, 이혼녀들은 '초혼 상대를 잘못 선택한 것'으로 돌린다는 것입니다. 이렇게 인생이 풀리지 않는 이유는 다른 사람을 탓하고 다른 곳에서 찾으려고, 시간을 낭비하기 때문이라고 생각합니다. 대부분 사건은 반드시 이유가 있습니다. 시험에 불합격한 이유는 공부량이 부족했기 때문입니다. 살이 찌는 이유는 많이 먹기 때문입니다. 길을 가다가 넘어진 이유는 주변을 잘 살피지 않았기 때문입니다.

이렇게 일어나는 문제에 대하여 환경과 남을 개입시킬 틈이 없습니다. 대부분의 과실은 본인에게 있습니다. 이렇게 사건 대부분에 원인이나 이유가 있는 것과 같이 인생이 꼬이는 것에도 반드시 원인이나 이유가 있는 것입니다. 자신 안에서 인생의 꼬이는 원인을 찾아야 합니다. 이는 한 차원 깊은 상태가 되어야 깨달을 수가 있는 문제입니다. 반드시 성령으로 세례를 받고 성령으로 충만하여 영의 눈을 열어야 깨달을 수 있는 영적-정신적-육체적인 문제입니다. 이는 성령으로 깊은 차원에 들어가 하나님께서 알려주셔야 알 수 있는 문제입니다. 이 책을 읽는 분 모두 예수님의 은혜로 꼬이는 인생을 정리하고 하나님의 축복 속에서 날마다 건강하게 행복하게 사시기를 바랍니다.

주후 2025년 2월 06일

충만한 교회 성전에서

저자 강요셉목사

세부적인목차

3부 꼬인 인생을 풀려면 어떻게 할까요?

4부 꼬인 인생을 풀고 새롭게 사는 사람들

5부 꼬인 인생을 바꾸는 적극적인 방법

1부 인생이 꼬이는 분명한 원인은 이것이죠

1장 인생이 꼬이는 것은 이렇게 분명한 이유가 있지요.

나는 왜 예수님을 믿는대도 잘 풀리지 않고 하는 일마다 꼬이는 인생을 살고 있을까? 예수만 믿으면 축복을 받는 다고 했는데 왜 풀리지 않을까? 분명하게 하나님은 불러서 단련하시고 축복하시는 하나님이십니다. 인생이 잘 풀리는 사람들은 제각각 자신만의 이유로 잘 풀리는 것처럼, 인생이 꼬이는 이유 역시 사실 다양한 이유가 분명하게 있다는 것입니다. 인생이 풀리지 않는 이유는 다른 사람을 탓하고 다른 곳에서 찾으려고, 시간을 낭비하기 때문이라고 생각합니다. 대부분 사건은 반드시 이유가 있습니다. 시험에 불합격한 이유는 공부량이 부족하고 집중하지 못했기 때문입니다. 살이 찌는 이유는 많이 먹고 운동하지 않기 때문입니다. 길을 가다가 넘어진 이유는 주변을 잘 살피지 않고 주의를 게을리 했기 때문입니다. 이렇게 일어나는 문제에 대하여 환경과 남을 개입시킬 틈이 없습니다. 대부분의 과실은 본인에게 있습니다. 이렇게 사건 대부분에 원인이나 이유가 있는 것과 같이 인생이 꼬이는 것에도 반드시 원인이나 이유가 있는 것입니다. 자신 안에서 인생의 꼬이는 원인을 찾아야 합니다.

필자는 40대 중반까지 꼬이는 인생을 살았습니다. 필자가 군대에서 명퇴를 하고 나올 때의 솔직한 심정은 우리 식구들 모두 굶어서 죽는 줄만 알았습니다. 아무것도 보이지 않았습니다. 그러나 하나님에게 기도하고 하나님에게만 소망을 두고 하나님이 지시한 일을 하면서 순종하고 성령의 인도를 따라오니 지금은 영적 정신적 육적으로 부자가 되어가고 있습니다. 하나님께서 시시 때때로 있어야 할 것을 아시고 채워주시는 하나님이라는 것을 몸으로 눈으로 체험하게 하십니다. 하나님은 말씀하시고 이루시는 하나님이라는 것을 체험하게 하십니다. 여러분 하나님에게 소망을 가지시기를 바랍니다. 하나님은 이렇게 말씀하셨습니다.

(신8:1-3)"내가 오늘 명하는 모든 명령을 너희는 지켜 행하라 그리하면 너희가 살고 번성하고 여호와께서 너희의 조상들에게 맹세하신 땅에 들어가서 그것을 차지하리라 네 하나님 여호와께서 이 사십 년 동안에 네게 광야 길을 걷게 하신 것을 기억하라 이는 너를 낮추시며 너를 시험하사 네 마음이 어떠한지 그 명령을 지키는지 지키지 않는지 알려 하심이라 너를 낮추시며 너를 주리게 하시며 또 너도 알지 못하며 네 조상들도 알지 못하던 만나를 네게 먹이신 것은 사람이 떡으로만 사는 것이 아니요 여호와의 입에서 나오는 모든 말씀으로 사는 줄을 네가 알게 하려 하심이니라." 하나님의 말씀은 일점일획도 거짓이 없습니다. 하나님의 음성을 듣고 계명을 지키는 자에게 복을 허락하시는 하나님이십니다. 제가 이것을 체험적으로 체험한 목사입니다. 이제 필자가 얼마나 꼬이는 인생을 살았는가 설명을 하겠습니다. 먼저 이 말씀에서는 너무 할 말이 많아서 2번으로 나누어서 말씀을 정리하여 설명할 예정입

니다. 이해하시고 바로 뒤 2장에서 설명되는 말씀을 읽으시면 제가 꼬인 인생을 풀고 노면에 잘 지내는 비결을 터득하실 것입니다.

제가 어렸을 때를 생각하면 밥을 굶는 날이 먹는 날보다 많았던 것 같습니다. 아버지가 병이 들어 일을 제대로 못하시니 우리 집이 지지리도 빈곤했습니다. 어느 날은 제가 초등학교 3학년 때인 것 같습니다. 밥을 3일을 먹지 못하고 학교를 가다가 그만 개울에 넘어져서 일어나지 못하는 것을 외할아버지가 발견하시어 끄집어내서 살았습니다. 외할아버지가 저를 아주 사랑하셨습니다. 왜냐하면 심부름을 잘 했기 때문입니다. 개울에서 끄집어내시면서 질문을 하셨습니다. 왜 개울에 빠졌느냐. 밥을 2일을 못 먹어서 힘이 없어서 빠졌습니다. 그렇게 밥을 못먹고 힘이 없으면 학교에 가지 말지 왜 학교에 간다고 나와서 개울에 빠셨단 밀이냐. 내(외할아버지)가 너를 발견하지 않았더라면 이 추위에 얼어 죽었다. 이놈아. 할아버지 학교에 가면 점심에 강냉이죽을 주기 때문에 그것 얻어 먹으려고 학교에 가려고 한 것입니다. 당시 학교에서 필자와 같이 가난한 학생들을 위하여 미국에서 원조로 들여온 강냉이 가루로 죽을 쑤어서 나누어 주었습니다. 아마 제 또래 되시는 50년대에 태어나서 시골에서 살던 분들은 이해하실 것입니다.

이 또 한번은 이런 일이 있었습니다. 제가 어렸을 때는 겨울에 눈이 그렇게 많이 내렸습니다. 눈이 많이 내리니, 아버지께서 일을 못 하시니 돈을 벌지를 못하여, 양식은 없고 김치만 먹으며 살아갈 때입니다. 지금 아이들에게 그런 이야기를 하면 라면을 끓여서 먹으면 되지 않느냐고 하는 아이들이 있습니다만, 그때 형편으로는 그렇지를 못했습니다. 한번은 아버지가 전주에 다녀오시더니 쌀을 한 자루를 가지고 오셨습니다. 어머니가 이 쌀을 아껴서 먹는다고 저의 동생의 베개에 넣어 한동안 베고 자던 보리쌀을 끄집어내어 쌀하고 섞어서 밥을 지었습니다. 그 보리쌀이 상했던 것입니다. 그 밥을 아주 맛있게 먹고 식구가 모두 배탈이 나서 아주 고생했던 생각이 떠오릅니다. 또 이것이 생각이 납니다. 제가 초등학교 4학년 때인 것으로 기억이 납니다. 너무 여러 날을 굶어 힘이 없어서 학교에 가지 못했습니다. 그때는 학교에서 점심에 강냉이죽을 끓여서 빈곤한 학생들에게 점심때 먹게 하던 시절입니다. 학교에 가면 점심시간에 강냉이죽이라도 얻어먹을 수가 있는데 힘이 없이 가지를 못한 것입니다. 그런데 힘이 없어 낮잠을 자던 중에 꿈을 꾸었는데 학교에서 강냉이죽을 받아서 아주 맛있게 먹는 꿈을 꾼 것입니다. 그런 후 깨어나 보니 꿈이었습니다. 그때 그 서운함은 지금도 생각에서 사라지지 않습니다.

이렇게 제가 어려서부터 몇 년 전까지 정말 인생이 꼬여서 비참한 인생을 살았습니다. 어려서는 앞에서 말씀드린 것 같은 고생을 했고, 군대에 있을 때도 물질이 이상하게 새 나가서 항상 쪼들리는 생활을 했습니다. 정말 사람 노릇을 못 하고 살았습니다. 결정적인 승진의 때에 이상하게 일이 꼬여서 승진 못 하고 결국은 명퇴하는 일을 당했습니다. 군에 대하여 여러 이야기를 많이 하고 싶으나 지금 청운의 꿈을 안고 군 생활을 열심히 하는 젊은 장교들의 사기에 영향을 미칠 것 같아서 생략합니다. 저에 대하여 함께 근무한 사람들은 다 압니다. 그래서 자신 있게 책을 쓸 수가 있는 것입니다. 워낙 원리 원칙을 주장하고 비리와는 타협하지 않고 아부하지 않고 오직 주 만 바라보고 군 생활을 성실하게 했습니다. 제가 군 생활 23년 했는데 깨끗하게 했습니다. 부끄러우면 없는 군 생활을 했습니다. 그것 때문에 하나님의 눈에 들어서 목사가 되었는지 모릅니다. 전역하고 얼마나 힘이 들었는지 모릅니다. 저는 신학대학원을 다니고 아이들은 중고등학교에 다니고 물질 문제로 거지와 다름없는 생활을 했습니다. 목사 안수를 받고 교회를 개척해서 열심히 전도해도 교회가 부흥되지 않고 다 큰 딸아이들을 데리고 소돔과 고모라와 같은 향락이 판을 치는 곳, 교회당 뒤에 방을 만들어서 4년이나 살았다는 것 아닙니까? 이렇게 혈통을 타고 대물림되는 빈곤의 마귀 저주로 고통을 당하다가 하나님의 은혜로 제가 신학을 하고 목사가 되어 교회를 개척하고 하도 교회가 부흥되지 않아 부르짖어 기도했습니다.

기도하다가 앞으로는 영성이다. 21세기는 영성이다. 영성! 영성! 영성! 이라는 하나님의 음성을 듣고 영의 눈을 뜨기 시작하여 영적인 사역에 관심을 가지다 보니, “성령의 불세례를 체험하라” “불같은 성령의 기름 부으심” 이라는 책에서 간증한 바와 같이 성령의 강한 불도 여러 번 체험하고, 내적 치유도 1년을 받고, 혈통의 대물림을 끊는 세미나도 4번이나 참석하여 받았습니다. 그때부터 혈통에 대물림되는 마귀의 저주가 있다는 것을 인정하고 사모하고 함께 본격적으로 영적 전쟁에 돌입하여 계속 대적 기도하며 마귀와 일전을 벌였습니다. 제가 직접 혈통의 대물림을 끊는 세미나도 수없이 진행했습니다. 특히 마귀 저주를 끊는 세미나에 참석하고 우리 친가의 죄악을 회개하고 마귀 저주를 끊고 역사하는 악귀를 쫓아내고, 외가에 역사하는 무당의 영들에 의한 우상숭배의 죄악을 회개하고 마귀의 저주하는 줄을 끊고 빈곤으로 저주하던 악귀를 축사했습니다. 그럴 때마다 수많은 악귀가 쫓겨 나갔습니다.

저는 대충 신앙생활 할 그때는 악한 영이 들어오는지 나가는지 잘 몰랐지마는 목사가 된 다음, 성령으로 세례를 받고 조금 깊어져서 영적인 민감성이 강해지면서 성령께서 저에게 악한 영이 들어오고 나가는 것을 알게 하십니다. 악한 영이 들어올 때는 순간 아찔하면서 머리가 어지럽고 띵해집니다. 숨을 깊게 들이쉬고 내쉬면서 성령의 임재를 요청하고 성령의 임재가 충만해지면, 예수 이름으로 명하노니 떠나가라, 하고 명령을 계속하면 악한 영이 떠나갑니다. 악한 영이 나갈 때 저는 거의 재채기를 하거나, 하품하고 나가는 것을 체험적으로 알 수가 있습니다. 체험인 것은 재채기 나 하품을 하고 나면 머리가 순간 시원해지는 것입니다.

한번은 이런 일이 있었습니다. 그때는 성령의 체험도 했을 때이고, 성령 치유 사역을 한창 하던 시기입니다. 낮에 사모하고 교회에서 기도하고 있는데 갑자기 성령께서 "너의 목회를 방해하고 빈곤하게 하는 악귀를 몰아내라," 는 감동을 주시는 것입니다. 그래서 제가 "예수 이름으로 명하노니 나의 목회를 방해하고 빈곤하게 하는 더러운 귀신은 예수 이름으로 명하노니 떠나갈지어다." 예수 이름으로 명하노니 나의 목회를 방해하고 빈곤하게 하는 더러운 귀신은 예수 이름으로 명하노니 떠나갈지어다." "예수 이름으로 명하노니 나의 목회를 방해하고 빈곤하게 하는 더러운 귀신은 예수 이름으로 명하노니 떠나갈지어다." 하고 3번 이상 명령을 하면서 올라오라고 했더니 막 하품이 나오기를 한 20번 이상 나오면서 더러운 악한 영들이 떠나가는 것이었습니다. 하품하기를 한참 했더니 이제 아랫배가 뒤틀리고 아프면서 악한 영들이 떠나갔습니다. 교회당 안에서 강력한 불의 역사가 일어나고 제가 성도들을 붙잡고 기도하며 악한 영들을 축사하고 사역해도 나를 괴롭히고 목회를 방해하고 빈곤하게 하던 악한 영들이 떠나가지를 않은 것입니다. 예수만 믿으면 악한 영은 자동으로 떠나간다는 말은 근거 없이 체험 없이 하는 말입니다.

제가 임상적으로 경험한 바로는 악한 영은 본인이 인정하고 예수 이름으로 대적할 때 떠나가는 것입니다. 인정하지 않고 대적하지 않으면 절대로 떠나가지 않습니다. 알아야 할 것은 꼬이는 인생을 살아가면서 빈곤하게 하는 것은 하나님의 뜻이 아니라, 빈곤의 배후에는 빈곤의 악귀가 있다는 것입니다. 사주팔자가 나빠서 인생이 꼬이는 것도 아닙니다. 앞으로 { 꼬인 인생을 푸시려면 이렇게 해보세요 } 라는 제목의 책을 출간할 예정입니다. 인생이 꼬이는 것은 사주팔자가 나빠서 그러는 것도 아닙니다. 제가 71년 동안 인생을 살고, 25년 이상을 인생이 꼬인 사람들을 치유하다가 임상적으로 깨달은 것은 마음의 상처입니다. 혈통으로 대물림되는 귀신의 저주입니다. 본인의 불찰인 욕심이 많고 분노가 심하고 우둔하여 당하는 것입니다. 이는 하나님만이 아시는 일입니다. 그래서 성령의 임재 가운데 인생을 꼬이게 하는 원인을 찾아서 해결하고 귀신을 쫓아내야 하는 것입니다. 교회를 개척하고 영육으로 고생을 많이 했습니다. 특히 물질로 고생을 많이 했습니다. 그러나 저는 반드시 축복받는다는 믿음으로 믿음의 말을 선포했습니다. 우리 교회와 가정에 물질 고통을 주고 있는 악한 영은 예수 이름으로 명하노니 떠나갈지어다. 떠나간 곳에 재정축복의 영이 임할지어다. 정말 많은 날을 믿음의 말을 선포하며 기도했습니다. 심지어 찬양도 축복받는 찬양을 불렀습니다. 제가 즐겨 부르던 찬양이 "반드시 내가 너를 축복하리라"입니다. 한번 불러보겠습니다.

1절→반드시 내가 너를 축복하리라. 반드시 내가 너를 들어 쓰리라. 천지는 변해도 나의 약속은 영원히 변치 않으리. 두려워 말라 강하고 담대하라. 낙심하며 실망치 말라. 낙심하며 실망치 말라 실망치 말라. 네 소원 이루는 날 속히 오리니 내게 영광 돌리리. 영광의 그날이 속히 오리니 내게 찬양하여라.

2절→반드시 내가 너를 축복하리라. 반드시 내가 너를 들어 쓰리라. 세상의 소망이 사라졌어도 온전히 나를 믿으라. 두려워 말라 강하고 담대하라. 인내하며 부르짖으라. 인내하며 부르짖으라. 부르짖으라. 네 소원 이루는 날 속히 오리니 내게 영광 돌리리. 영광의 그날이 속히 오리니 내게 찬양하여라.

3절→반드시 내가 너를 축복하리라. 반드시 내가 너를 들어 쓰리라. 사단의 역사가 강할지라도 온전히 나를 믿으라. 두려워 말라 강하고 담대하라. 담대하게 전진하여라. 담대하게 전진하여라. 전진하여라. 네 소원 이루는 날 속히 오리니 내게 영광 돌리리. 영광의 그 날이 속히 오리니 내게 찬양하여라. 두려워 말라. 강하고 담대하라. 담대하게 전진하여라. 담대하게 전진하여라. 전진하여라. 네 소원 이루는 날 속히 오리니 내게 영광 돌리리. 영광의 그 날이 속히 오리니 내게 찬양하여라. 아멘

제가 음치지만 찬양을 인도하면서 계속 불렀습니다. 하도 많이 부르니, 우리 사모하고 아이들이 그만 부르자고 했습니다. 그러나 저는 반드시 축복을 받는 다는 믿음을 가지고 "반드시 내가 너를 축복하리라" 축복 송을 불렀습니다. 그 결과 믿음의 말을 선포한 대로 지금 노년이 인생이 풀리고 복을 받고 있습니다.

좌우지간 저는 목회를 방해하고 빈곤하게 하는 귀신을 쫓아냈습니다. 하나님께서 하라는 대로 성령으로 충만하고 영적인 사역을 했습니다. 믿음의 말로 선포하며 영적 전쟁을 치루면서 성령치유집회를 하고, 성령 충만한 기도로 성전을 장악하는 활동을 강하게 한 이후부터 서서히 교회의 재정이 풀리기 시작을 했습니다. 교회가 부흥하여 교회 뒤에서 칸을 막고 4년이나 거지같이 살던 생활을 접고 아파트도 얻어서 밖으로 나가고, 교회도 서울로 이전하여 지금 목회를 잘하고 있는 것입니다. 그리고 가정의 물질도 서서히 풀려서 어려움이 없어지고 필자가 하나님의 진리의 말씀의 비

밀이 깨달아지는 만큼씩 자신을 정확하게 볼 수 있는 영안이 열리고 성령께서 깨닫게 해주시는 죄악들을 회개하여 심령을 정화하여 영적으로 깊어져서 하나님을 기쁘시게 하는 만큼씩 교회도 부흥하고 여러 가지 환경이 눈에 보이게 좋아지고 있는 것입니다.

지금 재정적인 고통을 당하고 계십니까? 사주와 팔자라고 핑계대지 말고 성령으로 세례를 받고 성령 안에서 원인을 찾아서 해결하시고 영적인 문제라면 귀신과 영적전쟁 하시기를 바랍니다. 그러면 서서히 재정의 문제가 풀리기 시작할 것입니다. 이렇게 볼 때 빈곤의 배후에는 악한 마귀 악귀의 역사가 있습니다. 책을 읽는 분들은 긍정적인 믿음을 가지고 선포하시기를 바랍니다. 그러면 빠르면 1년 늦으면 3년 이내에 꼬인 인생이 풀리면서 빈곤의 고통이 물러가고 하나님의 축복이 임하는 것을 체험하게 될 것입니다. 우리 자녀들이 서울로 이전하니 이렇게 이야기합니다. 우리가 지금 이렇게 된 것은 하나님이 일으키신 기적이라고 간증합니다. 도저히 사람의 힘으로는 벗어날 수 없었던 꼬인 인생의 문제와 빈곤의 환경을 성령의 역사로 바꾸어 하나님은 기적을 일으키시는 분이라고 어린아이들이 간증하게 하시는 것입니다.

하나님은 기적의 하나님이십니다. 그리고 체험하게 하시는 하나님이십니다. 그냥 기적을 체험하게 하시는 하나님은 아니십니다. 마음이 치유되어 심령이 하나님의 마음에 합하면 합한 만큼 서서히 여러 가지 환경을 풀어주시는 하나님 이십니다. 하나님의 말씀에 요행이라는 것은 없습니다. 마음과 정성을 드리고 심은 만큼 보답해 주시는 하나님이십니다. 희망과 꿈을 가지고 꼬인 인생의 문제를 찾아서 해결하시고 인생의 삶을 풀어가시기를 바랍니다.

꼬이는 인생을 풀어서 해피엔딩하려면 예수를 믿고 죽고 예수님으로 다시 태어나 새로운 인생을 살아야 합니다. 그런데 예수만 믿으면 고난이란 것은 전혀 다가오지 않고, 꿈같이 아름다운 생활만 다가올 것이라고 오해하고 있는 것입니다. 그러나 실상은 그렇지 않습니다. 물론 예수를 믿음으로 말미암아 우리는 놀라운 은혜와 축복을 못 받는 것은 아닙니다. 반드시 놀라운 하나님의 은혜와 축복이 내려오는 것입니다. 그와 동시에 또한 많은 시련과 환난도 다가옵니다. 자기 자신의 재능과 자아를 십자가에 못 박아 육체를 신뢰하지 못하게 하기 위해서입니다. 하나님은 우리를 위하여 부르신 것이 아니고, 하나님이 사용하시기 위하여 부르셨기 때문에 그의 뜻에 순종하도록 훈련하시는 것입니다. 이 시험과 환란을 통하여 우리의 인격이 변화 받아 하나님의 인격을 닮아 가도록 성령이 이끌어가는 것입니다. 단련을 통하여 우리들은 하나님이 쓰시기에 합당한 그릇이 되도록 하나님께서 인도해 주시는 것입니다.

꼬인 인생을 풀고 새 출발하도록 성령 하나님께서 이끌어가시는 것입니다. 성령 하나님께서 우리를 통하여 세상에 살아계심을 나타내야 하기 때문입니다. 우리가 잘 되도록 이끌어 가신다는 말입니다. 토기장이는 그릇을 만들고 난 다음에 불가마에 넣어서 뜨거운 불로 구워냅니다. 이러므로 그릇을 차곡차곡 가마에 쌓아놓고 그 다음 수 백도의 열을 올려서 그릇을 구워 놓으면 그릇이 반질반

질하게 아주 모양도 좋고 강도도 강해서 쓰기에 합당하고 좋은 상품이 되어 버리고 마는 것입니다. 오늘날 꼬인 인생을 풀고 천국의 가장 좋은 상품이 될 수 있는 길은 예수를 믿고 죽고 예수로 다시 태어나 성령의 세례와 성령의 불로 충만 받아야만 되는 것입니다. 아무리 하나님 앞에서 사명을 받고 그릇이 되었어도 성령의 불로 충만 받지 않으면 그는 훌륭한 상품이 되지 못합니다. 꼬이는 인생이 됩니다. 쉽게 낙심하고 포기합니다.

이래서 우리 주님께서는 예수님의 제자들이 진실로 3년 반 동안 예수님을 따라다니면서 하나님이 사용하시기에 합당한 그릇이 되었지만, 오순절 다락방 성령의 불도가니를 지나기 전에는 결코 밖에 나가서 복음 전하기를 허락하지 않았습니다. 이러므로 오늘 우리가 다 예수님을 믿고 하나님의 쓰시기에 합당한 그릇이 되었으면, 그 다음에는 성령의 불로 세례를 받고, 지속적으로 성령으로 충만함을 받아서 불로 구워지고 잠재의식이 정화되어져야만 되는 것입니다. 성령 세례받지 아니하고 성령의 불로 충만함을 받지 아니하고는 잠재의식이 정화되지 않아서 하나님이 쓰시기에 합당한 훌륭한 그릇이 될 수는 없는 것입니다. 이렇기 때문에 꼬인 인생을 풀기를 원하시면 마음의 결심을 하고 하나님의 불도가니에 들어가십시오. 성령의 불도가니에 들어가서 성령의 세례를 받고 나면 잠재의식의 상처가 정화되면서 꼬인 인생을 풀 수 있는 사명이 뚜렷해집니다. 사명에 순종하면 새 출발하여 꼬인 인생이 풀리면서 해피엔딩 하게 되는 것입니다.

2장 꼬인 인생을 풀려면 어떻게 하면 될까요.

'나는 왜 이렇게 일이 안 풀릴까?' 왜 하는 일마다 꼬일까, 사주와 팔자가 나빠서일까, 아니면 부모를 잘못 만나서일까, 운이 나빠서 이럴까? 무슨 이유가 있을까? 필자가 지금 인생 71살과 인생이 꼬이는 사람들을 치유하다가 보니 인생이 꼬이는 것에는 이유가 있다는 것입니다. 알아야 할 것은 꼬이는 인생을 살아가면서 빈곤하게 하는 것은 하나님의 뜻이 아니라, 빈곤의 배후에는 인생을 꼬이게 하고 빈곤의 악귀가 있다는 것입니다. 사주팔자가 나빠서 인생이 꼬이는 것도 아닙니다. 그래서 **{꼬인 인생을 푸시려면 이리해 보세요}** 라는 제목의 책을 출간하는 것입니다. 인생이 꼬이는 것은 사주 팔자가 나빠서 그러는 것도 아닙니다. 제가 71년 동안 인생을 살고, 25년 이상을 인생이 꼬인 사람들을 치유하다가 임상적으로 깨달은 것은 첫째가 마음의 상처입니다. 둘째가 혈통으로 대물림되는 귀신의 저주입니다. 셋째가 본인의 불찰인 욕심이 많고 분노가 심하고 우둔하여 당하는 것입니다. 그래서 성령의 임재 가운데 인생을 꼬이게 하는 원인들을 찾아서 적극적으로 해결하고 귀신을 쫓아내야 하는 것입니다.

우리는 일이 잘 풀리는 때보다 꼬이는 때가 더 많다고 느끼며 살아갑니다. 직장에, 가족에, 바쁜 일상 속에 '내가 누구인지' 잊고, 나를 잃어버리고 사는 날도 많습니다. '하나님은 모든 것을 안다'는 것은 무슨 뜻일까요? 하나님은 그 원인과 뜻을 알고 계십니다. 성령으로 세례를 받고 성령 안에서 자신을 투시하면서 원인을 알고 적극적으로 해결해야 합니다. 인간의 문제와 그 뜻을 알고자 노력했던 옛 선인들은 자연의 이치를 살피고, 인간과 그 사회의 이치를 살피며 많은 학문적 이론을 설파했다고 합니다.

제가 꼬인 인생을 풀고 어려운 시절을 돌파하고 노년에 정상적인 삶을 사는 과정을 요약하여 설명하면 이렇습니다.

첫째, 성령으로 세례를 받고 말씀과 성령으로 영적인 눈을 열었습니다. 예수를 믿고 성령으로 세례를 받고 성령 안에서 영적으로 눈을 뜨다가 보니, 인생을 꼬이게 한 배후에 영적인 존재가 있다는 것을 알게 되었습니다. 이는 한 차원 깊은 상태가 되어야 깨달을 수가 있는 문제입니다. 반드시 성령으로 세례를 받고 성령으로 충만하여 영의 눈을 열어야 깨달을 수 있는 영적-정신적-육체적인 문제입니다. 이는 성령으로 깊은 차원에 들어가 하나님께서 알려주셔야 알 수 있는 문제입니다. 제가 여기서 말씀드리고 싶은 것은 모든 성도들이 영적인 세계를 보는 눈이 열려야 한다는 것입니다.

영적인 세계에는 성령님이 계십니다. 마귀도 있습니다. 성령으로 거듭난 사람의 영도 있습니다. 영적 세계에 대하여는 제가 써서 출간한 "카리스마로 영적세계를 장악하는 법" 과 "영들을 보는 눈을 개발하라" 책을 참고하시기를 바랍니다. 하나님은 예수를 믿고 성령으로 거듭난 성도들을 통하여 이 땅에 하나님의 나라를 건설하십니다. 그래서 성도들에게 소원을 두고 행하십니다. (빌2:13-14)"너희 안에서 행하시는 이는 하나님이시니 자기의 기쁘신 뜻을 위하여 너희에게 소원을 두고 행하게 하시나니. 모든 일을 원망과 시비가 없이 하라" 성도들에게 소원을 두신 하나님이 우리를 고통을 당하면서 살도록 저주하실리가 만무한 것입니다. 인생이 꼬이고 빈곤하게 하는 배후에 반드시 원인이 있고, 마귀, 귀신이 있을 수가 있다는 것입니다. 귀신의 저주로 인하여 인생이 꼬이고 악몽의 세월이 왔다는 것을 알게 되었다면 빈곤 탈출은 절반은 된 것입니다. 많은 분들이 인생이 꼬이고 불통의 세월을 살아가는 것은 귀신으로부터 말미암았다는 것을 인식하지 못합니다. 그래서 조상 탓을 합니다. 내가 조상을 잘못 만나 인생이 꼬이고 빈곤하게 산다고 합리화하고 영적인 문제를 해결하려고 하지를 않습니다.

그러나 이것은 해결책이 되지 못합니다. 저는 조상 탓을 하는 성도를 제일 싫어합니다. 목사님 우리 조상들이 우상을 숭배하여 제가 이렇게 고생을 합니다. 성인이 되어 출가를 했으면 자신이 꼬이는 문제의 원인을 고쳐서 빈곤을 청산하려고 노력을 해야 맞는 것입니다. 성도가 빈곤을 탈출하려면 먼저 영적인 눈이 열려야 합니다. 영적인 눈이 열리기 전에는 절대로 빈곤에서 탈출할 수가 없습니다.

둘째, 빈곤은 선조들의 우상 숭배로 왔다는 것입니다. 제가 영적인 눈을 뜨고 저의 가계를 살펴보니 선조들의 우상숭배가 말로 표현할 수 없을 정도로 많이 했다는 것입니다. 제가 어렸을 때 우리 집에 제사가 1년에 26번이나 된다고 아버지가 늘 말씀하셨습니다. 없는 집에 제사 돌아오는 것 같다더니 우리 집이 그랬습니다. 큰 아버지가 돌아가셨을 때는 집 모퉁이에 제단을 만들어 놓고 아침마다 밥을 해다 놓고 아버지가 절을 하는 것을 보았습니다.

저의 외가도 만만치 않습니다. 툭하면 무당을 데려다가 굿을 했습니다. 제 눈으로 똑똑하게 보았습니다. 저의 외할아버지가 중병이 들어 일어나지 못해서 무당을 데려다가 굿을 몇 번하는 것을 저는 잠을 자지 않고 가서 구경을 했습니다. 이것을 보고 자란 저의 어머니 역시 아버지가 돌아가시고 나니 툭하면 점을 치고, 굿을 하곤 했습니다. 제가 이것이 죄악이라는 것을 깨닫고 가계저주를 끊는 집회에 참석하여 회개하고 귀신을 몰아내니 귀신들이 하품을 통하여 나가는데 썩는 냄새를 풍기고 나갔습니다. 옆에 계신 분들이 코를 막을 정도로 심한 악취를 풍기면서 떠나갔습니다. 정말 말로 표현 못할 정도로 우상을 숭배하며 지냈습니다. 저는 절대로 조상 탓하지 않고 제가 회개하고 저주의 줄을 끊고 귀신을 축귀했습니다.

이렇게 했기 때문에 조기에 빈곤에서 탈출하게 된 것 같습니다. 조상의 우상 숭배를 찾아내고 인정해야 합니다. 그리고 적극적인 조치를 해야 합니다. 그래야 빈곤에서 탈출할 수가 있습니다.

셋째, 성령으로 세례를 받고 성령으로 충만 받으면서 내면을 치유 받았습니다. 내 자신의 내면을 정리하는 기간을 가졌다는 것입니다. 내면세계 즉 잠재의식에 인생을 꼬이게 하는 존재들이 집을 짓고 있으면서 인생을 꼬이게 하므로 잠재의식을 정화해야 합니다. 아무리 조상의 우상숭배를 인정하고 회개해도 성령의 역사가 일어나지 않으면 헛일입니다. 성령세례를 받은 다음부터 인생의 꼬인 문제가 해결이 되기 시작을 합니다. 다행히 저는 하나님께서 알려

주셔서 영성에 눈을 뜨게 되었습니다. 영성도 성령으로 세례를 받고 내적 치유를 해야 깊어진다는 것을 알게 되었습니다. 성령으로 세례를 받고 내면의 상처를 치유해야 땅의 사람이 하늘의 사람으로 바뀌기 때문입니다. 그래서 저의 사모하고 함께 매주 월요일부터 목요일까지 1년이라는 세월을 투자하여 성령을 체험하며 내면을 치유 받았습니다. 내적 상처만 치유 받으면 되는 것이 아니라 자아를 부수어야 됩니다. 자아는 지금까지 세상을 살아가면서 배우고 터득한 내용들입니다. 제일 자아를 빨리 부수는 방법은 내 힘과 지식으로는 아무것도 할 수 없다는 것을 발견하는 것입니다. 모든 것을 하나님에게 문의 하여 해결해야 된다고 알고 행하면 자아는 빨리 부수어집니다. 제가 성령치유 사역을 하다가 보면 세상에서 하던 행동을 예수 믿고도 끊지 못하여 귀신들이 떠나가지 않는 분들이 있습니다. 그렇게 강조를 해도 알아듣지를 못합니다. 귀신들이 들을 귀를 막아버려서 그러는 모양입니다.

좌우지간 성령을 체험하고 내면의 상처를 치유하고 자아를 부수어야 혈통에 역사하던 빈곤 귀신들이 떠나가는 것입니다. 절대로 상처와 자아가 부수어지기 전에는 빈곤 귀신은 떠나가지 않습니다.

넷째, 적극적으로 잠재의식을 정리하면서 영적전쟁을 했습니다. 우리가 예수를 믿고 성령으로 세례를 받으면 영적인 전쟁을 피할 수 없습니다. 영적인 전쟁에 승리해야 빈곤 귀신이 떠나가 꼬이는 인생을 풀고 불통의 세월에서 탈출할 수가 있습니다. 예수님도 성령으로 세례를 받으시고 광야에서 주리시면서 마귀와 전쟁을 하셨습니다. 우리도 마찬가지입니다. 영적인 전쟁 없이 꼬이는 인생을 풀고 불통은 해결되지 않습니다.

하나님은 분명하게 말씀을 하셨습니다. 여호수아에게 이렇게 말씀하셨습니다. 여호수아 1장 3-4절에서 "내가 모세에게 말한 바와 같이 너희 발바닥으로 밟는 곳은 모두 내가 너희에게 주었노니, 곧 광야와 이 레바논에서부터 큰 강 곧 유브라데 강까지 헷 족속의 온 땅과 또 해 지는 쪽 대해까지 너희의 영토가 되리라"발바닥으로 밟는 곳은 모두 너희에게 주었다고 하십니다. 그냥 주시는 것이 아니고 발바닥으로 밟는 곳을 주신다는 것입니다. 발바닥으로 땅을 밟으면 그곳을 점령하고 있던 토속 민들하고 싸워야 합니다. 싸워서 이겨야 땅을 차지 할 수가 있는 것입니다. 그러므로 영적인 전쟁 없이 꼬이는 인생을 풀고 불통의 탈출은 할 수가 없는 것입니다. 영적인 전쟁은 내 힘으로 하는 것이 아닙니다. 성령의 권능을 가지고 해야 하는 것입니다. 성령의 권능으로 영적전쟁을 해야 하기 때문에 필히 성령으로 세례를 받아야 합니다. 성령으로 세례를 받은 다음부터 꼬이는 인생을 풀고 불통의 원인이 풀어지기 시작을 하기 때문입니다.

하나님은 마태복음 11장 12절에서 이렇게 말씀하십니다. "세례 요한의 때부터 지금까지 천국은 침노를 당하나니 침노하는 자는 빼앗느니라" 물질을 침노하여 빼앗아야 빈곤에서 탈출할 수가 있는 것입니다. 일부 성도들이 잘못알고 있는 것이 하나님에게 열심히 빌고, 봉사하고, 헌금을 드리면 하나님이 자동으로 빈곤을 떠나가게 하시는 줄 알고 있습니다. 이것을 잘못 알고 있는 것입니다. 열심히 기도하고, 봉사하고, 헌금하면서 성령의 권능을 가지고 본인이 싸워야 합니다. 절대로 하나님에게 열심히 한다고 빈곤이 떠나가는 것이 아닙니다. 열심히 해서 빈곤이 떠난다고 하는 것은 샤머니즘의 신앙의 잔재입니다. 이것을 빨리 떨쳐버려야 빈곤에서 탈출할 수가 있습니다. 영적인 전쟁을 하려면 자기 힘으로는 영적 존재인 귀신을 이길 수가 없습니다. 성령으로 충만한 영의 상태에서 성령이 주시는 레마를 선포할 때 빈곤 귀신들이 소리를 지르고 떠나가는 것입니다. 하루 아침에 해결되는 것이 아닙니다. 자신이 영적으로 변하는 만큼씩 귀신들이 떠나간다는 것을 알아야 합니다.

하나님은 출애굽기 23장 27-33절에서 이렇게 말씀하고 있습니다. "내가 내 위엄을 네 앞서 보내어 네가 이를 곳의 모든 백성을 물리치고 네 모든 원수들이 네게 등을 돌려 도망하게 할 것이며, 내가 왕벌을 네 앞에 보내리니 그 벌이 히위 족속과 가나안 족속과 헷 족속을 네 앞에서 쫓아내리라 그러나 그 땅이 황폐하게 됨으로 들짐승이 번성하여 너희를 해할까 하여 일 년 안에는 그들을 네 앞에서 쫓아내지 아니하고, 네가 번성하여 그 땅을 기업으로 얻을 때까지 내가 그들을 네 앞에서 조금씩 쫓아내리라. 내가 네 경계를 홍해에서부터 블레셋 바다까지, 광야에서부터 강까지 정하고 그 땅의 주민을 네 손에 넘기리니 네가 그들을 네 앞에서 쫓아낼지라. 너는 그들과 그들의 신들과 언약하지 말라. 그들이 네 땅에 머무르지 못할 것은 그들이 너를 내게 범죄 하게 할까 두려움이라 네가 그 신들을 섬기면 그것이 너의 올무가 되리라"

위의 말씀을 보면 29절 30절에서 "그러나 그 땅이 황폐하게 됨으로 들짐승이 번성하여 너희를 해할까 하여 일 년 안에는 그들을 네 앞에서 쫓아내지 아니하고, 네가 번성하여 그 땅을 기업으로 얻을 때까지 내가 그들을 네 앞에서 조금씩 쫓아내리라" 이 말씀을 이해가 될 때까지 읽어보시기를 바랍니다. 하나님은 절대로 한꺼번에 쫓아내주시지 않습니다. 내가 변하고 성령의 권능을 받아 감당할 만큼씩 쫓아낸다는 것을 알아야 합니다. 그러므로 지속적인 영적전쟁을 해야 합니다.

다섯째, 하나님에게만 집중하고 눈을 돌렸습니다. 찬양에 이런 곡이 있습니다. "이 세상 사람 날 몰라줘도, 이 세상 사람 날 몰라줘도, 뒤 돌아 서지 않겠네." 인생의 꼬인 문제와 빈곤을 청산하려면 절대로 사람을 의지하면 안 됩니다. 사람들이 무어라고 해도 귀담아 듣지 말고 하나님에게 눈과 귀를 돌리는 것입니다. 저에게도 별별 희한한 소리를 하면서 저의 심기를 건드리는 분들이 있었습니다. 특별히 가족 친지들입니다. 편한 세상일을 두고 어렵고 힘든 일을 한다는 것입니다. 저는 절대로 마음에 두지 않았습니다. 다른 부류는 선배 목사님들입니다. 총회와 노회의 어른들을 챙기지 않는다는 것입니다. 아니 내가 지금 빈곤으로 교회를 하느냐 못하느냐의 위기에 처해 있는데 무슨 여유가 있다고 선배 목사님들 챙기고 돌아다닙니까? 말도 안 되는 말을 하시는 것입니다. 만약에 내가 교회를 못할 정도가 되어 교회 문을 닫았다면 그분들이 교회를 세워주겠습니까? 영성에는 이런 용어가 있습니다. 외적 침묵과 내적 침묵입니다. 이 말을 해석하면 "밖에서 들리는 소리에 신경 쓰지 말고, 내면에서 올라오는 잡념에 마음을 쓰지 말고 오로지 하나님에게만 집중하라는 말입니다." 오로지 하나님에게만 집중해야 빈곤에서 탈출할 수가 있습니다. 정말로 의지를 가지고 집중해야 합니다.

여섯째, 하나님에게 영광을 돌렸습니다. 모든 일들을 하신 분은 하나님이십니다. 하나님이 저를 통하여 하신 일입니다. 저는 예수를 믿을 때 죽었습니다. 갈라디아서 2장 20절에 보면 "내가 그리스도와 함께 십자가에 못 박혔나니 그런즉 이제는 내가 사는 것이 아니요 오직 내 안에 그리스도께서 사시는 것이라, 이제 내가 육체 가운데 사는 것은 나를 사랑하사 나를 위하여 자기 자신을 버리신 하나님의 아들을 믿는 믿음 안에서 사는 것이라" 우리 확실하게 알아야 합니다. 이제 내가 사는 것이 아니라 내 안에 그리스도께서 사시는 것입니다. 주객이 전도되면 안 됩니다. 이 영적 원리를 빨리 적용해야 꼬이는 인생을 풀고 빈곤에서 탈출할 수가 있습니다.

일부 목회자나 성도들이 자꾸 내가, 내가 하면서 자기를 내세우는 분들이 있습니다. 이는 영적으로 보면 아직 땅의 사람이 죽지 않았다는 것을 은연중에 표현하는 것입니다. 땅의 사람은 아담입니다. 아담은 마귀의 종입니다. 하나님과 관계가 없는 사람입니다.

그래서 하나님은 고린도전서 10장 31절에서 이렇게 말씀하시는 것입니다. "그런즉 너희가 먹든지 마시든지 무엇을 하든지 다 하나님의 영광을 위하여 하라." 또 베드로전서 4장 11저에서 "만일 누가 말하려면 하나님의 말씀을 하는 것 같이 하고 누가 봉사하려면 하나님이 공급하시는 힘으로 하는 것 같이 하라. 이는 범사에 예수 그리스도로 말미암아 하나님이 영광을 받으시게 하려 함이니 그에게 영광과 권능이 세세에 무궁하도록 있느니라 아멘"

일곱째, 사고를 영적으로 했습니다. 성령으로 거듭난 영적인 사고방식이 중요합니다. 말이나 일이나 모두 영적으로 사고를 해야 합니다. 그래야 문제에 봉착했을 때 영적인 하나님의 방법을 찾을 수 있기 때문입니다.

궁극적으로 그리스도인의 생활이라는 문제와 그 어려움들은 모두 영적인 것이므로 거기에 대처하는 우리도 영적으로 사고하여야 하며 합리적이고 인간적인 사고방식은 버려야 합니다. 이것은 특히 하나님께서 우리를 다루시는 방법을 이해하는 데 있어서 적용되어야 할 진리입니다. 시편 73편의 기자가 겪는 문제가 바로 이것입니다. 그는 하나님이 왜 이런 것들을 허용하시는가라고 말합니다. 왜 악인들이 형통하는가? 하나님이 하나님이시라면 왜 나로 하여금 현재와 같은 괴로움을 당하게 하시는가? 이것들은 하나님의 방식을 이해하려는데 있어서 제기되는 문제들입니다. 여기에 대한 대답은 오직 한 가지뿐입니다.

이사야 55장 8절의"여호와의 말씀에 내 생각은 너희 생각과 다르며 내 길은 너희 길과 달라서 하늘이 땅보다 높음 같이 내 길은 너희 길보다 높으며 너희 생각 보다 높으니라." 이것만이 궁극적인 대답입니다. 우리가 먼저 기억해야 할 것은 하나님의 방법을 생각할 때에 우리가 젖어왔던 낮은 수준의 차원에 머물러서 생각하지 말아야 한다는 사실입니다. 우리는 이러한 문제를 생각할 때에는 중생하지 못한 사람들의 사고방식을 고집하는 것입니다. 우리는 구원의 문제를 다루는 데는 영적인 사고방식이 필요한줄 알지만 우리들 주변에 부딪히는 일들에 대해서는 다시 합리적인 사고방식으로 들어가려는 경향이 있습니다. 그러므로 우리들이 하나님의 방법을 이해하지 못한다 할지라도 이상하게 생각해서는 안 됩니다.

왜냐하면 하나님의 방법은 전적으로 다른 것이기 때문입니다. 이 두 사고방식 사이의 차이는 하늘과 땅의 차이입니다. 그러므로 우리가 이해할 수 없는 일을 당했을 때 우리는 먼저 "내가 이 일을 영적으로 대치하고 있는가?"라고 자문해 보아야 합니다. 이것은 하나님과 나 사이의 관계에 대한 문제가 아닌가? 내가 지금 영적인 사고방식을 가졌다고 확신 할 수 있는가? 아니면 나도 모르게 자연적인 사고방식으로 되돌아가고 있는가?

어떤 상황이나 사건에 직면했을 때에는 그 충격이나 염려 때문에 영적인 생각을 갖는다는 것은 어려운 것입니다. 그러므로 훈련을 통하여 어떤 상황, 어떤 문제가 닥치더라도 위로부터 생각하는 습관이 되어 삶으로 나타날 수 있어야 합니다. 바울은 고린도전서 15장 31절에서 "형제들아 내가 그리스도 예수 우리 주 안에서 가진 바 너희에게 대한 나의 사랑을 두고 단언하노니 나는 날마다 죽노라" 말합니다.

스펄전은 학생들에게 이렇게 말한 적이 있습니다. 즉 기도회에서는 진짜 성도처럼 기도하고 성도처럼 행동하는 사람들이 교회의 집회에서는 자주 마귀가 되어버리는 것을 발견할 수 있다는 것입니다. 슬프게도 교회의 역사는 스펄젼의 말이 사실임을 증거 해 주고 있습니다. 알다시피 성도들은 하나님께 기도할 때만은 영적으로 생각합니다. 그러나 교회의 모임에서는 마귀가 되어 버립니다. 왜 그럴까요? 이는 기도회와 교회 모임 사이에는 본질적인 차이가 있다는 가정아래 처음부터 영적인 방법으로 출발하지 않았기 때문입니다. 그들은 마음속에 구별의식을 갖고 있으며 그것이 밖으로 나타나는 것입니다. 그것은 단지 그들이 모든 일에 있어서 영적으로 생각해야 한다는 사실을 잊어버리기 때문입니다. 그러므로 우리가 명심해야 할 첫 번째 원리는 "어떤 길은 사람의 보기에 바르나 필경은 사망의 길이니라."(잠16:23) 항상 영적으로 생각하는 것을 배워야 한다는 것입니다. 그렇지 않으면 우리는 어느새 시편 기자가 아주 생생하게 묘사하고 있는 위험 속에 빠져들게 될 것입니다.

꼬인 인생의 문제를 풀고 빈곤에서 탈출하고 싶습니까? 사고를 영적으로 하는 습관을 들이시기를 바랍니다. 영적인 사고를 하지 않으면 항상 하나님과 관계없는 합리를 추구하게 됩니다. 합리는 육의 세상 놀이입니다. 마귀역사입니다. 성령하나님의 역사가 있어야 꼬인 인생의 문제를 풀고 성공적인 인생을 살아갈 수가 있습니다.

3장 인생이 꼬이는 원인은 보편적으로 이러하지요.

우리가 세상을 살아가다가 보면 인생이 꼬여서 고통을 당하면서 살아가는 사람이 있는가 하면, 인생이 술술 잘 풀려서 쉽게 수월하게 살아가는 사람도 있습니다. 꼬인 인생의 고통을 면해보려고 뼈가 빠지도록 일을 해도 먹고 살기가 빠듯한 사람이 있는가 하면, 별로 하는 일 없이 빈둥거리는 것 같아도 먹고 사는 것이 넘치는 사람이 있습니다. 꼬인 인생을 풀어보려고 별별 방법을 다 동원하여 해결하려고해도 해결되지 않습니다.

그래서 일반 사람들이 말하기를 세상이 불공평하여 복을 받아야 할 사람은 벌을 받고, 꼭 벌을 받아야 할 사람은 복을 받으니 참으로 어처구니가 없는 세상살이라고 말하기도 합니다. 그러나 세상에 원인이 없는 문제는 없다고 생각하시고, 원인을 찾아서 해결해야 꼬이는 인생을 풀 수가 있지 않겠습니까?

인생이 잘 풀리는 사람들은 제각각 자신만의 이유로 잘 풀리는 것처럼, 인생이 꼬이는 이유 역시 사실 다양한 이유가 분명하게 있다는 것입니다. 인생이 풀리지 않는 이유는 다른 사람을 탓하고 다른 곳에서 찾으려고, 시간을 낭비하기 때문이라고 생각합니다. 대부분 사건은 반드시 이유가 있습니다. 시험에 불합격한 이유는 공부량이 부족했기 때문입니다. 살이 찌는 이유는 많이 먹고 운동하지 않기 때문입니다. 길을 가다가 넘어진 이유는 주변을 잘 살피지 않고 주의를 게을리했기 때문입니다.

이렇게 일어나는 문제에 대하여 환경과 남을 개입시킬 틈이 없습니다. 대부분의 과실은 본인에게 있습니다. 이렇게 사건 대부분에 원인이나 이유가 있는 것과 같이 인생이 꼬이는 것에도 반드시 원인이나 이유가 있는 것입니다. 자신 안에서 인생의 꼬이는 원인을 찾아야 합니다.

필자는 인생이 꼬이는 첫 번째는 "인생 살아가는 것이 고통이다."라고 하는 진리를 받아들이지 않기 때문입니다. 고통과 불행을 어떻게 받아들이느냐에 따라서 인생은 꼬이기도 하고 술술 풀리기도 하는 것입니다. 인생은 무색무취입니다. 그 자체로 나쁜 일도 좋은 일도 없습니다. 다만 내가 해석한 대로 인생의 색이 칠해질 뿐입니다. 즉, 내가 불행을 어떻게 받아들이느냐에 따라 나쁜 일이 좋은 일이 될 수 있는 발판이 되기도 한다는 것입니다. 인생을 잘 사는 사람들에게는 자신만의 특별한 철학이 존재합니다. 특별한 철학이란 자기만의 고집스러운 집착과 집념이 있다는 것입니다.

인생이 꼬이는 이유는 탓-탓-탓-탓-탓을 빼놓을 수 없습니다. 사주팔자 탓, 재수(운) 탓, 남 탓, 환경 탓, 부모 탓, 이 될 수 있습니다.

어떤 40대 중 반 된 집사가 저에게 이렇게 말합니다. 제가 20대 때 첫 직장 생활할 때가 생각이 납니다. 신입이다 보니 하는 일은 엄청 많은 것으로 생각했습니다. 다른 사원들은 놀면서 저를 도와주지 않는다고 속으로 불평하면서 지냈습니다. 잘 이해하지 못해서 스트레스로 내 속을 내가 망가지게 했다고 생각합니다. 내가 일은 많이 하는데 월급은 쥐꼬리만 하고, 내 노력에 대한 보상이 너무 작은 느낌? 내가 회사를 위해서 일하는 것으로만 생각했습니다. 그래서 회사에서 봉급을 주는 만큼만 일하면 된다고 생각하면서 일을 대충 한 것 같습니다. 지금 생각하면 싫은 저를 위해서 직장 일을 하는 것인데 말입니다. 세상은 너무 불공평하다고 생각했던 적이 있었는데요. 정말 지금 생각하면 아찔합니다. 아찔한 이유는 내가 다니는 직장을 잃으면 굶어죽는 다는 생각을 하지 않았기 때문입니다. 내가 지금 돈을 많이 벌지 못하는 이유는 내가 아직 부족해서가 아니라, 회사 급여체계가 문제고, 환경이 문제라고만 단정 지었어요. 회사 탓을 한 것입니다.

그리고 돈을 많이 버는 연예인들이나, 성공한 사업가들을 보면 시기 질투가 엄청났던 것 같습니다. 저 사람은 운이 진짜 좋았네. 아니면 뭔가 부정적인 방법으로 돈 벌었나보다 라고 그 사람을 깎아내리기 바빴습니다. 그러면서 난 사주팔자가 나빠서 운이 따르지 않아서, 아직 돈을 많이 벌지 못한다고 자책하며 살았던 기억이 납니다. 그렇게 탓-탓-탓-탓-탓하며 하루하루 시간을 보냈습니다. 지나고 보니 뭐가 남았나 봤습니다. 아무것도 없었습니다. 그냥 나이만 먹었더라고요. 30대가 되고 가장이 되면서 정신을 차렸습니다. 그러면서 직업상 투자자들을 많이 만났는데 성공한 사람들에게 한 가지 공통점이 있다는 것을 깨닫게 되었습니다.

그 사람들의 공통점은 남 탓을 하지 않는다는 것입니다. 모든 책임을 본인에게로 돌리고 있었습니다. 그때 정신이 번쩍 들었던 기억이 납니다. 남 탓해서 바뀌는 건 절대 없습니다. 스스로 발전하고 성장하기 위해서는 나에게서 문제점을 찾아야 한다는 걸 느꼈습니다. 그리고 그것을 하나하나 개선해 나갈 때 비로소 변화가 생겼습니다. 그래서 필자가 이렇게 조언한 적이 있습니다. 자신을 정확하게 보는 눈에 열리는 것은 축복 중에서 축복입니다. 인생이 꼬이는 원인을 탓-탓-탓-탓-탓이 아니고 자신 탓이기 때문입니다.

집사님 내가 인생 70을 넘어서 뒤돌아보니 세월이 지나도 호감 가는 사람들에게는 험난한 인생을 돌파해 나갈 수 있는 강인한 특별한 전략이 존재한다는 것입니다.

그리하여 이렇게 설명했습니다. 필자의 특별한 전략은 이렇습니다. 누가 무어라고 해도 가장 소중한 것은 '나 자신'이라는 것입니다. 내가 보물이라는 것입니다. 그러기에 누구를 위해서가 아닌 '나 자신'을 위해 내 인생을 누구보다 성실하게 사는 것입니다. 무엇을 하든지 나를 위해서 일하는 것입니다. 직장에서 일한 것도 나를 위하여 열심 있게 일하는 것입니다. 회사를 위해서가 아니라 나 자신을 위해서 열심히 일하는 것입니다.

다들 나 자신에게 관심이 없으니, 내가 하고 싶은 것을 하고 막 살자는 것입니다. 나 자신에 관심이 없다는 것은 노후를 생각하지 않는 것입니다. 현실 안주로 살아간다는 것입니다. 나에게 관심이 없으니, 내가 알아서 내가 하고 싶은 것만을 찾아서 하는 것입니다. 지금 인생 100세 시대라고 하는데 노후를 생각한다면 몰입하여 집중하여 전문성을 개발하며 하는 것입니다. 무엇이든 꾸준히 집중하며 오래 하면 전문가가 될 수가 있습니다. 쉽게 포기하지 말고 집중하고 몰입하여 시작했으면 끝을 보아야 합니다.

그래서 요즘에는 한 분야에서 어느 정도 성과를 낸 운동선수들이 참 대단한 것 같다는 생각이 들어요. 무언가 결과물을 만들기 위해 자신의 한계점을 수도 없이 도달하니까요.

김연아 선수는 이런 말도 했잖아요.

기자 : 힘든 운동을 할 때 어떤 생각을 하세요?

김연아 : 그냥 하는 거죠

너무 멋있었어요. 그저 묵묵히 본인의 꿈과 목표를 향해 나아가는 모습이 상당히 프로페셔널하더라고요.

이처럼 본인이 무언가 성과를 내고 성장하기 위해서는 인고의 시간이 반드시 필요한 것 입니다. 남 탓하고, 그저 빠르게 쉬운 지름길만 찾으며, 힘들 때 쉽게 포기(한계점 도달 X)해 버린다면 인생이 잘 풀릴 수 있을까요? 노후가 복잡해질 것입니다. 자신을 성찰하여 보기를 바랍니다. 필자는 자신을 정확하게 보는 눈이 열려야 한다고 생각합니다. 인생이 꼬이고 풀리는 모두가 자기 자신의 문제이기 때문입니다.

필자는 목회 중에서 3D 목회라는 치유 목회를 묵묵히 25년을 누가 무어라고 말해도 개의치 않고 글을 쓰고 사람들의 내면을 치유하여 꼬인 인생을 푸는 사역을 했더니 지금의 상태가 된 것입니다. 낮에는 집회하고 밤잠을 설쳐가며 글을 썼습니다. 정성으로 집필했던 자료를 컴퓨터에 저장했습니다. 그렇게 지속 적으로 꾸준하게 했더니 지금 여기에 이른 것입니다. 정말 한 곳에만 집중하며 인내하며 포기하지 않고 노력했습니다. 그래서 불행 그것도 '내 탓'에 불과 합니다. 천주교에서 "내 탓이요"라고 합니다.

필자가 인생을 살면서 깨달은 것은 인생이 꼬여서 문제가 생기는 경우는 단 두 가지 경우의 수라고 생각합니다. 생각 없이 행동하거나 생각만 하고 행동하지 않거나라고 생각합니다. 노력은 엄청나게 하는데 인생이 시원하게 풀리지 않는다고 생각한다면 이유는 두 가지 중의 하나일 것입니다. 생각이 닫혀 있거나 생각은 열려있는데 행동이 닫혀 있거나 모두 다 자신의 문제입니다. 앞뒤 생각 없이 일을 저지르지 말고, 생각만 하지 말고, 신중하게 행동에 옮기라는 것입니다. 예를 든다면 가장이 식구들은 안중에도 없이 자신의 생각만 가지고 자신이 좋은 것에 집중하고 행동하면 식구들이 고생을 합니다. 윤 대통령도 앞뒤 생각 없이 일을 저질러서 온 국민이 고통을 당하는 것입니다. 그 거사에 가담한 사람들은 자신들이 지금까지 쌓아온 명예를 한순간에 날려버린 것입니다. 가족들은 얼마나 슬퍼하고 원망하며 살아가겠습니까?

과거를 돌아보고 반성하는 시간이 줄어들면 같은 실수를 반복하며 인생이 꼬이는 원인이 됩니다. 이런 경우에는 일기를 쓰면서 현재 위치와 인간관계를 되짚어 보고 내가 한 실수인지 주변 환경 때문인지 분석하고 정리하는 습관을 들이면 인생이 꼬이는 것을 줄일 수가 있습니다. 사람이나 사건의 시작점을 찾아보고 모든 일에 누군가의 의도와 행동에서 비롯된다는 점을 생각하며 상황을 절제하는 습관을 기르면 인생의 꼬임을 줄일 수가 있습니다.

'내 인생이 자꾸 꼬인다.'라고 느낄 때, 사실은 인생이 꼬이는 것이 아니라 '내'가 꼬여있는 경우가 대부분입니다. 벌어진 상황의 대부분의 원인이 '나'에게 있다는 것을 전혀 알아차리지 못하고 계속 '외부'의 변수로만 상황을 바꾸려고 한다면 자신의 삶은 더 비참해지고 더 꼬이고 가혹해질 수가 있습니다. 다소 이해하기 어려운 말로 들릴 수 있지만, '나'를 변화시키는 것 외에 '환경'이나 '타인'을 내 마음대로 바꾸는 것은 거의 불가능합니다. 모든 일이 자신의 탓이라고 생각하고 자신을 바꾸려고 해야 합니다. 타인과 상황을 변화시키려고 애쓸수록 자신이 상처를 입고 비참해지고 황폐해지는 모습을 많이 볼 수가 있을 것입니다. 인생이 꼬이는 '내 삶'을 바꾸기 위해서는 '내'가 변해야 하는데 '내'가 변하려면 '나'를 정확하게 이해하는 눈이 열려야 합니다. 한마디로 자신을 정확하게 보는 영안이 열려야 합니다. 그런데 '나'에 대한 앎은 일반적인 앎이 아니라 '나를 구성하고 있는 총체적인 나'에 대한 영적-정신적-육체적-과학적-잠재의식의 모든 것에 대하여 알고 대처하고 고쳐야 꼬이는 인생을 풀리는 인생으로 바꿀 수가 있습니다.

내 인생이 자꾸 꼬이고 있다면, '내'가 자꾸 그러한 실수를 불러일으키고 있을 확률이 높습니다. 잠재의식은 내 실수와 두려움 위에 자기 보호와 방어를 위해 생존전략을 아주 교묘히 발달시켜 내 삶에 계속 역사하고 있습니다. 인생의 70-80%가 잠재의식이 이끌고 가기 때문입니다. 그래서 잠재의식을 정화하기 위하여 예수를 믿고 성령으로 세례를 받고 성령의 역사로 잠재의식을 정화해야 인생의 꼬이는 원인을 근본적으로 치유해야 합니다. 이유는 내가 계속 싸움, 불화, 긴장 상태를 만드는 상황에 놓여 있다면 내 잠재의식이 그런 상황에서 안정감과 익숙함을 느끼기 때문에 일부로 그런 상황을 계속 '의식하지도 못하도록' 상황을 만들고 있다는 말입니다. 그 잠재의식이 바로 나라는 사실을 발견하지 못하면, 계속 환경, 다른 사람을 탓하면서 그런 환경과 사람들로부터 벗어나도 다시 내 발로 그 자리에 찾아가는 무한 반복의 굴래에 영원하게 갇힙니다.

그렇지만 잠재의식은 극복의 대상도 아니고 전면적 개조의 대상도 아니고, 의식으로 완전히 전복시켜야 할 대상도 아닙니다. 자신의 인간 방법으로 싸워서 이기려고 하면 할수록 내 에너지만 많이 뺏길 뿐, 애초에 '승리'할 수 있는 게임도 아닙니다.

내 잠재의식은 어떻게 만들어졌을까를 말씀과 성령으로 분별하고 마음을 열고 성령의 역사를 받아들여야 잠재의식이 치유될 것입니다. 성령의 역사가 일어나려면 반드시 예수를 믿고 예수 십자가에서 죽고 다시 사신 예수님으로 태어나 성령의 세례를 받고 성령의 지배 인도를 받으면서 예수님의 인생을 살아야 가능한 것입니다. 성령의 지배 없이는 인생이 꼬이는 원인을 근본적으로 해결할 수가 없기 때문입니다.

필자가 생각하는 인생이 꼬이는 이유를 나열한다면 다음과 같습니다. 자신을 성찰하면서 읽어보시기를 바랍니다.

첫째, 몰입 집중하지 않기 때문입니다. 자신이 지금 하는 일에 몰입 집중하지 않고 다른 곳에 마음을 두는 등 산만한 습관 때문에 인생이 꼬인다는 것입니다. 꼬이는 인생을 해결하려면 자신이 하는 일에 집중해야 한다는 것입니다. 내가 이 일을 하지 않으면 굶어서 죽는 다고 생각하면 하는 일에 집중할 수 있습니다. 하나님에게 집중하십시오. 일에 집중해야 아이디어가 떠오르게 됩니다. 제가 성령 치유 사역에만 집중하니까, 지금 이 정도가 되었다고 생각합니다. 만약에 다른 분들과 같이 목회를 했더라면 절대로 이렇게 될 수가 없었다고 생각합니다. 세상에 눈을 돌리지 아니하고 영의 상태에서 오로지 성령 사역에만 몰두하니 여러 가지 영적인 지혜가 떠오르고 영적으로 깊어지는 것을 체험합니다.

일의 끝마무리를 잘하여 하나님과 사람에게 인정받으려면 일에 몰두하십시오. 분명하게 당신은 하는 일에 일인자가 될 것입니다. 일에 집중하는 만큼 중요한 것이 없습니다. 집중하니 영의 상태가 되어 하나님의 지혜를 받을 수가 있기 때문입니다. 필자는 목사가 되어 깨달은 것은 매사에 몰입하고 집중하는 능력이 있어야 전문성을 개발하고 인생이 꼬이지 않는다는 것입니다. 집중하지 못하고 산만하면 깊은 잠재력을 깨우지 못하고 이것 했다가 저것 했다가 방종하게 되어, 되는 것이 하나도 없을 수가 있기 때문입니다. 하나님께서는 집중력을 가지고 세상을 살아가기를 소원하십니다.

집중력이란 무엇일까요? 집중력이란 우리가 하고자 하는 일에 주의를 집중하고, 다른 자극이나 방해 요소에 빠르게 흔들리지 않는 역량이라고 합니다. 집중력이 높으면 공부도 최대한으로 하고 일도 최대한으로 할 수 있습니다. 맞바꿔서 집중력이 낮으면 공부나 일에 흥미를 잃고, 빠르게 지루해지고, 효율이 떨어질 수 있습니다. 집중력은 우리가 원하는 목표를 달성하기 위해 필수적인 요소입니다. 간단하게 성령 안에서 집중 기도를 오래 하면 오래 몰입하는 집중력이 개발이 될 것입니다.

둘째, 홀로 서기가 되지 않기 때문입니다. 인생이 꼬이는 이유로 홀로서기가 되지 않았기 때문이라고 하니까, 세상에서도 혼자 살아가는 것으로 이해하면 곤란합니다. 세상에서 사람들과 더불어 살아도 혼자 자기 소임을 감당하면서 살아야 한다는 말입니다. 혼자서도 잘하는 습관은 역설적으로 이해해야 합니다. 혼자서도 잘하는 습관이란 세상에서 예수님을 주인 삼고 동행하며 세상 사람들과 살아가면서 혼자 사는 것을 말합니다. 결혼한 부부가 각각 혼자서도 맡은 바 소임을 충실히 하는 습관이 바르게 되어야 결혼생활과 가정이 정상적으로 이루어질 수가 있습니다. 가정에서도 구성원들이 각자 혼자서도 잘하는 습관이 되어야 가정이 원만하게 될 것입니다. 직장에서도 개인이 맞은 일을 혼자서도 잘하는 습관이 제대로 되어야 직장이 원활하게 돌아갈 수가 있는 것입니다. 교회에서도 성도 한 사람 한 사람이 성령 안에서 혼자서도 잘하는 습관이 되어야 교회가 정상적으로 설 수가 있을 것입니다. 혼자서도 잘하는 습관이 안 된 사람은 다른 사람과 함께 서기가 힘들게 됩니다. 주변 사람들의 짐만 되기 때문입니다.

그러기 때문에 혼자서도 잘하는 습관이란 세상에서 예수님을 주인 삼고 동행하며 세상 사람들과 살아가면서 혼자 사는 것을 말합니다. 이것이 굉장하게 중요합니다. 어디에서도 자기 스스로 혼자 살 수가 있어야 공동체 속에서 살아갈 수가 있는 것입니다.

셋째, 쉽고 멋진 일만 하려고 합니다. 세상에는 쉬운 일도 있고 어려운 일도 있습니다. 쉬운 일은 큰 힘을 들이지 않아도 할 수 있는 일이지만, 어려운 일은 큰 힘을 들여도 해결해 보지 못할 수도 있습니다. 그러다 보니 사람들은 쉬운 일만 하려고 하고, 남들에게 보여지는 멋진 일만 하려고 합니다. 그런데 누구나 할 수 있는 쉬운 일은 그 성과에 대하여 평가가 그리 높지 않습니다. 그다지 빛도 나지 않습니다. 하지만 어려운 일은 아무나 할 수 없기에 성공만 하면 높은 평가를 받게 됩니다. 하는 일이 아무리 어렵더라도 끝까지 해내는 마인드를 가져야 합니다. 그렇지 않고 어떻게 빛이 나는 삶을 꿈꿀 수 있겠습니까? 인류 역사상 가장 창의적이고 생산적인 인물 에디슨 그런 그도 자신이 이룬 성공에 대해 쉬운 일은 하나도 없었다고 말했습니다. 그처럼 큰 인물도 노력한 끝에 성공의 결과를 얻었던 것입니다. 땀 방울은 사람을 속이지 않습니다. 땀 방울은 정직한 어린아이와 같은 것이니까요. 쉬워 보이는 일도 막상 해보면 나름대로 어려움이 많습니다. 좋은 결과를 얻고 싶다고 해서 쉬운 일만 골라 하면 안 됩니다. 쉬운 일은 때로는 실패의 함정이 되니까요.

필자는 기술을 터득하려면 세상 모든 사람에게 필요한 일인데 아무나 하지 못하는 기술을 배우라고 권면을 자주 합니다.

바람직한 직업관은 천직 의식과 소명 의식, 직무에 대한 성실성, 전문가 정신과 창조성, 책임 의식과 협동성 등을 지니는 것으로, 이러한 직업관을 지닐 때 미래 사회의 변화에 성공적으로 대처할 수 있습니다. 따라서 직업이 개인에게 행복한 삶의 수단이 되기 위해서는 직업을 통해 사회에 봉사하려는 건전한 직업관을 가져야 합니다. 천직 의식은 자신의 직업이 자신의 능력과 적성에 꼭 맞는다고 여기며, 그 일에 열성을 가지고 성실히 임하는 자세를 말합니다.

넷째, 독립심이 부족하기 때문입니다. 독립적인 수행 능력을 길러야 합니다. 독립적인 수행 능력이 있어야 인생이 꼬이지 않고 잘 살 수가 있습니다. 독립적인 수행 능력이라고 하니까, 아담과 하와같이 하나님 없이 자신이 하나님과 같이 독립적이 되어야 한다고 이해하시면 절대로 오해입니다. 예수님 안에서 독립적이 되어야 한다는 말입니다. 절대로 사람은 하나님 없이 독립적으로 살아갈 수가 없습니다. 사람의 숫자는 6입니다. 6인 사람으로는 세상을 독립적으로 살아갈 수가 없습니다. 하나인 예수님 안에 들어와야 완전한 7이 되는 것입니다. 7이 되어 사람이 완전해져야 귀신으로부터 자유하게 되는 것입니다. 예수님 안에서 독립적인 수행 능력이 극대화 됩니다

왜 그럴까요? 6인 아담의 후손은 귀신의 종이기 때문입니다. 귀신들이 사람을 독립적이 되지 못하게 합니다. 아주 지극정성으로 방해합니다. 쉽게 설명한다면 육체적인 질병이 생기고 정신적인 질병이 생기더라도 어떻게 해야 자유 함을 받을 수 있을까, 생각을 하지 못하고 육체적인 질병과 정신적인 질병을 끌어안고 살아가게 합니다. 귀신의 하수인 노릇을 하면서 살아가게 한다는 것입니다. 주변에 육체적인 질병과 정신적인 질병으로 고통을 당하는 분들을 보시기를 바랍니다. 사람 노릇을 못하면서도 교회에 나와서 예배를 드리지 못하게 하고 성령의 역사로 기도하지 못하게 하고 병원에 가서 진료를 받지 못하게 함으로 사람 노릇을 못하게 하는 것입니다. 이것이 바로 귀신이 그 사람을 지배한 증거입니다. 그래서 예수를 믿고 성령으로 기도하여 예수님 안에서 일상생활을 독립적으로 수행하여 혼자서도 잘 살아가야 합니다.

독립적인 생활 수행 능력이란 다른 사람의 간섭이나 도움 없이 스스로 일상생활을 찾아서 하는 것을 말합니다. 먼저 자고 일어나

는 것을 스스로 할 수 있어야 합니다. 몸을 움직이고 활동하는 것입니다. 스스로 자기 건강을 위하여 걷고, 산책하는 것을 즐겨하는 것입니다. 다른 사람이 챙겨주지 않아도 식사를 스스로 챙겨서 먹을 수 있어야 합니다. 그것도 끼니를 거르지 않고 3때를 잘 챙겨 먹는 것입니다. 몸을 씻고 건강관리를 스스로 하는 것입니다. 스스로 신앙생활을 하는 것도 포함이 됩니다. 자기가 믿고 있는 교회나 성당에 누구에게 이끌려서 나가는 것이 아니고 스스로 출석하여 예배를 드립니다. 자신의 마음과 정신의 건강을 위하여 복식 호흡 기도나 명상이나 성령 안에서 기도를 하는 것도 해당이 됩니다. 건강을 위하여 주기적으로 건강검진을 하여 자신을 잘 관리합니다. 자신의 온몸을 직접 스스로 관리합니다. 스스로 직장에 출근하여 일하는 것도 중요합니다. 누가 옆에서 시중을 들어주지 않아도 스스로 일어나 식사하고 직장에 출근하여 일을 할 수 있어야 합니다.

자신의 외모를 관리하고 계절에 따라 옷을 찾아 입고 살 수 있는 것도 중요한 독립적 생활 수행 능력이라고 볼 수가 있습니다. 질병이 있다면 병원에서 처방 해준 약을 스스로 시간에 맞추어서 복용하는 것도 독립적인 생활 수행 능력에 포함되는 것입니다.

어려서 독립적인 수행이 습관이 되니까, 늙어서도 일상생활을 독립적으로 수행하면서 혼자서도 잘살 수가 있습니다. 연구기관의 조사에 의하면 65세 이상 노인 삶의 질은 “일상생활 독립 수행”에 달렸다고 합니다. 일상생활을 독립적으로 수행하려면 어려서부터 일상생활을 독립적으로 수행하는 습관이 되어야 합니다. 이는 하루아침에 되는 것이 아닙니다.

다섯째, 마무리를 깔끔하게 하지 않기 때문입니다. 꼬인 인생을 풀고 풀리는 인생을 살려면 매사에 끝을 보는 습관이 중요합니다. 일을 시작하고 끝을 보지 못하는 사람이 어찌 인생이 풀리고 돈을 벌겠습니까? 꼬인 인생이 되지 않으려면 끝을 보는 습관이 필수입니다. 하나님이 찾는 사람은 누구일까요? 일 처리가 공명정대 광명정대하고 일을 시작했으면 끝마무리를 잘하는 사람을 찾고 계신다고 믿습니다. 하나님 편에서 생각하고 일하고 하나님에게 영광을 돌리는 사람을 찾고 계십니다. 일을 시작했으면 끝을 보라는 것입니다. 하나를 시작했으면 끝을 보고 다음 것을 하는 버릇을 들여야 합니다. 욕심만 많아서 이것 했다가 저것 했다가 하면 되는 것이 하나도 없습니다. 일의 끝마무리를 잘하려면 준비가 중요합니다. 모든 일들을 메모하는 습관을 들이세요. 자료들은 꼼꼼하게 정리를 잘해서 존안(存案)을 해야 합니다.

직장 생활할 때도 마찬가지입니다. 상사가 지시했으면 결과 보고를 해야 합니다. 그래야 직장 생활에 성공할 수가 있습니다. 일을 하고 결과를 내놓지 못하니 구조조정이 있으면 일 순위로 잘리는 것입니다. 누가 무어라고 해도 거기에 귀를 기울이지 말고 오직 상사가 지시한 내용을 최고로 잘하겠다고 생각하고 몰입해 보세요. 그러면 반드시 좋은 결과를 만들어 낼 것입니다. 자연스럽게 승진 때가 되면 승진이 됩니다. 성과급을 받게 됩니다. 사업도 마찬가지입니다. 시작했으면 끝을 보라는 것입니다. 조금 어렵고 힘들다고 포기하지 마시고, 끝을 보려고 해야 합니다. 절대로 마무리를 잘하는 습관이 되지 않으면 인생이 꼬이게 될 것입니다.

4장 인생이 꼬여서 고생하다 해피엔딩하고 있어요.

많은 사람들이 인생이 꼬이는 것은 사주 팔자가 나빠서 꼬이는 것으로 치부하는데 그렇지 않습니다. 재수가 없어서 꼬이는 것도 아닙니다. 제가 71년 동안 인생을 살고, 25년 이상을 인생이 꼬인 사람들을 치유하다가 임상적으로 깨달은 것은 첫째가 마음의 상처입니다. 마음의 상처가 잠재의식에 집을 짓고 있으면 인생을 꼬이게 합니다. 다음에 꼬인 인생을 풀고 해피엔딩하며 건강하고 행복하게 살아가시는 분의 사례를 들어보시면 이해가 갈 것입니다. 둘째는 혈통으로 대물림되는 귀신의 저주입니다. 셋째는 본인의 불찰인 욕심이 많고 분노가 심하고 우둔하여 당하는 것입니다. 그래서 성령의 임재 가운데 인생을 꼬이게 하는 원인들을 찾아서 해결하고 귀신을 쫓아내야 하는 것입니다. 그래야 다음에 간증하는 분과 같이 꼬인 인생이 풀리고 건강하고 행복하게 살아갈 수가 있습니다.

사람들은 과거보다는 현실을 더 중시합니다. 그러나 과거-현재-미래는 다 연결됩니다. 절대로 분리되지 않습니다. 미래는 현재로부터, 현재는 과거로부터 쌓여 가는 것입니다. 시간은 사건이 쌓여서 이루어진 것입니다. 과거의 사건은 사라진 것이 아니라, 현재의 밑에 쌓여 있습니다. 깊숙이 쌓여 있습니다. 과거는 우리의 깊숙한 곳에 무거운 짐으로 우리를 날아오르지 못하게 얽어매고 있습니다. "이러므로 우리에게 구름같이 둘러싼 허다한 증인들이 있으니 모든 무거운 것과 얽매이기 쉬운 죄를 벗어 버리고 인내로써 우리 앞에 당한 경주를 하며,"(히12:1)

하나님은 분명하게 "모든 무거운 것과 얽매이기 쉬운 죄를 벗어 버리고 인내로써 우리 앞에 당한 경주를 하며"라고 말씀하십니다. 눈에 보이는 부분만이 나무가 아니라, 밑의 뿌리로부터 나무입니다. 뿌리로부터 윗부분이 지탱됩니다. 뿌리가 우리의 과거입니다. 그러므로 오늘의 나는 과거가 쌓이고 모여서 된 것입니다. 과거의 사건들은 나무의 뿌리처럼 어떤 형태로든 현재의 나와 연관을 맺고 있습니다. 비록 겉으로 보이지 않고 안에(내적으로) 감추어져 있지만, 이러한 사건들이 바로 오늘 나의 인생을 꼬이도록 하는 것입니다.

그리고 오늘은 내일과 연결되는 것입니다. 인간이 받는 모든 상처는 크건 작건 모든 것들이 나무의 나이테처럼 사라지는 것이 아니라, 우리의 잠재의식에 가라앉는 것입니다. 그러므로 미래를 건축하기 위해서는 현재를 바꾸어야 하며, 현재를 바꾸기 위해서는 과거를 치유해야 합니다.

내적 치유는 과거의 치유이며, 이것은 오늘의 나를 변화시키는 것이며, 새로운 미래를 건설하는 것입니다. 그런데 이렇게 시간을 거슬러 과거로 돌아가서 과거를 치유하는 것은 우리의 능력으로는 불가능하므로 하나님의 도움을 받아야 합니다. 내 속에 깊숙이 계신 성령 하나님의 도우심으로 우리 밑에 쌓여 있는 과거를 치유할 수 있습니다. 그러므로 우리는 엎지른 물을 다시 담을 수 없지만, 하나님은 하실 수 있습니다. 하나님의 도우심으로 우리는 할 수 있는 것입니다.

날마다 성령의 도움을 받아서 인간의 가장 깊은 부분인 영에 쌓여 있는 과거의 상처를 치유하는 것이 내적 치유입니다. 아무리 급해도, 가지에 영양주사를 놓아서는 좋은 열매를 맺지 못합니다. 뿌리로부터 올라오는 영양으로 맺은 열매가 좋은 열매입니다. 자연스럽게, 단계적으로 나오는 열매를 맺게 해야 하는 것처럼 인간의 치유도 내적 치유로부터 시작되어야 합니다.

우리에게 과거는 지나간 것처럼 보이지만, 하나님에게는 과거나 현재나 미래나 다 같이 바로 앞에 있는 것입니다. 우리는 과거를 건드릴 수 없지만, 우리의 가장 깊은 곳에 계신 성령님은 과거를 건드릴 수 있습니다. 깊은 곳에 계신 성령님은 과거를 현재 의식으로 드러내어 치유할 수 있습니다. 주님이 보실 때, 과거는 사라진 것이 아니라, 계속 우리 속에 들어 있는 것입니다. 주님은 과거를 고치실 수 있습니다. 내적 치유는 오직 하나님이 하시는 것이고, 우리는 치유의 과정에 내가 내 자신을 들어냄으로 하나님을 도와드리는 것입니다.

그렇게 해야 꼬이는 인생을 풀고 건강한 미래를 건설할 수 있습니다. 크리스천은 시간을 초월하는 존재가 된 것입니다. 과거를 바로 세울 수 있는 존재입니다. 좋은 열매를 맺기 위해서 뿌리를 바로 세울 수 있는 것입니다.

과거의 쓰라린 기억을 포함한 정서적, 심리적인 상처들은 우리 자신이 저지른 죄, 또는 다른 사람들이 저지른 죄로 인한 피해 때문에 마음에 생기게 되며, 시간이 흐르면서 기억에서는 사라지지만 무의식, 잠재의식에 남습니다. 세상의 상담에서는 "과거는 흘러간 것입니다. 긍정적인 생각으로 앞으로 갑시다." 라고 합니다.

그러나 아무리 그렇게 해도 잠재의식 속에 있는 상처가 건강한 미래로 가는 길을 막는 걸림돌이 됩니다. 잠재의식은 엄청난 능력, 맹목적인 능력입니다. 인간이 가진 진정 놀라운 능력이 여기에 감추어져 있습니다.

육체도 상처나 아픔을 기억합니다. 감정도 기억이 있습니다. 감정의 기억은 나무의 나이테처럼 이성의 기억보다, 이성이 기억하는 것보다 더 많이, 더 깊이 기억하고 있습니다. 예를 들어 과거의 사건은 정확히 기억하지 못하지만, 그때의 감정은 기억하는 것입니다. 그러나 영의 기억용량은 이런 것보다 훨씬 더 큽니다. 예를 들어 임진왜란의 아픔들이 아직도 우리의 아주 깊은 부분에 기억되어 있습니다.

참으로 인간의 내적인 기억용량은 무한하다고 할 수 있을 만큼 큽니다. 이러한 것이 사건에 반응하여 나타나는 것이 인간의 기본적인 정서입니다. 그러므로 개개인의 성품은 다르지만, 우리나라의 사람의 공통적인 정서가 생겨난 것입니다.

정서와 기억과 같은 우리의 내적인 부분이 영적인 부분과 아주 가깝게 연결되어 있습니다. 그리고 우리의 영은 다시 하나님의 영과 긴밀하게 연결되어 있습니다. 부모, 사회, 환경과도 역시 긴밀하게 연결되어 있습니다. 즉 인간은 깊게, 넓게, 높게 연결되어서 사는 존재입니다. 내적 치유는 이 모든 연결 관계를 치유하는 것입니다.

과거와 나와의 관계, 미래와 나와의 관계, 하나님과 나와의 관계, 부모와 나와의 관계, 조상과의 관계 등에서 그동안의 상처로 말미암아 비뚤어져 있는 부분을 바로잡아 주는 것이며, 조절하고 조정하고, 정리 정돈해 주는 것입니다. 이러한 것들이 비뚤어져서는 제대로 하나님의 형상으로서의 일을 감당하지 못하게 됩니다.

그런데 나의 의식으로는 이것을 길들이고 좋은 방향으로 바로잡을 수 없습니다. 우리 안에 계신 성령님으로 하여금 이것을 길들이고, 이것을 좋은 방향으로 이끌게 하는 것이 바로 내적 치유입니다. 그러므로 내적 치유는 반드시 성령으로 세례를 받아야 합니다. 잠재의식의 치유는 우리 안에 임마누엘 하시는 성령과 밀접한 관계가 이루어져야만 하고, 또 한 번으로 끝나는 것이 아니라, 지속해서 이루어져야 하는 것입니다.

구원은 일회적이고 순간적 이지고, 일방적으로 하나님의 은혜로 이루어진 것이지만, 내가 변화 받는 것은 지속해서 늘 하나님의 도우심을 받으며 나 자신을 변화시키려고 노력하여야 합니다. 구원은 거저 주어지는 것이지만, 성화는 우리를 변화시키려는 하나님의 의지와 하나님의 도우심으로 변화하려는 나의 의지가 만나야 합니다. 이것을 위해서 성령님께서 우리와 임마누엘 하시는 것입니다.

안에 들어있는 잠재의식이 밖으로 표현되는 것이 성품이고, 정서입니다. 그러므로 성품의 변화는 즉 내적 치유이고, 성령의 열매입니다. 이것은 내 힘만으로도 아니고, 가만히 있어서도 안 됩니다. 하나님에게 내 깊은 것을 내어놓고, 하나님의 도우심을 받는 것입니다. 하나님과 나와의 협력으로 이루어집니다. 우리가 마음을 열어놓아야 합니다. 열쇠는 우리가 가진 것입니다. 우리와 하나님이라는 두 인격체의 의지가 만나야 합니다.

그곳에 치유가 일어나고 기적이 일어나고 변화가 일어납니다. 하나님이 원하시고, 우리가 그것을 구할 때, 그곳에 치유가 일어납니다. 사람이 할 수 없고 오직 하나님만이 하실 수 있는 일들이 생기는 것입니다.

육신의 문제, 정신적인 문제, 가정의 문제, 사회의 문제, 밖으로 표현되는 이 세상의 모든 문제는 그 근원이 인간 성품의 문제, 잠재의식의 문제입니다. 이것은 또 죄의 문제입니다. 즉 모든 문제는 죄로부터 생기는 것입니다. 죄로 말미암아 상처를 받고, 죄의식이 자신에게도 상처를 주게 되는 것입니다. 그리고 이러한 상처가 모든 아픔의 근원이 됩니다.

예수님이 이렇게 답변하셨습니다. "그들이 대답하여 이르되 주여 어디오니이까 이르시되 주검 있는 곳에는 독수리가 모이느니라 하시니라"(눅17:37). 이와 같이 상처가 있는 곳에는 마귀, 귀신이 모이게 되어있습니다. 마귀는 우리의 상처를 그냥 두지 않습니다. 자꾸 와서 건드립니다. 피와 고름이 흐르게 만듭니다. 마귀는 상처에서 나오는 피와 고름을 먹고 사는 존재입니다. 나쁜 병균과 같은 것입니다.

그러므로 밖으로 표현되는 문제를 해결하기 위해 그 근원이 되는 죄의 문제, 상처의 문제를 먼저 해결하려는 것이 바로 내적 치유이고, 예수의 구속 사역이고, 성령의 치유 역사입니다. 죄 사함과 회개와 속죄가 모든 문제가 된 해결의 알파와 오메가입니다.

하나님은 우리에게 은혜, 치유, 사랑을 쏟아붓기를 원하시는 분입니다. 그런데 상처투성이인 우리는 그것을 받아들이지 못하는 것입니다. 예수를 받아들이지 못하는 것은 즉 하나님의 사랑을 받아들이지 못하는 것이요, 이것은 즉 하나님이 우리 마음에 쏟아붓는 사랑을 받아들이지 못하는 것이고, 그 이유는 마음에 상처받았기 때문입니다. 상처가 하나님의 은혜를 거부하는 것입니다. 십자가의 보혈은 이 마음의 상처를 치유하는 사랑의 묘약입니다. 오직 하나님의 사랑만이 이러한 상처를 치유하실 수 있습니다.

꼬인 인생을 푸는 내적 치유는 어떤 심리학적 원리나 치유 기술을 성경에 접목해 치유하는 방법이 아닙니다. 분위기, 감정 도취로 인한 일시적이고 표면적인 감정의 변화가 아닙니다. 인간의 가장 깊은 곳으로부터 치유하는 영적 치유이며, 이것은 성품의 변화로 나타납니다.

일회적인 기도에 의한 신유 체험, 감정적 체험으로 울음이나 기쁨이나 마음에 평화가 임함으로 해결되는 분야가 아닙니다. 내적 치유는 한두 번으로 끝낼 정도의 낮은 부분을 다루는 것이 아닙니다. 지속해서 해야만 치유되는 깊은 부분을 다루는 것입니다. 내적 치유는 평생을 두고 계속되어야 합니다.

너무 급하게 모든 상처를 현실로 드러내어 끝내려는 욕심, 한두 번에 모든 잠재의식의 상처를 치유하려는 욕심을 버려야 합니다. 기대는 많이 하나 욕심은 버려야 합니다. 살아 있는 한 호흡을 끝내지 않는 것처럼, 식사를 끝내지 않는 것처럼 내적 치유를 계속하는 개념을 가져야 합니다.

"우리가 하나님과 함께 일하는 자로서 너희를 권하노니 하나님의 은혜를 헛되이 받지 말라"(고후6:1). 지속적으로 성령으로 기도하면서 성령으로 충만한 상태로 살면서 하나님의 은혜로 잠재의식의 상처를 치유해야 합니다. 그래야 꼬인 인생이 풀립니다.

꼬인 인생을 푸는 내적 치유는 하나님의 은혜입니다. 하나님의 은혜는 받는 것보다, 잘 활용하고, 간수하고 열매를 맺는 것이 중요합니다. 하나님께서는 그런 사람에게 더 큰 은혜를 주십니다. 중요한 것은 이제 시작된 내적 치유를 귀하게 여기고 지속하는 것입니다. 가꾸고 키우는 것입니다. 그러면 하나님의 은혜는 흘러넘치게 더 흘러 들어옵니다.

하나님의 은혜를 귀하게 여기는 자에게 은혜를 더 주십니다. 있는 자에게 더 주시고, 아끼고 귀하게 여기는 자에게 더 주십니다. 받은 은혜를 생명처럼 여기는 사람에게 하나님께서도 자신의 생명처럼 귀하게 여기시고 더 은혜를 쏟아주십니다.

꼬인 인생을 푸는 적극적인 방법인 내적 치유는 신체의 질병의 치유, 귀신을 쫓아내는 축사 사역과 다르며, 무조건 성령 충만하거나 열심히 신앙 생활하거나 기도를 많이 한다고 치유 되지 않는 사역입니다. 내적 치유는 육체적 질병의 치유보다 깊고, 축사 사역도 포함되나, 더욱더 인격적인 사역이고, 부드럽고 따뜻한 사역입니다. 거칠고, 권위를 세우고, 힘주는 자세로는 내적 치유 사역을 할 수 없습니다. 또 부르짖기만 한다고 해서 되는 것도 아닙니다.

잠재의식을 치유하는 내적치유는 내적치유의 원리를 알고, 능력을 갖추고, 방법을 알고 사역해야 하나, 그것만으로도 안 되는 사역입니다. 기본보다 기술에 치우치는 자세로는 안 되는 사역입니다. 기본이 되어야만 하는 사역입니다. 목사나 교회가 아니라 하나님과의 바른 관계가 기본이 되어야 하는 사역입니다. 누구에게 먼저 사역하기보다, 먼저 내가 치유 받아야 하는 사역입니다.

꼬인 인생을 푸는 내적 치유는 기존의 기독교 상담과도 다릅니다. 물론 여러 방법이 서로 중복되거나 보완하는 면은 있으나 내적 치유는 기본적으로 성경 속에 흐르는 하나님의 구원과 치유에 관한 방법을 발견하여 적용하는 것입니다. 예수님이 제자들을 훈련하는 과정 중에 내적 치유의 방법이 들어있습니다. 그러나 중요한 것은 방법이 아니라, 우리 안에 거하시는 성령님의 능력입니다.

구원받은 자 안에 계시는 성령님을 통하여 일어나는 치유 사역이며, 치유 받은 자가 다른 사람들에게도 성령님을 통하여 치유하게 되는 사역입니다. 내적 치유를 받은 사람은 다른 상처를 받아 고통하는 사람을 치유해 주고 싶은 마음이 생깁니다. 성령님이 그런 마음을 주시는 것입니다.

성경의 가장 큰 치료의 매개체인 복음, 십자가와 부활, 하나님의 사랑, 성령님의 은사를 우리 내면의 치료에 적용하는 것이며, 사역에 있어서 가장 섬세하며 신중하며 보람 있는 사역이며 전문성이 요구되는 사역입니다. 내면의 상처는 만 가지 문제의 원인이라는 것을 깨닫고 성령 안에서 잠재의식을 정화해야 꼬이는 인생을 풀리는 인생으로 바꿀 수가 있습니다.

태중에서부터 만들어진 잠재의식의 상처를 모르고 살다가 잠재의식의 상처로 인하여 인생이 꼬이고 귀신 들려 사람 구실 못하다 잠재의식의 상처를 치유 받고 귀신 쫓고 정상적인 삶을 살고 있는 분의 간증을 들어보시기를 바랍니다.

저는 약 7년 전에 본 충만한교회를 알고 인생이 뒤바뀌어 사는 것이 재미가 있고 건강하게 지내며 충만한 교회에 다니면서 말씀과 성령의 역사로 잠재의식의 상처를 치유 받으며 꼬였던 인생이 풀리고 성령의 은혜를 받으며 받은 치유를 유지하며 직장생활하고 있습니다.

원래 부산에 살았고 본래 천주교 신자였던 저는 약 13년 전에 지속적인 마음의 상처와 충격을 받아 영적-정신적-육체적 기능이 비정상적이 되자, 턱이 자기 마음대로 돌아가고 손발이 자기 멋대로 움직이는 심각한 영적이고 정신질환이 발생하여 밤에 잠을 이루지 못하며 반폐인이 된 상태로 하루하루가 괴로워도 그냥 버티는 상태였습니다. 특별한 치유 방법이 없었기 때문입니다. 지금 알고 보니 태중에서 형성된 상처로 말미암은 것이었는데 무지하여 내면세계와 마음의 상처와 잠재의식을 몰라서 13년 이상을 정신적이고 영적인 문제로 비정상적인 인생을 살았습니다.

부산과 서울을 포함 유명한 종합병원을 10 군데가 넘도록 다녀봐도 증상의 원인을 찾지 못하고 결국 예수님만 이 병을 낫게 해주실 수 있다는 마음으로 짐을 싸서 서울의 성령치유 집회를 4-5년간 돌아다녔습니다. 정말 유명하다는 곳을 이곳저곳을 해 맸습니다. 워낙 심각했기 때문에 치유하여 꼬인 인생을 풀기 위하여 의지 결단을 하고 유명한 여러 곳을 다닌 것입니다.

그곳에서 치유전문가가 하라는 말대로 다 순종하고 따랐지만, 상태가 더 심해지고 나아지지 않았습니다. 상태가 더 심각해져 정신병원에 입원한 적도 있습니다. 그때 너무 괴로웠습니다. 잠재의식의 상처를 치유하지 않고 보이는 면만 치유하려고 했기 때문입니다.

저희 어머니, 아버지도 병원에 돌아다녀도 병명을 모른다고 할 때 이미 저를 포기하셨고. 제가 영적-정신병으로 죽을 줄 알고 포기하고 마음의 준비를 하셨다고 합니다. 지금 그때를 생각하면 마음이 아프고 눈물이 납니다. 내면세계 잠재의식의 상처를 몰라서 삶을 포기하다시피 하고 살아온 것입니다.

그러다 우연히 강 요셉 목사님 책 "영안을 밝게 여는 비결" 책을 읽게 되었고 마음이 강하게 감동하여 충만한교회 강요셉 목사님의 상담을 받고 분명하게 치유가 된다는 목사님의 말씀에 믿음이 생겼습니다. 믿음으로 치유할 목적으로 작정하고 충만한 교회 근처로 이사를 와서 교회에 다니며 상태가 점점 호전이 되었기 때문에 5개월간 잠재의식과 영적 정신적인 문제를 집중 치유를 받았습니다. 지금은 예수님 은혜로 잠재의식에 형성되었던 태중의 상처를 온전하게 치유 받으니 정신적인 문제가 치유되면서 영적인 질병인 귀신이 떠나갔습니다. 13년이 넘도록 방황하며 돌아다니던 제가 완전하게 치유를 받고 이제 서울에서 정상인으로 버젓이 해피엔딩 하며 직장생활 잘하고 있습니다.

저의 어머니가 강 요셉 목사님에게 전화하셨는데 치유가 되어 정상적인 생활을 하면서 직장에 다닌다고 하니 못 고친다고 했는데 고쳤다고 의아해하셨을 정도로 불치의 질병이었습니다. 그런데 예수님의 은혜로 성령님의 인도로 강 요셉 목사님을 만나 고쳐서 새로운 삶을 살고 있습니다. 잠재의식에 형성된 태중에서 형성된 상처를 말씀과 성령의 역사로 전문적으로 치유를 받으니 꼬였던 인생이 풀리고 해피엔딩 하며 정상적인 삶을 살아가고 있습니다.

책을 읽는 분들도 마음에 감동이 오시면 저처럼 짐을 싸서 서울로 이사를 하시더라도 전문적인 치유를 하는 교회에 나오셔야 합니다. 어떤 이상한 말로 방해가 있을지 모릅니다. 그런 거 다 물리치고 교회에 나오셔야 합니다.

내가 죽어도 전문적인 내면을 치유하는 교회 가서 기도하다가 죽겠다는 굳은 결심과 의지와 뚝심이 필요합니다. 교회에 오셔서 목사님의 지도에 따라 기도를 바르게 해야 그래야 낫습니다.

지금은 너무나 즐겁고 기쁘고 예수님을 너무 사랑하는 마음으로 가슴이 가득하여 가만히 있어도 콧노래가 저절로 나옵니다.

제가 실제 경험을 해봐서 알아요. 예수님을 영접하고 성령으로 세례를 받고 성령의 인도에 따라 잠재의식을 치유하면 인생 자체가 바뀌게 됩니다. 예수님을 믿을 때 죽고 예수님으로 다시 태어나 성령의 인도를 받는 성령의 사람 하나님의 자녀이기 때문에 실제로 저와 같이 인생을 꼬이게 했던 불치병을 치유 받고 즐겁고 기쁘고 축복의 사람으로 완전히 탈바꿈합니다.

내적치유에 대하여는 전문 책자인 "마음상처 투시와 완전치유" "내적치유 축귀 능력 받는 비결" "카리스마로 영적세계를 장악하는 법" "내적치유 쉽게 하는 법" "내적상처를 스스로 치유하는 기도문"을 참고하시기를 바랍니다.

5장 인생이 꼬여서 중년에 질병으로 고생하는 원인은 이래요

많은 사람들이 불치의 질병으로 인생이 꼬여서 고통을 당하며 지내고 있습니다. 우리는 생명 호흡이 있을 때 모든 것을 준비하는 습관을 가져야 합니다. 호흡 생명이 희미하면 자신의 영혼을 위하여 준비할 수가 없습니다. 그때는 늦습니다. 하루라도 빨리 깨닫고 준비하고 실천하는 것이 중요합니다. 호흡이 건강할 때 전인격이 성전이 되도록 준비합시다.

다음에 간증하시는 목사님과 권사님같이 출생할 때 형성된 마음의 상처를 하루라도 일찍 발견하여 치유해야 꼬이는 인생을 살아가지 않습니다.

성도는 마음을 치유 받아야 성령 충만을 받으며, 상한 마음이 치유 받지 못하기 때문에 신앙인은 되었으나 삶의 본질이 변화 받지 못한 종교인으로 머물게 됩니다.

상처를 받으면 제일 먼저 마음이 감정이 상처를 입습니다. 그리고 감정의 상처는 마음을 굳게 합니다. 유아기의 부드러운 마음이 성장하면서 상처를 받으므로 점점 굳게 됩니다. 점점 강퍅해집니다. 그러면서 자기도 모르게 다른 사람에게 상처를 주면서 삽니다. 이런 상태에서 찾아오신 주님이 믿음으로 우리의 마음속에 들어오시는 것이 구원입니다.

그러나 아직 마음은 굳어진 그대로입니다. 굳어진 상태로는 하나님-나-이웃과의 관계가 제대로 되지 않습니다. 그리고 이러한 상태를 바꿀 생각이나, 필요성을 느끼지 못하고 있습니다. 그냥 현실을 그대로 받아들이며 세월이 약인 줄 알고 그냥 세월을 보냅니다. 그럴수록 마음속의 상처는 더욱 굳어지고 치유가 어렵게 됩니다.

우리 마음은 눈으로 볼 수 없으며, 만져지지도 않습니다. 그러나 우리의 삶을 총체적으로 지휘하는 마음은 우리의 삶에 있어서 가장 중요한 존재입니다. 특히 신앙생활의 영역에 있어서는 절대적입니다. 하나님은 "너는 마음을 다하고 성품을 다하고 힘을 다하여 여호와를 사랑하라."(신6:5). 하십니다.

사랑은 마음에서 우러나와야 진정한 사랑입니다. 하나님은 그러한 사랑을 요구하시는 것입니다. 마음과 성품은 긴밀한 관계가 있습니다. 마음이 굳어지면 성품이 굳을 수밖에 없습니다. 그리고 돌같이 굳어진 마음, 굳어진 성품으로는 하나님이 요구하시는 사랑을 할 수 없습니다.

하나님은 "무릇 지킬만한 것보다 더욱 네 마음을 지키라. 생명의 근원이 이에서 남이니라."(잠4:23). 그러므로 하나님은 '마음을 지키라,' 마음을 새롭게 하라'(롬12:2)고 하시는 것입니다. 그런데 마음을 지키지 못함으로 굳어지게 되면 사람들은 위로와 기쁨을 얻기 위해서 밖으로 나갑니다. 그리고 이렇게 밖으로 나간 마음은 다시 상처를 입고 더 굳어지게 됩니다.

마음을 지키지 못하면 스트레스가 쌓입니다. 모든 질병의 원인이 마음에 쌓이게 됩니다. 사고의 원인이 마음에 쌓이게 됩니다. 가정과 육신이 건강과 정신적인 건강과 영적인 건강에 대한 강건함이 마음에서 시작됩니다. 하나님의 축복도 마음에서 시작됩니다. 마음이 굳어지면 하늘과 막히고, 사람과도 막히고, 나 자신과도 막힙니다. 그러면서 서서히 죽어갑니다. 자기도 모르게 마귀의 밥이 되어 갑니다.

우리는 마음에 무엇을 담고 있는가? 상처에서 나오는 쓴 물을 담는가, 아니면 하나님께서 부어주시는 사랑과 생명을 담는가? 마음을 부드럽게 해야 합니다. 평안함이 있게 해야 합니다. 자 유함이 있게 해야 합니다. 마음이 굳어지면 마음을 느끼지 못함으로 마음을 지키는 방법도 모르고 관심도 없게 됩니다.

우리는 영적인 존재이므로 하나님을 느낄 수 있습니다. 마음에 하나님의 은혜를 담고, 하나님의 평안을 담고 하나님의 사랑을 담고 생명을 담으면 하나님을 느낄 수 있습니다. 마음은 생명의 근원인 영을 담고 있는 그릇입니다.

하나님은 "또 새 영을 너희 속에 두고 새 마음을 너희에게 주되 너희 육신에서 굳은 마음을 제하고 부드러운 마음을 줄 것이며."(겔 36:26). 말씀하셨습니다.

그래서 하나님은 우리에게 새 마음을 주시기를 원하십니다. 새 마음을 주시려고 우리 속에, 우리 마음속에 임마누엘의 하나님으로 성전 삼고 들어오셨습니다. 우리를 떠나지 않고 영원히 거기에 거하시면서 우리의 마음을 새롭게, 부드럽게 변화시키려고 하십니다. 마음을 부드럽게 함으로 우리 속에서 역사하시는 이 하나님을 느껴야 합니다. 육신은 날로 후패해져 가지만 마음은 늘 새로워져야 합니다. 육은 내려가고 쇠해지지만, 마음은 늘 새로워지고, 늘 위로 올라가야 합니다.

마음은 감정, 기분, 지성, 애정을 느끼는 기관이 아니라, 이보다 더 깊은 곳에 있는 인간의 육신과 정신의 궁극적 기반이며 근원이 되는 기관입니다. 인간의 가장 깊은 곳에 있기에 실감하기가 어렵습니다. 대부분 일상생활을 이성과 육체적 활동으로 하기 때문에 마음의 활동이 마비되어 있습니다. 마음을 깨워서 활발하게 활동하게 해야 합니다. 그래야 하나님의 인도와 지배와 보호와 축복을 받게 됩니다. 기도는 잠자는 마음을 깨워 그 안에 거하시는 하나님과 교제하는 것입니다.

마음은 인간에게서 가장 소중한 부분. 하나님이 주인으로 거하시는 곳입니다. 그러므로 마음을 하나님의 은혜로 항상 가득하게 채우세요. 그러면 하나님의 형상, 하나님의 자녀로서의 삶을 살 수 있게 됩니다. 여기를 마귀에게 빼앗기고, 마귀가 주는 쓴 물을 담으면, 인간은 이 세상에서 가장 추한 존재가 되어버립니다. 마음을 지킴으로 하나님에게 빼앗기면, 하나님을 담으면, 하나님이 주시는 사랑으로 채우면, 인간은 이 세상에서 가장 존귀한 존재가 됩니다. 마음은 마귀가 주는 파괴적인 에너지 또는 하나님이 주시는 무한한 생명의 능력과 에너지로 가득한 곳입니다. 마음은 우리 생명의 중심입니다. 건강과도 연관되고, 하나님과도 관계되고, 물질과도 관계되고, 모든 것들이 마음과 연관됩니다. 마음이 살아야 내가 삽니다. 마음을 지키는 것이 재물을 지키는 것이요, 건강을 지키는 것이요, 가족을 지키는 것이요, 사회를 지키는 것입니다. 성령의 역사도 우리의 마음으로부터 시작됩니다(겔36:25-27). 하나님의 축복도 마음으로부터 시작됩니다. 하나님의 임하심도, 하나님의 은혜도 모두 마음으로부터 시작됩니다. 마음이 막히면 전부 다 막힙니다. 내 삶이 막힙니다. 하늘이 막힙니다. 그러므로 마음을 풀어야 합니다. 마음을 열어야 합니다. 성령으로 마음을 씻어야 합니다. 성령으로 마음을 깨워야 합니다. 말씀과 성령으로 새 마음을 받아야 합니다. 부드러운 마음을 받아야 합니다. 육을 죽이고 마음을 살리라. 마음을 세우라.

마음을 온갖 더러운 쓰레기 집합소로 만들지 마시기를 바랍니다. 온갖 더러운 것이 가라앉아 있는 구정 물통으로 만들지 마시기를 바랍니다. 마귀는 수시로 마음을 뒤집어 놓는 존재이고 성령님은 씻어내시고, 평안하게, 맑게 하시는 분입니다. 이 더러운 것을 차곡차곡 쌓아놓지 마시기를 바랍니다. 이것들을 주고받지 마시기를 바랍니다. 전파하지 마시기를 바랍니다.

상처가 무엇이 좋은 것이라고 그것을 움켜잡고 있는가! 우리가 이 상처를 움켜잡고 있으면 마귀는 이 상처를 가지고 온갖 좋지 못하고 악한 것을 만들어 냅니다. 그러나 하나님에게 이 상처를 내어드리면 하나님은 이 상처를 치유하시고, 사랑과 위로와 소망이 넘치는 좋은 것으로 만들어 주십니다. 상처가 오히려 축복의 근원이 되게 하십니다. 마음이 가벼우면 인생이 가볍습니다. 발걸음이 가볍습니다. 마음의 상처를 치유 받음으로 마음의 모든 무거운 짐을 벗어 버려야 합니다.

성령님은 내 마음속에 계시면서 내 영을 도와 모든 내적 상처를 치유하심으로 마귀가 역사하지 못하게 하고 하나님의 주시는 사랑과 생명이 늘 넘쳐나게 하시는 분입니다. 마귀는 상처, 특히 내적 상처에 역사 하는 존재입니다. 상처가 있는 한 떠나지 않는 존재입니다. 상처를 주고, 상처를 부여잡고, 치유 받지 못하게 하는 존재입니다. 십자가의 보혈은 상처를 치유하는 하나님의 능력입니다. 성령님은 상처를 치유하시는 분입니다. 성령님은 용광로처럼 고철을 가지고 새로운 제품을 만드시는 분입니다. 마귀는 바이러스처럼 좋은 것을 망치는 존재입니다.

인간은 하나님에게 쓰임 받을 수도 있고, 마귀에게 쓰임 받을 수도 있는 존재입니다. 상처를 주고, 상처를 움켜잡고 살면 마귀에게 쓰임을 받는 것이고, 치유 받고, 치유를 주는 것은 성령에게 쓰임 받는 것입니다. 진정한 크리스천은 내 속에서 오는 기쁨, 하나님의 은혜 때문에 밖에서 오는 어떤 감정에도 흔들리지 않고 하나님의 나라를 향하여 나아가는 사람입니다. 하나님에 의해서 우리가 변화 받지 않으면 우리는 점점 마귀에 의해서 마귀 쪽으로 변화됩니다. 점점 하나님답게 되지 않으면 점점 마귀답게 되어 가는 것입니다. 치유 받지 않으면 점점 더 마귀화 되어 갑니다.

내면에 생기는 문제는 부흥회, 예배 출석, 성경 읽기, 공부, 새벽기도회에 참석한다고 해서 해결되지 않습니다. 실제로 상처 난 부위를 치유해야 합니다.

출생 시에 형성된 잠재의식의 상처로 인하여 심장병과 류마티즘 관절염으로 20여 년을 고통당하다가 예수님의 은혜로 치유 받고, 20 여년을 꼬이게 했던 인생을 정리하고 평안하게 사시는 어느 권사님의 간증입니다. 이 권사는 한창 전쟁 중인 51년도에 태어났다고 합니다. 어머니가 출산하고 보니 여자아이니까 할머니가 이 전쟁 중에 딸을 키워서 무엇 하느냐고 가져다 버리라고 하여 버렸다고 합니다. 버린 후 이틀이 지나서 죽었으면 땅에 묻어주려고 어머니가 현장에 가서 보았다는 것입니다. 그런데 아이가 그때까지 죽지 않고 울고 있기에 명이 긴 아이라고 데려다가 기른 아이가 바로 이 권사님이십니다.

권사는 이때 잠재의식에 두려움과 공포의 상처가 형성되어 심장병과 류머티즘 관절염으로 20여 년을 고생하였습니다. 전철을 타려고 세 계단만 올라가도 쉬어야만 할 정도였다고 합니다. 그러다가 친구들의 권면을 받고 우리 교회에 오셔서 치유를 받았습니다. 자신을 지금까지 괴롭히던 질병을 치유 받을 수 있다는 사모하는 마음으로 맨 앞에 앉아서 은혜를 받았습니다. 성령의 불세례를 시간마다 체험했습니다.

본인에게 호흡을 아랫배까지 들이쉬고 내쉬면서 배에서 나오는 소리로 기도를 하라고 했습니다. 질병을 치유 받고 축귀를 하려면 기도가 바뀌어야 하기 때문입니다. 그래야 성령께서 장악하시고 역사하십니다. 제가 알려준 대로 순수하게 기도를 했습니다. 성령이 완전하게 장악을 했습니다. 그래서 제가 기도 시간마다 안수하면서 귀신을 물리쳤습니다. “예수 이름으로 명하노니 심장병을 일으키는 귀신은 떠나갈지어다.” 하면 막 악을 쓰다가 기침을 한동안 하다가 떠나갔습니다. “또 예수 이름으로 명하노니 류머티즘 관절염을 일으키는 귀신은 떠나갈 지어다.” 하면 막 발작을 하고 기침을 하면서 귀신들이 떠나갔습니다. 몇 주를 성령이 감동하시는 대로 안수하면서 명령을 했습니다. 그러면서 권사의 얼굴이 점점 밝아지는 것을 보게 되었습니다.

몇 주를 다니다가 저에게 이렇게 간증을 했습니다. “목사님 제가 처음 여기 올 때는 계단 세 개를 올라가서 쉬고, 또 올라가고 했는데 지금은 오십 계단을 거뜬하게 올라갑니다.” 이 권사는 어머니 뱃속에서 태어난 후 들어온 두려움과 공포의 영으로 심장병과 류머티즘 관절염으로 20년을 고생을 했는데 말씀과 성령으로 내적 치유하고 귀신을 쫓아내서 완벽하게 치유 받은 것입니다. 하나님은 어떤 문제라도 치유하십니다. 하나님의 치유와 성령의 권능을 몰라서 고생하는 것입니다. 필자는 항상 이렇게 말합니다. 예수를 믿은 성도가 영육으로 고생하는 것은 영적으로 무지해서 당하는 것이라고 말합니다. 특별하게 내면세계를 깨닫고 자신의 내면을 정리하는 시간을 많이 가져야 저와 같이 인생이 꼬여서 불필요한 고통을 당하지 않을 것입니다.

내면세계의 치유 즉, 내적 치유란 딱딱해진 마음, 돌, 가시덤불로 가득 차서 말씀의 씨앗이 뿌리를 내리지 못하게 되는 요인을 제거하여 열매를 맺게 하기 위함입니다. 굳은 마음을 기경하는 것, 그 속에 있는 돌을 제거하는 것, 가시덤불을 뽑아내는 것이 내적 치유입니다. 씨앗은 생명입니다. 그러나 굳은 마음에는 이 씨앗이 들어가지 못합니다. 귀로는 듣지만 마음으로 들어가지 못합니다. 몸으로 선행한다고 해서 씨앗이 싹이 나고 열매가 맺히는 것이 아닙니다. 성령님으로 말미암아 마음이 부드럽게 풀어져야만 합니다.

돌들이 가득한 마음은 걱정, 근심의 무거움, 답답함으로 가득한 마음입니다. 이러한 것들을 다 뽑아 버리세요. 그래야 생명이 마음이 뿌리를 내리고 열매를 맺을 수 있습니다. 땅은 스스로 돌을 뽑아낼 수가 없습니다. 오직 우리 속에 계신 성령님이 해 주셔야 합니다. 걱정의 돌, 근심의 돌, 답답함의 돌을 빼내어 주십니다.

가시는 상처입니다. 이것이 나를 아프게 찌르는 것입니다. 마음을 찌르고 감정을 찌르는 것입니다. 나도 찌르고 남도 찌릅니다. 이것을 뽑아내세요. 남이 나를 섭섭하게 하고, 아프게 하는 것이 아니라, 내 속에 있는 가시가 나를 아프게 하는 것입니다. 남이 나를 찌르는 것이 아니라, 내 속에 가시가 있는데, 다른 사람은 단지 그것을 살짝 건드릴 뿐입니다. 남을 탓하기 전에 내 속에 있는 가시를 뽑아내시기를 바랍니다. 내 속에 있는 상처의 쓴 뿌리를 뽑아내시기를 바랍니다. 내가 치유 받아 변하지 않으면 아픔은 절대로 사라지지 않습니다.

자신의 마음을 먼저 치유 받아서 옥토로 만들라. 땅은 돌과 가시를 스스로 뽑고 뱉어낼 수 없습니다. 주님이 오셔야 합니다. 성령님의 손은 정확한 위치와 손길로 모든 돌과 가시덤불을 빼내어줍니다. 그래야 우리의 마음이 옥토가 되고, 30배, 60배, 100배의 열매를 맺게 됩니다.

내적 치유는 상하고 아픈 마음, 눌린 마음에 하나님의 평강이 임하는 것이요, 내 마음속에 있는 무거운 돌이 빼어지는 것이요, 속에 있는 가시가 뽑히는 것입니다. 이제는 누가 뭐래도 별로 아프지 않고, 남을 아프게도 하지 않습니다. 이런 마음에 하나님의 은혜가 임합니다. 돌이 가득하고 가시가 가득한 밭에는 아무리 씨를 뿌려도 싹이 나지 않지만, 이런 것들이 다 뽑힌 밭에는 풍성한 열매가 맺힙니다. 하나님의 은혜가 충만해집니다. 이런 것들이 그냥 내버려진 마음 밭에는 마귀만이 충만하게 됩니다.

교회는 마음을 치유하기보다는 씨앗의 질에만 관심을 두고 씨앗의 개량에만 열심을 냅니다. 문제는 씨앗이 아니고 마음 밭입니다. 마음이 무거우면 인생이 무겁고, 마음이 가벼우면 인생이 가볍습니다. 마음이 행복하면 인생이 행복합니다. 이런 마음에 물질이 따르고, 사람이 따르게 됩니다. 돌이 가득하고 가시가 가득하면 마귀가 우글거리게 됩니다. 이것들을 뽑아내시기를 바랍니다. 이를 위해 성령의 도우심을 간구하시기를 바랍니다. 하나님이 이를 위해 우리 안에 오셔서 거하십니다. 돕기 위해서, 치료하기 위해서, 우리 속에 있는 가시와 돌을 뽑아내시기 위해서 오셔서 기다리고 계십니다. 그분에게 우리를 맡기세요. 심령의 치유를 받기 위해서 노력해야 합니다. 중심이 풀리면 모든 것들이 풀립니다. 중심이 풀리면 환경과 삶의 문제들이 하나씩 하나씩 풀려나갑니다. 이것이 자녀 문제, 물질 문제, 경제문제 등등의 문제를 해결하는 하나님의 방법입니다.

하나님은 "맑은 물로 너희에게 뿌려서 너희로 정결케 하되 곧 너희 모든 더러운 것에서와 모든 우상을 섬김에서 너희를 정결케 할 것이며 또 새 영을 너희 속에 두고 새 마음을 너희에게 주되 너희 육신에서 굳은 마음을 제하고 부드러운 마음을 줄 것이며 또 내 신을 너희 속에 두어 너희로 내 율례를 행하게 하리니 너희가 내 규례를 지켜 행할지라."(겔36:25-27). 말씀하십니다.

그러므로 우선 자신의 마음부터 치유하시기를 바랍니다. 마음의 안을 치유하시기를 바랍니다. 잠재의식, 즉 마음의 가장 깊은 곳에 있는 모든 상처를 다 치유하고, 그곳에 하나님의 사랑을 담으세요. 이를 위해서 내 마음을 귀중하게 여기세요. 잘 때 마음에 손을 얹으세요. 귀하게 여기세요. 하나님의 은혜와 치유와 사랑을 담기 위해 하나님을 사모하시기를 바랍니다. 초청하시기를 바랍니다. 간구하시기를 바랍니다. 그러면서 주무세요. 마음을 푸시기를 바랍니다. 마음에 묶인 것을 다 푸시기를 바랍니다. 하나님의 도우심을 힘입어서. 마귀는 아무것도 아닌 것을 마음에 묶게 만드는 존재입니다. 마음에서 묶이면, 땅에서 묶는 것이요, 하늘에서도 묶이게 되는 것입니다. 마음을 푸시기를 바랍니다. 하나님의 도우심으로 자유로워지고 풍요로워지라. 악한 영의 역사를 다 뽑아내시기를 바랍니다. 악한 영의 역사를 공격할 수 있는 능력이 우리에게 있습니다. 우리에게 이 능력을 주셨습니다.

성령으로 새롭게 변화를 받으세요. 성령의 능력을 받으세요. 자유함을 받으세요. 하나님은 얼마나 우리에게 풍성하게 주시기를 원하시는지 모릅니다. 우리 마음이 풀리지 않아서 그것을 다 받아 누리지 못하고 있는 것입니다. 그러므로 마음을 풀고, 이 모든 것을 다 받으세요. 그리고 모태에서부터 받았던 모든 상처와 쓴 뿌리를 다 뽑아내고 치유 받으세요. 그리고 점점 하나님의 성품이 나의 성품이 되게 간구하시기를 바랍니다. 그러면 하나님의 사랑의 열매가 나타나게 되며, 그러한 사람의 삶에 성령님의 열매가 저절로 나타나게 됩니다. 이것이 삶의 목표, 사역의 목표가 되어야 합니다. 내적 치유는 열매가 궁극적 목표가 되어야 합니다.

성령의 역사를 밖으로, 은사로, 능력으로 나타내려고 하기보다, 무엇보다도 먼저 내 마음을, 내 마음 깊은 곳을 치유하는 쪽으로 나타내려고 간구하시기를 바랍니다. 내 마음을 성령님으로 가득하게 채우세요. 그러면 자연히 은사는 밖으로 나타나게 됩니다. 밖으로 나타나는 은사보다 내적인 치유에 더 관심을 가져야 합니다. 내적 치유에 집중하면, 나의 마음이 치유 받으면, 외적인 은사는 저절로 나타나게 됩니다. 내적 치유를 제대로 받지 못하면 외적 은사가 왜곡되고 잘못됩니다. 은사는 지나고 인격은 남습니다. 인격(성품)을 갖춘 다음에 은사가 나타나야 제대로 은사가 나타납니다. 은사는 지나가나, 그 은사를 역사한 인격이 그 뒤에 남아서 냄새를 끼칩니다.

내적 치유는 섬김의 자세, 마음이 중요합니다. 이러한 마음을 가지는 것부터가 이미 내적 치유를 받는 것입니다. 마음에 있는 상처를 치유 받으면, 그곳에 성령님께서 임재하실 수 있습니다. 그리고 성령의 지배를 받을 수 있게 됩니다. 성령의 인도를 받는 삶, 성령님과 교제하는 삶을 살 수 있게 됩니다. 그러한 사람의 삶에 성령의 은사가 나타나게 됩니다. 이를 위해서 가장 중요한 것은 성령님에게 내 마음을 여는 것입니다. 그분에게 나를 치유하게 하는 것입니다. 성령님을 내 마음으로 초청하는 것, 늘 마음의 교제를 하는 것입니다. 예수님은 만병을 치유하십니다.

어느 여목사님이 혈통에서 내려오는 잠재의식에 형성된 상처로 인하여 반신불수가 되어 꼬이는 인생을 살다가 성령으로 세례를 받고 자신 안에서 나오는 성령의 불을 받으면서 성령의 소리를 듣고 깨닫기 시작하여 예수님의 은혜로 반신불수를 치유 받고 꼬이는 인생을 정리한 목사님의 간증을 들어보시기를 바랍니다. 저는 허리에서부터 얼굴까지 반신불수가 되어 12월 20일부터 4월 25일 충만한 교회에 오기 전까지 반신불수가 되어 거동을 못하며 집안에서 지냈습니다. 그러다가 저의 친한 친구 목사님들이 충만한 교회에 가면 치유가 된다는 말을 듣고 차에 실려 충만한 교회 성령치유 집회에 참석하여 은혜를 받았습니다. 그런데 참석한 첫날부터 강한 성령의 세례와 성령의 불을 받고 온몸이 불덩어리가 되더니 몸이 뒤틀리기 시작을 했습니다. 악한 귀신들이 발작을 한 것입니다. 그러면서 수많은 귀신들이 발작을 하면서 떠나고 소리를 지르면서 떠나갔습니다. 저는 이때까지 내가 허리디스크와 좌골 신경통으로 이렇게 되었지 잠재의식의 상처와 귀신의 역사로 이렇게 되었다고는 꿈에도 생각을 하지 않고 병원치료만 하였습니다. 한마디로 영적인 눈이 멀었던 것입니다. 저를 영적으로 정확하게 보지 못했다는 것입니다. 그래서 담당 의사만 믿었습니다.

한마디로 영적인 무지한 이였습니다. 그러다가 성령님의 인도로 충만한 교회에 와서 성령의 불을 받고 치유되기 시작하다가 며칠 지나니 저 혼자도 걸을 수가 있었습니다. 그래서 제가 손수 운전을 하면서 열심히 다녔습니다. 그러다가 여러 가지 성령의 은사와 은혜를 체험했습니다. 특히 신유의 은사와 예언의 은사가 강하게 나타납니다. 질병의 배후에도 영적인 세계가 결부되어 있다는 것을 체험적으로 알게 되었습니다. 차차로 치유가 되면서 영안이 열리고 사람들을 보면 그 사람의 심령이 읽어지는 지식의 말씀의 은사가 나타나고 안수기도하면 강요셉 목사님 같이 성령의 역사가 강하게 나타납니다. 그래서 다시 목회를 시작하니 교회가 점점 부흥이 되었습니다. 몇 개월 다니면서 치유를 받으니 이제 몸도 완치가 되었습니다. 남편도 너무나 좋아하는 것이었습니다. 정말 하나님은 못하시는 것이 없으십니다. 저를 치유하신 하나님에게 영광을 돌립니다. 그리고 매시간 안수하여 주신 목사님에게도 감사를 드립니다.

내적치유에 대하여는 전문 책자인 "마음상처 투시와 완전치유" "내적치유 축귀 능력 받는 비결" "카리스마로 영적세계를 장악하는 법" "내적치유 쉽게 하는 법" "내적상처를 스스로 치유하는 기도문"을 참고하시기를 바랍니다.

6장 인생을 꼬이게 하는 것들을 이렇게 해결하세요.

인생이 꼬이고 풀리지 않는 이유는 다른 사람을 탓하고 다른 곳에서 찾으려고, 밖에서 찾으려고 시간을 낭비하기 때문이라고 생각합니다. 대부분 사건은 반드시 이유가 있습니다. 시험에 불합격한 이유는 공부량이 부족했기 때문입니다. 살이 찌는 이유는 많이 먹기 때문입니다. 길을 가다가 넘어진 이유는 주변을 잘 살피지 않았기 때문입니다. 이렇게 일어나는 문제에 대하여 환경과 남을 개입시킬 틈이 없습니다. 대부분의 과실은 본인에게 있습니다. 자신 안에서 꼬이는 원인을 찾아야 한다는 것입니다.

이렇게 사건 대부분에 원인이나 이유가 있는 것과 같이 인생이 꼬이는 것에도 반드시 원인이나 이유가 있는 것입니다. 제가 71년 동안 인생을 살고, 25년 이상을 인생이 꼬인 사람들을 치유하다가 임상적으로 깨달은 것은 첫째가 마음의 상처입니다. 마음의 상처가 잠재의식에 집을 짓고 있으면 인생을 꼬이게 합니다. 다음에 꼬인 인생을 풀고 건강하고 행복하게 살아가시는 분의 사례를 들어보시면 이해가 갈 것입니다. 둘째는 혈통으로 대물림되는 귀신의 저주입니다. 셋째는 본인의 불찰인 욕심이 많고 분노가 심하고 우둔하여 당하는 것입니다. 그래서 성령의 임재 가운데 인생을 꼬이게 하는 원인들을 찾아서 해결하고 귀신을 쫓아내야 하는 것입니다.

마음의 상처로 목회가 꼬여서 중도에 포기하고 마음의 상처를 치유한 간증입니다. 저는 목회를 13년간 하다가 목회가 되지 않아 그만둔 60대 초반의 목사입니다. 저는 강요셉 목사님을 만나기 전까지 내면의 세계에 대하여 알지를 못했습니다. 저는 목회를 하지 못한 것은 말씀을 너무나 몰라서 목회가 되지 않는 것으로 생각을 했습니다. 그래서 말씀을 좀 더 연구하고 공부해서 목회를 다시 해보려고 기도원에 갔다가 강요셉 목사님을 만났습니다. 강요셉 목사와 목회 이야기를 하던 중에 저의 목회 실패에 대하여 말했더니, 강 목사가 이렇게 말하는 것입니다. "목사님은 말씀이 없어서 목회를 못하신 것이 아니라, 상처가 많아서 목회를 잘 못한 것입니다. 말씀 공부에 앞서서 내적 치유를 받으셔야 합니다." 그러는 것입니다. 그 말을 듣는 순간 맞다 내가 상처가 많이 있다. 상처가 많은 자갈밭과 같은 마음에 무슨 말씀이 심어지겠느냐…. 그래서 그 후부터 충만한 교회에 찾아가서 치유를 받았습니다.

성령의 임재 가운데 제가 방언기도를 하는데 잘 들어보니 "에이 시팔! 에이 시팔!" 하면서 내가 방언 기도를 하는 것입니다. 이상하게 속에서 분노가 올라오면서 욕이 나오는 것입니다. 성령의 임재가 점점 충만해지더니, 내 속에서 큰 소리로 악이 올라오는데 정말 큰 소리로 약 1시간 30분을 악을 쓰면서 치유를 받았습니다. 그러다가 속에서 기침으로 더러운 상처들이 수없이 나왔습니다. 그 때 제가 이렇게 느꼈습니다. 맞다 내가 이렇게 목회를 못하고 망한 것도 내 속의 분노의 상처 때문에 망했다는 것을 깨달았습니다. 악을 쓰다가 잠잠해져서 자리에서 일어나 보니 다른 사람들은 다 끝나고 떠난 상태였습니다. 정말 강요셉 목사님에게 너무 오래까지 괴성을 질러서 미안하기도 하고 감사하기도 했습니다. 그래서 강목사를 식당으로 모시고 가서 저녁 식사를 같이했습니다.

식사 준비 시간에 강 목사님이 저보고 하는 말이 "목사님, 상처가 정말 많이 있었습니다. 어렸을 때 상처를 많이 받으셨나 봅니다." 이렇게 묻는 것입니다. 그래서 제가 이렇게 대답을 했습니다. "목사님 제가 어려서 우리 아버지께 정말 많이 얻어맞았습니다. 치유 받을 때 그때 모습이 보이면서 악을 썼습니다. 목사님, 제가 오늘 치유 받으면서 느낀 것은 신학대학과 신대원에 다니는 분들은 모두 내적 치유를 받아야 된다는 사실입니다. 제가 조금이라도 일찍 상처에 대하여 알았더라면 목회에 실패하지 않았을 것입니다. 목회하면서도 분노가 올라와 정말 고생을 많이 했습니다." 그래서 계속 다니면서 기본적인 치유를 받았습니다. 그리고 치유의 원리들을 적용하면서 차차로 영성이 회복되었습니다. 얼굴에 성령 충만이 나타나고 새 사람으로 변화되었습니다. 사모가 저의 얼굴을 보고 놀랄 정도로 변했습니다. 제가 깨닫고 보니 성령의 능력도 내면이 치유되어야 강하게 나타납니다. 꼬이는 인생의 문제도 내면세계를 알고 치유하면 풀립니다. 저와 같은 목회자 여러분 시간 낭비하지 마시고 내면부터 치유하시기를 바랍니다.

우리는 상처의 치유도 중요하지만, 쉽게 상처받지 않는 내성도 길러야 합니다. 강건함, 담대함, 기쁨, 감사함, 온유함, 하나님의 은혜로 채워놓음으로 내성이 키워집니다. 마음을 이런 것으로 채워놓으면, 늘 상처로부터 자유하게 됩니다. 나도 자유하고 다른 사람에게도 상처를 주지 않게 됩니다. 치유 받은 마음을 늘 이런 것으로 가득 채워놓으세요. 우리가 마음을 이러한 것으로 채워놓지 않으면 악한 것들이 미움, 시기, 질투, 욕심, 정욕, 불안, 염려, 두려움과 같은 온갖 더러운 것으로 우리의 마음을 채워버립니다. 그리고 거기서 쓴 뿌리가 나고, 쓴 열매가 올라옴으로 삶이 고통스럽게 됩니다. 이러한 것을 쏟아내고 성령님이 주시는 것으로 내 속을 채워놓으면, 온갖 좋은 것이 속에서 올라오게 됩니다. 기쁜 일이 없어도 기쁨이 솟아 올라옵니다. 어려움이 찾아와도 평강으로 문제를 해결할 수 있는 지혜가 속에서 솟아오르게 됩니다. 이렇게 하는 것이 바로 내적치유입니다.

예수님의 하실 일은 마음이 상한 자를 고치시는 것입니다. 현시대는 마음이 상한 자들로 가득하고, 내 마음도 상처로 가득합니다. 세상이 썩은 것은 마음이 썩었다는 것입니다. 이러한 상한 심령에 성령 하나님이 오셨습니다. 성령 하나님이 오신 것도 역시 똑같은 사역, 즉 마음이 상한 자를 고치시기 위하심입니다. 왜냐하면 그렇게 치유를 받아야 하나님의 일을 하며, 그래야 고통에서 벗어나며, 기쁨을 누리며, 근심에서 벗어나며, 하나님께 영광을 돌릴 수 있게 되기 때문입니다. 상한 마음은 다른 사람의 마음을 상하게 합니다. 상한 마음을 가지고 있으면서 하나님의 일을 하려고 하면 오히려 방해하게 됩니다.

구원을 받고 나서 우리가 무엇인가 하려고 노력할 가장 급한 것은 우리 자신의 상한 마음을 고치는 것입니다. 그래야 하나님의 뜻이 내게 이해되고, 하나님의 일을 이해하고, 하나님의 일에 동참하고 동행하고 기도하고 찬양할 수 있게 됩니다. 하나님의 뜻을 분별하게 됩니다. 그러므로 무슨 일을 하기보다 마음을 먼저 고쳐야 합니다. 마음이 새롭게 되기를 소원하시기를 바랍니다. 상한 마음을 고치게 되면 내가 무슨 일을 하는 것이 아니라, 내 안에 하나님을 모심으로 그분이 나를 통해서 무슨 일이든지 하시기 때문입니다. 일을 하기보다 마음을 고치려고 해야 합니다. 그래야 하나님이 쓰십니다. 하나님이 일을 시키십니다. 성령님을 붙잡고 늘어지세요. 성령님을 붙잡으세요. 성령님도 우리를 붙잡기를 원하십니다. 그래서 동행하기를 원하십니다. 성령님이 우리의 마음을 고치셔야 우리와 동행하고 일을 함께 하실 수 있기 때문입니다. 마음이 상하면 자신과 사람과 하나님을 오해함으로 제대로 아무런 일도 못하게 됩니다. 오해하는 상황에서는 하나님의 말씀을 바르게 깨닫지 못합니다. 그래서 인간적인 편법을 쓰게 됩니다. 내가 잘되기 위해서 거룩함과 순결함을 버립니다. 내가 잘되기 위해서 남이 어떻게 되던 관심이 없게 됩니다. 그러면 하나님이 쓰실 수가 없습니다.

마음이 상하는 것은 감정이 상하는 것입니다. 감정이 상처를 받으면 이성을 잃게 됩니다. 감정이 좁아지면 정신을 자주 잃습니다. 감정이 이제 나의 조절을 받지 않게 되는 것입니다. 내가 감정의 지배를 받게 되는 것이요. 이성을 잃게 되는 것입니다.

상처를 입게 되면 거기서 나오는 분노의 감정을 통하여 더 깊은 상처를 입고 남에게도 상처를 입히게 됩니다. 상처를 치유 받지 못한 사람에게도 물론 성령님이 내재하시지만, 성령을 체험하기는 하지만, 성령님이 상처받은 마음속에 갇히게 됩니다. 성령이 활발한 활동을 하실 수가 없게 됩니다. 상처로 인하여 우리의 마음이 굳어지고, 강퍅해짐으로, 우리 속의 성령님이 역사 하실 수가 없게 됩니다. 상처는 우리 속에 계신 성령님이 역사 하시지 못하도록 마음의 문을 닫아버리게 만듭니다. 상처가 있는 한, 마귀는 더욱 강하게 역사하고, 성령님은 점점 더 갇히게 되는 것입니다.

이것을 나의 대에서 끊어야 합니다. 자녀에게 흘러 들어가지 못하게 해야 합니다. 다른 사람에게 상처 주는 일을 끊어야 합니다. 다른 사람들에게 치유를 주어야 합니다. 예수님도 제자들의 마음을 고치심으로 제자를 만드셨습니다. 그들의 마음의 변화를 통하여 인생을 변화시켰던 것입니다. 사람들의 마음을 고쳐야합니다. 그러면 세상을 바꿀 수 있습니다. 하나님의 은혜는 마음을 통해서 주어집니다. 마음에 주어집니다. 마음을 통과해야 하나님의 은혜가 전파됩니다. 마음이 닫히고 굳어지면 하나님의 은혜, 은총이 막히게 됩니다. 성령님의 사역에는 은사주심, 병을 고치심도 있으나, 성령님은 무엇보다도 먼저 심령을 고치시기를 원하십니다. 이것을 하려고 간구하시기를 바랍니다. 이것에 관심을 가져야합니다. 이것을 위해서 늘 성령께 목말라하시기를 바랍니다. 간구하시기를 바랍니다. 성령의 충만을 간구하시기를 바랍니다. 모든 고통의 문제를 밖에서 해결하려고 하지 말고, 안에서, 성령의 도우심으로 해결하려고 간구하시기를 바랍니다.

내 안에 계신 성령님은 나 하나만을 치유하기 위해서 내 속으로 들어오신 분입니다. 나를 위한 전속 심령 의사이십니다. 이분의 도움을 받으세요. "내 속에서 용서의 마음이 일어나게 도와주세요. 치유해주세요." 하고 요청 간구하시기를 바랍니다. 성령님은 도움을 요청한 만큼, 우리가 그분에게 다가선 만큼 우리에게 다가오시고 치유하십니다. 성령으로 세례를 받고 성령 안에서 기도하면서 "모태에서의 상처, 유아기에서의 상처, 성장기에서의 상처, 장년기의 상처를 치유해주세요. 나의 어그러진 성품의 원인을 기억나게 하시고, 치유해주세요."하고 자꾸 성령님에게 자신을 열어드리세요. 성령님에게 의지하시기를 바랍니다. 조그만 것이라도, 있는 그대로 솔직하게 나타내 보여드리시기를 바랍니다.

꼬치꼬치 다 풀어놓고 도움을 요청하시기를 바랍니다. 이것이 상처를 치유 받는 유일한 길입니다. 아무리 성령님은 우리보다 우리를 더 잘 아시지만, 우리가 풀어놓고 도움을 요청하지 않으면 치유하지 못하십니다. 풀어놓고 치유 받으면서 성령님과 친해집니다. 그러면서 차츰 성령님과 연합이 됩니다. 하나님이 쓰시게 됩니다. 하나님과의 교제와 연합은 이론이 아니라, 치유를 통한 실제입니다. 전인격으로 하나님을 체험해야 합니다.

그러므로 상처가 많다는 것은 축복입니다. 상처의 치유를 통하여 주님과 내가 하나가 되고, 내가 그분 안에, 그분이 내 안에 연합하게 됩니다. 치유를 위하여 하나님에게로 나아가기만 하면 상처가 많다는 것은 축복의 조건이 됩니다. 상처를 품고 마귀에게 가면 저주와 아픔이지만, 주님께 나가면 엄청난 축복이요 기쁨입니다. 그러므로 늘 성령님을 찾으시기 바랍니다. 성령님에 대하여 목마르시기를 바랍니다. 성령님에게 치유를 부탁 하십시오. 상한 마음을 씻김 받으세요. 성령으로 매일매일 새로워지는 역사를 체험하십시오. 더더욱 성령님을 사모하십시오.

마음을 치료받는 것은 새 생명을 얻는 것과 마찬가지로 중요합니다. 그만큼 새로워지고, 그만큼 변화되는 것입니다. 이를 위하여 성령님께 깊이 묻혀야 합니다."내 안에 계신 성령님, 나와 함께 계신 성령님, 내가 성령님에게 안깁니다. 썩은 내 마음을 치료하시기 위해서 오신 성령님께 맡깁니다." 성령님이 오신 것은 나에게 위대한 축복입니다. 내 모든 과거는 비록 아프더라도, 비록 아팠더라도 이제 성령님의 치유하심으로 이 모든 것이 위대한 자산이 될 것입니다. "성령님 상처가 많은 것을 감사합니다. 그만큼 깊이 성령님의 손길을 받게 하심을 감사합니다. 내 안에 계신 성령님 감사합니다. 연약한 나를 고치기 위해서 하나님이신 당신이 나에게 오셨습니다. 감사합니다. 성령님, 사랑합니다." 그리고 하나님의 움직임을 느끼세요. 내 속에서 또 다른 인격체가 움직임을 느끼세요. 내 마음속에 역사하시는 분을 느끼세요. 성령님의 역사를 전인격으로 느끼려고 하십시오.

내 속에 깊숙한 곳에 계신 성령 하나님의 도우심으로 우리 밑에 쌓여 있는 과거를 치유할 수 있습니다. 그러므로 우리는 엎지른 물을 다시 담을 수 없지만, 하나님은 하실 수 있습니다. 하나님의 도우심으로 우리는 할 수 있는 것입니다. 날마다 성령의 도움을 받아서 인간의 가장 깊은 부분인 영에 쌓여 있는 과거의 상처를 치유하는 것이 내적치유입니다. 아무리 급해도, 가지에 영양주사를 놓아서는 좋은 열매를 맺지 못합니다. 뿌리로부터 올라오는 영양으로 맺은 열매가 좋은 열매입니다. 자연스럽게, 단계적으로 나오는 열매를 맺게 해야 하는 것처럼 인간의 치유도 내적 치유로부터 시작되어야 합니다. 깊은 영적생활을 하려는 성도는 반드시 내적 치유를 받아야 합니다. 우리에게 과거는 지나간 것처럼 보이지만, 하나님에게는 과거나 현재나 미래나 다 같이 바로 앞에 있는 것입니다. 우리는 과거를 건드릴 수 없지만, 우리의 가장 깊은 곳에 계신 성령님은 과거를 건드릴 수 있습니다. 깊은 곳에 계신 성령님은 과거를 이끌어 내어 치유할 수 있습니다.

주님이 보실 때, 과거는 사라진 것이 아니라, 계속 우리 속에 들어 있는 것입니다. 주님은 과거를 고치실 수 있습니다. 내적 치유는 오직 하나님이 하시는 것이고, 우리는 치유의 과정에 내가 내 자신을 드러냄으로 하나님을 도와드리는 것입니다.

과거를 치유해야 꼬이는 인생을 종결하고 건강한 미래를 건설할 수 있습니다. 성령으로 거듭난 우리는 시간을 초월하는 존재가 된 것입니다. 과거를 바로 세울 수 있는 존재입니다. 좋은 열매를 맺기 위해서 뿌리를 바로 세울 수 있는 것입니다. 과거의 쓰라린 기억을 포함한 정서적, 심리적인 상처들은 우리 자신이 저지른 죄, 또는 다른 사람들이 저지른 죄로 인한 피해 때문에 마음에 생기게 되며, 시간이 흐르면서 기억에서는 사라지지만 무의식, 잠재의식에 남게 됩니다. 세상의 상담에서는 "과거는 흘러간 것입니다. 긍정적인 생각으로 앞으로 가자!"고 합니다. 그러나 아무리 그렇게 해도 잠재의식 속에 있는 상처가 건강한 미래로 가는 길을 막는 장애물이 됩니다. 잠재의식은 엄청난 능력, 맹목적인 능력입니다. 인간이 가진 진정 놀라운 능력이 여기에 감추어져 있습니다. 육체도 상처나 아픔을 기억합니다. 감정도 기억이 있습니다. 감정의 기억은 나무의 나이테처럼 이성의 기억보다, 이성이 기억하고 있는 것보다 더 많이, 더 깊이 기억하고 있습니다. 예를 들어 과거의 사건은 정확히 기억하지 못하지만, 그 때의 감정은 기억하고 있는 것입니다. 그러나 영의 기억 용량은 이런 것보다 훨씬 더 큽니다.

첫째, 인생 삶에서 받은 상처를 기억하라. 성령으로 충만하면 성령께서 깨달아 알게 하실 것입니다.

1) 인생은 아이나 어른이나 모두 험악한 세월입니다. 야곱이 바로 왕을 만나 험악한 세월을 살았다고 고백합니다. (창47:9)“야곱이 바로에게 아뢰되 내 나그네 길의 세월이 백삼십 년이니이다 내 나이가 얼마 못 되니 우리 조상의 나그네 길의 연조에 미치지 못하나 험악한 세월을 보내었나이다 하고.”

야곱의 생애를 한번 살펴봅시다. 아버지에게 장자의 축복을 받고 에서를 피하여 21년 간 머슴살이를 합니다. 21년간 머슴살이를 하면서 외삼촌에게 여러번 사기를 당합니다. 얍복 나루에서 천사와 씨름하다가 허벅지 관절이 어긋나는 고통을 당합니다(창32:25). 사랑하는 아내 라헬이 해산하게 되어 심히 고생하다가 라헬이 난산하다가 죽는 마음의 고통을 겪습니다(창35:16). 눈에 넣어도 아프지 않는 요셉이 죽었다는 소식을 듣습니다(창37:33-35). 인생의 행로는 이렇게 험악한 일을 당하면서 지나오는 것입니다.

2) 야곱의 아들 요셉의 행로를 보세요. 어린 나이에 어머니가 죽었습니다. 형들의 모함으로 구덩이에 빠져서 죽음의 위협을 당합니다(창37:24-27). 애굽에 가서 보디발의 집에서 머슴살이를 합니다. 요셉에게 하나님이 함께하니 보디발의 집에 하나님의 복이 내려 형통하게 되었습니다(창39:2-3). 그러나 보디발의 아내의 모함으로 억울하게 감옥에 들어가게 됩니다(창39:17-20). 나중에 애굽의 총

리가 되기는 했지만 요셉도 이렇게 험악한 인생을 살았습니다.

3) 모세의 경우를 봅니다. 태중에서 생사를 건너다니는 불안과 두려움의 고통을 겪습니다(출1:8-22). 나이 사십이 되어 동족을 구할 생각이 나서 갔다가 그만 분노가 올라와 살인을 합니다(출2:11-15). 이일로 인하여 모세가 바로를 피하여 미디안 땅으로 도망을 갑니다(출2:15). 미디안에서 미디안의 제사장의 사위가 되어 40년간 처가살이를 합니다(출2:21-22). 그러다가 때가되어 호렙산 가시떨기 나무에서 하나님을 만나 하나님의 소명을 받습니다(출3:1-8). 그래서 하나님이 주신 지팡이를 들고 바로 왕에게 가서 하나님이 말씀하신대로 여러 가지 이적과 기적과 재앙으로 바로 왕을 항복시킵니다. 이스라엘 민족을 이끌고 광야로 나오면서 여러 가지 고난을 당합니다. 그러나 모두 하나님의 도움으로 해결하게 됩니다. 그러나 모세가 신 광야 므리바에서 결정적인 실수를 합니다. 하나님이 반석을 명하여 물을 내라고 했는데 분을 발하면서 반석을 쳐서 가나안에 들어가지 못합니다(민20:8-12). 그렇게 많은 고생을 하고 이스라엘 민족을 이끌고 광야로 나왔지만 한번 실수로 가나안에 들어가지 못합니다.

4) 다윗의 생애를 봅시다. 다윗은 15세에 하나님에게 택함을 받고 사무엘로부터 하나님의 기름부음을 받습니다(삼상16:12-13). 다윗은 그 후 14년 간 사울의 시기를 받아 사울에게 쫓기는 생활을 합니다. 사울이 죽고 나이 삼십에 유다 나라 왕이 되고 수많은 전투를 하여 이스라엘을 통일하여 이스라엘 왕이 됩니다. 그러나 우리아의 아내를 범하는 죄악으로 자녀들 간에 간음사건이 발생하기도

합니다. 결정적으로 아들 압살롬이 반역을 일으켜서 도망을 가기도 합니다. 아들 압살롬이 먼저 죽는 슬픔을 당합니다. 이렇게 인생의 행로에는 여러 가지 환란과 고통이 따르는 험악한 세월을 살게 되는 것입니다. 그러므로 우리는 인생행로에서 시시때때로 받은 상처를 성령의 은혜로 치유하며 살아야 하는 것입니다. 그래서 당신의 지금 모습은 사건 사고의 집합체라고 해도 과언이 아닌 것입니다.

5) 부모에게 상처 받으면서 자랍니다.

① 부모에게 무시당하면서 자라는 자녀도 있습니다. 이런 사람은 정상적인 생활을 못하고 기를 피지 못하고 늘 눌리는 생활을 하게 됩니다.

② 부모에게 심한 체벌과 폭행을 당하면서 자랍니다. 이런 사람에게는 분노와 혈기로 고생을 합니다. 자라서 부모에게 보복을 하기도 합니다.

③ 부모로부터 버려지기도 합니다. 평생 분노와 울분의 응어리를 품고 삶을 살아가기도 합니다. 필자가 치유 사역을 하다가 보면 병들었는데 못 본척하고 부모로부터 버려진 사람도 있었습니다. 상처로 고통의 세월을 살아가다가 치유를 받고 갔습니다.

④ 부모에게 차별대우 받는 자녀도 있습니다. 이런 사람은 눈치를 잘 살핍니다. 사람들에게 상처를 잘 받습니다. 또 남에게 상처를 잘 줍니다. 남에게 지지 않으려고 합니다. 이렇게 부모에게 받은 모든 상처가 잘못된다는 것이 아닙니다. 삶을 살아가면서 타인에게 상처를 주기도 합니다. 나이가 많아지면 성인병의 원인이 되기도 합니다. 그러므로 자신의 영 육간의 강건함을 유지하기 위하여 말

씀과 성령으로 찾아서 내적치유를 받아야 합니다.

6) 학교선생에게 상처를 받기도 합니다. 이유 없는 체벌을 당하기도 합니다. 무시를 당하기도 합니다. 차별을 당하기도 합니다. 필자도 초등학교 시절에 학교 선생님으로부터 가난한 탓으로 차별을 당하면서 공부를 했습니다. 이런 사람은 권위자만 보면 속에서 상처가 올라와 영적 성장이 되지 않고 원만한 인간관계와 믿음생활을 못할 수도 있습니다. 자신을 위하여 말씀과 성령으로 찾아서 치유해야 합니다.

7) 학교친구로부터 상처를 당합니다. 따돌림을 당합니다. 무시를 당합니다. 이런 사람들이 장성하여 정신문제와 우울의 증상으로 고생하는 사람도 있습니다.

8) 이성사건을 경험하기도 합니다. 사랑하던 애인이 물에 빠져죽었습니다. 이 상처로 평생 고생하는 분이 있습니다. 장가나 시집을 가지 않으려고 하는 사람들이 있습니다.

9) 성폭행을 당하기도 합니다. 평생 씻을 수 없는 사건입니다. 고통을 하나님께 드리고 나와야합니다. 이러 사람은 밤에 뒤에 사람만 따라와도 두려워 숨이 멈추려고 합니다. 화장실에서 낯선 사람만 만나도 가슴이 두근거립니다. 인공중절 수술 후유증으로 영적으로 묶여 고생하는 분들도 있습니다. 개나 고양이 뱀에게 놀란 경우도 마찬가지입니다.

10) 이성에게 상처를 당하기도 합니다. 배신을 당합니다. 무시를 당합니다. 결혼을 포기하기도 하고 증오심을 품기도 합니다. 평생 열등감의식에 시달리며 살아가는 경우가 많습니다. 남편에게 폭행

을 당하여 마음에 응어리를 품고 살기도 합니다. 그러다가 우울증에 시달립니다. 부인에게 폭행을 당하여 마음에 응어리를 품고 살다가 다른 곳에 폭력을 행사하는 사람도 있습니다.

11) 사고(교통, 불, 물)를 당하기도 합니다. 잘 놀라고 우울증에 잘 빠집니다. 영적인 눌림이 심합니다. 불면증으로 고생하는 분들도 있습니다. 필자가 병원전도 다니면서 보니까 몸에 화상이 있는 분들이 영적으로 눌리는 경우를 많이 봤습니다.

12) 병원에 입원하여 수술할 때 상처를 받기도 합니다. 인생을 살아가다가 보면 질병으로 수술을 받을 때도 있습니다. 이때 많은 두려움과 공포의 영이 들어와 고통을 당하는 사람들이 많이 있습니다.

13) 배우자 죽음의 상처를 받습니다. 갑자기 배우자가 죽을 경우 충격으로 20년이 되었는데도 조금 충격만 받으면 가슴이 뛴다고 합니다. 많은 분들의 가슴에 배우자가 묻혀있습니다. 우울의 증상으로 고생하는 분이 많습니다. 불면이나 화병으로 고생을 합니다. 무엇인가 채우지 못한 마음으로 영적으로 공허감이 많이 찾아옵니다.

14) 자녀의 죽어 먼저 하늘나라에 보내기도 합니다. 죽은 자녀를 가슴에 묻습니다. 갑자기 사고로 자녀가 죽어서 우울증으로 정상적인 생활을 못하는 분들이 있습니다. 죽은 자녀가 돌아 올 것만을 생각하며 멍하니 하늘만 쳐다보고 사는 사람들이 있습니다. 인공 중절 수술 후유증으로 고생하는 분들이 있습니다.

15) 가난과 빈곤의 상처를 당합니다. 평생가지고 다니는 상처로 돈만 압니다. 이런 성도들이 영적 성장이 안 됩니다. 물질에 애착감이 많습니다. 평생 돈! 돈! 돈! 하면서 살아가다가 살만해지니까. 질

병으로 고생하는 분들이 있습니다. 그래서 더 큰 것을 놓치므로 일찍 알고 내적치유를 받는 것이 좋습니다. 필자가 어려서 경제적으로 고생한 사람들이 평생 씻을 수 없는 상처로 고생을 많이 합니다. 불치병에 걸려서 그때까지 벌어 놓은 돈 다 쓰고 가시는 분들도 있습니다.

16) 유학을 가서 상처를 받기도 합니다. 외로움의 상처를 당합니다. 이성 사건이 많이 일어나기도 합니다. 일부의 사람들이 유학 가서 몸을 망가뜨리거나 잘못된 결혼으로 고생합니다. 필자가 치유사역을 하다가 보니 유학 가서 배우자를 잘못만나 고생하는 분들을 종종 봅니다.

17) 기러기 아빠가 되기도 합니다. 외로움에 물질고로 정상생활 못합니다. 의. 식. 주 삼대 상처를 당합니다. 그러다가 잘못되는 경우도 생깁니다.

어느 분은 병들어 고통을 당하는데 친척도 형제도 돌보지 않아 노숙자와 같은 생활을 했다고 합니다. 쥐가 귀를 잘라 먹었다고 합니다. 그래도 예수 전하는 분을 만나 사람이 되었습니다. 이런 분은 이해를 해야 합니다. 자꾸 분노를 발하면 나만 잘못됩니다. 입장을 바꾸면 이해가 됩니다. 이해가 되면 치유도 됩니다. 빨리 치유 받는 것이 좋습니다.

18) 교회에서(목사, 성도) 상처를 받기도 합니다. 담임 목사의 이해 못할 세상 적인 행동으로 상처를 받기도 합니다. 목사님에게 상처를 받아 고생한다고 하는 성도들이 다수 있습니다. 성도나 직분자에게 상처를 받아 교회를 가지 않고 상처로 고생하는 분이 있기

도 합니다. 사람은 완벽할 수가 없습니다. 응어리를 품고 있으면 자신만 손해를 보게 됩니다. 빨리 치유 받고 정상적인 생활로 돌아오는 것이 좋습니다.

19) 직장에서 엄한 권위에 눌려 상처를 당하기도 합니다. 이런 분들이 권위에 눌려서 기를 펴지 못하며 살아가기도 합니다. 원망을 많이 하기도 합니다. 그러나 본인에게도 문제가 있을 수 있습니다. 찾아서 내적치유 하시기를 바랍니다.

20) 실직, 사업 실패의 상처를 당합니다. 이것은 보통 큰 상처가 아닙니다. 우울이나 화병이 불면증이 발생하여 고생을 합니다. 아니 정상적인 생활을 못하는 분들도 있습니다. 새로운 시도를 못하고 실패 감에 사로잡혀 삽니다. 실패는 성공의 어머니입니다. 사업 실패나 부도를 당한 경험에 의한 상처로 정상적인 생활을 못하다가 일찍 세상을 떠나는 분들도 있습니다. 인생을 살아가다가 보면 부도를 당하거나 사업이 실패하여 경매 등으로 가산을 탕진하는 경우가 있습니다. 이를 치유하지 못하면 실패감에서 오는 두려움으로 창조적인 삶을 살아가지를 못합니다. 새로운 일만 시작하려면 두렵고 불안이 찾아옵니다.

우리는 인생길에서 받은 상처를 치유 받아야 합니다. 치유 받은 후에는 성령님과 교제를 통하여 악한 생각이 나지 않도록 기도 생활을 해야 합니다. 진정한 치유란 지속적인 성령 하나님과의 동행입니다. 늘 마음에 하나님을 느끼고, 하나님과 동행하고 하나님을 의지하여야 합니다. 그리함으로 늘, 점점 마음이 맑아지고, 자유해지고, 평안해지는 삶을 살아야 합니다.

2부 꼬인 인생을 풀고 해피엔딩하는 사람들

7장 이렇게 하니 꼬인 인생이 풀어지고 있어요.

인생이 꼬여 가난에 찌들며 어렵게 하루하루 살아가던 어느 30대 후반의 아주머니가 새해를 맞이하여 운수를 보려고 용하다는 점쟁이를 수소문하여 찾아갔습니다. 점을 치던 점쟁이 얼굴이 굳어졌습니다. 이상함을 느낀 아주머니가 물었습니다. "점괘가 어떻게 나왔나요?" 그러자 점쟁이는 "아무래도 당신은 가난도 가난이지만 올해를 넘기기가 힘들 것 같아…." 하는 청천벽력과 같은 소리였습니다. 그 말을 들은 아주머니는 그때부터 밥맛도 없고, 잠을 잘 수가 없었습니다. 잠에 막 들어가려고 하면 "아무래도 당신은 가난도 가난이지만 올해를 넘기기가 힘들 것 같아"라는 점쟁이의 말이 귀에 사무쳐서 도저히 깊은 잠을 잘 수가 없었습니다. 고민을 하던 아주머니는 다른 점쟁이를 찾아가기로 마음을 먹고 용하고 유명하다고 하는 점쟁이를 수소문하며 찾았습니다. 서울에서 용하고 유명하다는 점쟁이였습니다. 그런데 이 점쟁이도 한참 점괘를 보더니 "가난도 가난이지만 당신의 운은 올 가을을 넘기기가 어려울 것 같소." 하는 것입니다. 두 점쟁이에게 올해 안에 죽는다는 소리를 들은 아주머니는 크게 낙심하였습니다. " 나는 아직도 젊은데. 가난 팔자를 고칠 수 있는지 알아보려고 점집에 갔다가 사랑하는 남편을 두고, 더구나 어린 두 아이를 두고 어떻게 죽는다. 말인가?" 하염없이 눈물이 흐르고 한숨만 나왔습니다. 거기다가 불면증에 우울증까지 찾아왔습니다. 그러던 어느 날, 동네 슈퍼에서 물건을 사고 있는데, 어떤 할머니가 "예수님을 믿으면 사주팔자가 바뀝니다. 새 사람으로 살게 됩니다." "예수님 팔자로 바뀝니다." "가난을 청산하고 예수님의 축복을 받으면서 살게 됩니다." "예수님을 믿으세요." 하며 지나가는 것입니다. 가난을 청산하고 사주팔자가 바뀐다는 소리에 새 사람으로 살아간다는 소리에 아주머니는 할머니를 붙잡았습니다. "할머니! 지금 뭐라고 하셨어요? 무엇을 하면 팔자가 바뀐다고요?", "그래요, 예수님을 믿으면 팔자가 바뀐다오.", "예수님을 믿으면 예수님 팔자로 바뀐단 밀입니다." "가난도 청산하고 건강하게 잘 살 수가 있다는 말이요" 이 아주머니는 예수님이 누구인지 모르지만, 팔자가 바뀐다는 소리가 너무나 반가웠습니다. 그래서 "할머니! 정말로 예수라는 분을 믿으면 새사람이 되고 팔자가 바뀌나요?" 큰 소리로 물었습니다.

그러자 할머니는 말했습니다. "내가 젊었을 때 가난에 고통을 당하면서 우상을 숭배하고, 점치는 일을 좋아했다오. 어떤 점쟁이가 2년 안에 죽을 것이라고 하는 것입니다. 젊은 나이에 죽기가 싫어서 고민하는데 어느 아주머니가 예수를 믿으면 죽을 팔자가 바뀐다고 하여 죽는 것보다 예수님을 믿는 것이 낫겠다고 생각하여 예수를 믿고 교회를 다니게 되었지요. 예수님을 믿고 교회에 다녔더니 팔자가 바뀌고, 운명이 바뀌고, 가난도 청산하고 내 나이 83세인데 지금까지 이렇게 건강하게 잘 살고 있어 다오. 아주머니도

나같이 예수님 믿고 구원받고 예수님 팔자로 고치세요." 그 말에 아주머니는 희망이 생겼습니다. "그럼, 할머니. 어떻게 하면 예수라는 분을 믿을 수가 있나요?" "간단하지, 교회에 가서 목사님께 말씀을 드려서 예수님을 주인으로 영접하고, 예배 시간마다 예배당에 찾아가서 설교를 듣고 예배드리면서 기도하면 돼요", "그럼, 나 좀 교회에 데려가 주세요. 나도 예수님 믿고 예수님 운명 사주팔자로 바꾸고 싶어요." 아주머니는 할머니를 따라서 교회를 나가기 시작했습니다.

목사님을 통하여 예수님을 주인으로 영접하는데 눈물이 하염없이 나왔습니다. 예배당에 열심히 나가 기도도 배우고, 찬송도 배우고, 목사님 설교도 들으면서 은혜를 받기 시작했습니다. 여기에 살 길이 있다고 생각하고, 교회의 모든 예배에 적극적으로 참여했습니다. 주일예배, 오후 예배, 수요예배, 금요기도회. 무당들에게 받은 상처를 치유받기 위하여 성령 치유 집회도 참석했습니다. 그러자 그에게 마음이 평안해지고, 믿음이 생기고, 성령으로 말씀이 깨달아지고, 성령으로 기도하니 성령의 능력이 나타났습니다. 성령의 역사로 크게 회개하고 말씀의 맛을 경험하기 시작했습니다. 그 결과, 그 해 죽는다고 했는데 그 해가 지나가고, 20년이 지난 지금까지 건강하게 부자로 살고 있다고, 예수님 믿고 이렇게 팔자와 사주가 바뀌어 새 사람으로 예수님 팔자로 복을 누리며 천국으로 살고 있다는 어느 권사님의 간증이었습니다.

그렇습니다. 어디 이 아주머니뿐이겠습니까? 예수를 믿고 교회에 나가 예수님을 만나면 우리의 팔자도 사주도 바뀔 줄 믿습니다. 예수님은 우리의 사주와 팔자와 그리고 인생의 운명까지 바꿔주시는 분이십니다. 혹시 책을 읽는 분들 중에 "나는 타고난 팔자가 이래" 하는 분이 주변에 계십니까? 누가 '고생할 팔자, 일찍 죽을 운명이라'라고 말합니까? 그렇지 않습니다. 예수님을 믿으면, 팔자와 사주 인생의 운명까지 바뀔 줄 믿습니다. 모두 자주 받은 팔자를 벗어버리고, 하나님의 자녀가 되는 의인 될 팔자, 오래 살 팔자, 잘 살게 될 팔자, 부자 될 팔자로 운명이 바뀌어서 새 생명으로 백수하며 사시기를 주님의 이름으로 축원합니다.

필자가 어느 날 버스를 타고 가다가 집 앞 정류장에서 내렸습니다. 정류장을 막 지나치려는 순간, 정류장 의자에 앉아 있던, 50대 후반으로 보이는 여성 두 분의 대화가 제 귀에 들려왔습니다. "예수님 믿는다고 하면 변화가 있어야지…", "예수님 믿는다고 하면 바뀐 것이 있어야지…" 지나치는 순간이라 딱 이 말만 들렸습니다. 걸어가는 동안 그 말이 필자의 생각과 가슴에 사무쳤습니다. '예수님 믿고 변화된다는 것, 바뀌는 것이 과연 무엇일까?' 대관절 예수 믿고 변화되고 바뀌는 것이 무엇일까? 세상 사람들이 말하는 성인군자가 되는 것일까? 아니면 예수님이 사용하시기 좋은 영적인 사람이 되는 것일까? 아니면 하나님께서 여호수아에게 부탁한 것과 같이 강하고 담대한 것일까? 좌우지간 필자의 생각을 복잡하게 했습니다. 지금부터 예수 믿고 새 생명으로 바뀌는 것에 대하여 하나하나 성령의 인도를 받으면서 기록하여 보겠습니다. 이 책을 읽어가노라면 새 생명에 대하여 사주와 팔자가 바뀌는 것에 대하여 바르게 알고 행할 수 있을 것입니다. 예수님을 믿고 예수님을 만나면 바뀌게 됩니다. 사람들은 이렇게 말하기도 합니다. 당신 예수를 20년을 믿었는데 왜 변하지 않습니까? 대관절 처음이나 지금이나 똑같으니, 예수를 믿는 이유가 무엇이냐고 다그치기도 합니다. 변화란 무엇일까요? 과연 예수님이 생각하시는 변화는 무엇일까요?

예수님이 생각하시는 변화는 예수를 믿을 때 죽고 예수님으로 태어나 예수님의 말씀에 순종하면서 예수님을 나타내는 상태라고 생각합니다. 성경은 이렇게 말합니다. "우리가 항상 예수의 죽음을 몸에 짊어짐은 예수 생명이 또한 우리 몸에 나타나게 하려 함이라 우리 살아있는 자가 항상 예수를 위하여 죽음에 넘겨짐은 예수 생명이 또한 우리 죽을 육체에 나타나게 하려 함이라"(고후4:10-11). 예수님은 성도들이 세상으로 변화되는 것을 원하시는 것이 아니고, 예수님으로 죽고 예수님으로 다시 태어나는 것입니다. 그래서 그 성도들을 통하여 예수님이 나타내시기에 합당한 성도가 되는 것입니다. 바뀐 성도들을 통하여 하나님을 나타내시는 것입니다.

아무리 성인군자가 되어도 예수로 죽고 예수로 태어나지 않으면 아무런 소용이 없습니다. 성경은 우리가 예수를 믿는 순간에 죽고, 다시 예수님으로 태어났다는 것입니다. 하나님께서 분명하게 말씀하셨습니다. "그리스도의 사랑이 우리를 강권하시는 도다. 우리가 생각건대 한 사람이 모든 사람을 대신하여 죽었은즉 모든 사람이 죽은 것이라. 그가 모든 사람을 대신하여 죽으심은 살아 있는 자들로 하여금 다시는 그들 자신을 위하여 살지 않고 오직 그들을 대신 하여 죽었다가 다시 살아나신 이를 위하여 살게 하려 함이라(고후 5:14-15)" 분명하게 "자신을 위하여 살지 않고 오직 그들을 대신 하여 죽었다가 다시 살아나신 이를 위하여 살게 하려 함이라고" 하셨습니다. 예수님을 위하여 살게 하려고 부르신 것입니다. 예수님께서 하신 일을 하게 하려고 부르신 것입니다. 살아계신 하나님을 증명하게 하려고 부르신 것입니다. 예수님은 영이십니다. 육체가 죽지 않고 예수님을 위하여 살아갈 수가 없습니다.

그래서 더러운 팔자는 죽었다가 다시 살아나 예수님 팔자로 살도록 하시는 것입니다. 그러므로 자기 열심 가지고 노력 가지고 변화되려고 하는 것이 아니라 성령으로 변화가 되어야 합니다. 성령의 지배와 장악이 되어 성령의 인도를 받아야 한다는 말입니다. 그리하여 성령으로 기도해야 합니다. 성령으로 진리를 깨달아야 합니다. 성령으로 회개해야 합니다. 성령으로 용서해야 합니다. 자기 힘으로 자기 열심 가지고 사는 것은 예수님과 상관이 없습니다. 왜일까요? 자신이 예수를 믿을 때 죽지 않고 살아있으므로 예수님께서 그 사람을 통하여 아무 일도 하실 수가 없는 것입니다.

진정한 변화란 성령으로 살고 성령으로 행하는 것입니다. 즉, 성령으로 기도하고, 성령으로 예배드리고, 성령으로 진리를 깨닫고, 성령으로 회개하고, 성령으로 용서하는 성령의 사람이 되는 것입니다. 이렇게 성령의 지배와 장악과 인도를 받다가 보니까, 사주도 팔자도 바뀌고, 성품도 변하고, 생각하는 것도 변하고, 말하는 것도 변하고, 행동하는 것도 변하는 것입니다. 세상에서 말하는 성인 군자도 되는 것입니다. 모두 성령으로 되는 것입니다.

첫째, 필자는 예수 믿기 전에 고난의 세월을 살았습니다. 하나님은 저를 정말 무척 사랑하십니다. 제가 지나온 세월을 뒤돌아보노라면 정말 하나님이 저를 특별히 사랑하신다고 생각합니다. 그래서 항상 길을 걸을 때든지 집안에서 있을 때이던지 할 것 없이 "하나님 감사합니다. 하나님 감사합니다. 하나님 감사합니다."를 아주 많이 합니다. 저는 원래 하나님을 믿는 가정에서 태어나지 않았습니다. 전통적인 유교 집안에서 아주 귀하게 태어났습니다. 왜냐하면 저의 부모님들이 결혼하시고 7년 만에 제가 태어났다고 합니다. 아이를 가지려고 별별 수단과 방법을 다하다가 제가 임신이 되어 태어났다고 하셨습니다. 그것도 한 참 공비 토벌 작전이 심하던 지리산자락인 무주구천동에서 태어났습니다.

그러나 저녁이면 울며 잠을 자지 않고 병치레를 너무 많이 하여 저의 어머니가 아주 고생을 많이 하셨다고 합니다. 가끔 하시는 말씀이 너는 병 치료하느라고 들어간 돈을 모으면 너의 몸덩이만큼 될 것이라고 하셨습니다. 그리고 동생들이 태어나서 저는 어머니의 품에 있지를 못하고 외갓집에서 유년기를 지난 것으로 기억됩니다. 그때도 너무나 병이 심하여 내 기억에 항상 화장실을 가면 그 어린 것이 피를 그렇게 많이 쏟아 냈습니다. "의인은 고난이 많으나 여호와께서 그 모든 고난에서 건지시는 도다"(시34:19).

그래서 얼마 살지 못한다고 고향 어른들이 저의 이름을 개똥이라고 하였습니다. 천한 이름을 부르면 오래 살 수 있다고 불렀다고 합니다. 어느 날 공직 생활하시던 아버지가 어떤 약을 구해 오셔서 먹고 피가 나오지 않았던 것으로 생각이 됩니다. 어렸을 때 잠을 자면서 꿈을 꾸면 그 꿈이 그렇게 잘 맞았습니다. 사람이 죽는 꿈을 꾸면 그 이튿날이면 꼭 사람이 죽었고 언제가 제가 소년 시절로 기억됩니다. 꿈에 보니 홍수가 나서 논밭이 흙탕물이 들어오고 우리 외가에, 산에서 내려온 물이 들어가서 홍수가 일어나는 꿈을 꾸었는데 하도 이상하여 저희 어머니에게 오늘 홍수가 날려나 보다고 외 가집에 가셔서 물 조심 하시라고 전하고 학교에 다녀왔더니 꿈에서 본 그 광경하고 똑같은 물난리가 나 있었습니다. 그 이후로 저보고 어른들이 하는 말은 심통이라고 했습니다. 어렸을 때부터 영감이 있었나 봅니다.

청년기에 들어 아버지가 병환으로 제가 17세 때 세상을 떠나시므로 제가 가정 살림을 책임져야 했습니다. 그런데 이상하게 하는 일들이 잘되었습니다. 학교에 다니면서 틈틈이 장사하였는데 아주 잘되었습니다. 한번은 배추밭을 사서 뽑아다가 파는 장사를 했는데 배추밭을 살 때는 배춧값이 헐값이 이었는데 내가 배추밭을 사고 난 다음 갑자기 비가 많이 내려 배춧값이 금값이 되어 산값보다 5배가 많은 돈을 벌었습니다. 지금 생각하면 그때 내가 상업했더라면 아마 큰 부자가 되었을지도 모릅니다.

둘째, 필자가 예수님을 모르던 어린 시절 험악한 생활에 대해 요약 말씀을 드립니다. 저의 초등학교 시절의 가정생활을 정말 어렵고 힘든 나날이었습니다. 밥을 굶는 것을 먹는 것 같은 세월을 살았습니다. 특히 제가 살던 고향에는 겨울에 눈이 그렇게 많이 오고 추웠습니다. 하나님은 어린 저를 고난을 통해 단련하셨습니다. 지금 생각하면 12월이 지나고 1월이 되면 그때부터 하루에 두 끼 정도 먹고 산 것 같습니다. 그것도 김치를 넣어 끓인 죽을 먹고 살았습니다. 그리고 어떤 때는 고구마만 먹고 살 때도 있었습니다. 그리고 어떤 때는 김치만 먹고 살 때도 있었습니다. 보리밥이라도 매일 먹는 사람이 부러웠습니다. 그러던 어느 날 제가 사흘을 굶고 학교에 가다가 도로 옆에 있는 개울에 쓰러졌습니다. 그런데 다행히도 저의 외할아버지가 길을 가시다가 발견하여 저를 끄집어냈습니다. 그리고 왜 거기에 스러져 있느냐고 물어서 밥을 사흘 동안 굽에서 힘이 없어 쓰러졌다고 하니까, 야! 이놈아, 힘이 없으면 집에 가만히 있지 학교는 어떻게 간다고 쓰러져 있느냐 하면서 집에다 데려다주었습니다.

그때 저의 외할아버지 심정이 어떠했겠습니까? 아마 가슴이 미어졌을 것입니다. 좌우지간 그때 할아버지를 만나지 않았으면 얼어 죽었을지도 모릅니다. 어느 날의 일입니다. 그날도 밥을 먹지 못하여 학교에 가지 못했습니다. 그때 당시 학교에서 저같이 어렵고 곤란한 아이들을 위하여 학교에서 강냉이죽을 쑤어서 점심에 나누어 주었습니다. 학교라도 가면 점심에 강냉이죽이라도 얻어먹는 데 힘이 없어서 못 가니 식구들이 방 안에 누워서 잠만 잡니다. 그런데 잠을 자다가 제가 꿈을 꾸었습니다. 꿈에 학교에서 강냉이죽을 먹으니까 그렇게도 맛이 있었습니다. 아이고, 배부르다 하며 깨었는데 꿈이었습니다. 얼마나 섭섭했는지 모릅니다. 지금은 정말 잘 살지요, 저 역시도 잘 삽니다. 아이들 둘 다 서울에 있는 대학을 보내 졸업을 시켰지요, 서울 중심부에서 비교적 아름다운 아파트에서 살지요, 건강 주셨지요, 하나님께서 영적인 목사로 바꾸어 주시어 영-혼-육을 치유하여 성도들의 사주팔자를 바꾸어 예수님 사주팔자로 살도록 하는 목회를 하고 있습니다. 정말 하나님이 저를 축복하셨습니다. 저 지금 군대 사성장군이 부럽지 않도록 하나님께서 축복하여 주셨습니다. 한 가지만 더 이야기하고 다음으로 넘어갑니다.

어느 날 2월 정도 된 것 같습니다. 그때 눈이 정말 많이 왔습니다. 저의 식구들이 먹을 것이 없어서 모두 굶고 있었습니다. 그러자 아버지가 어디를 다녀오겠다고 하시면서 집을 떠나가셨습니다. 그때는 어디를 가셨는지 잘 몰랐는데 며칠이 지나고 오셨습니다. 오시면서 그 귀한 쌀을 한 가마를 가고 오셨습니다. 어머니가 그것으로 밥을 지으시는데 그때 저의 넷째 동생의 베개를 보리쌀을 넣고 만들었습니다. 그 보리쌀을 섞어서 밥을 지었는데 그 보리쌀이 상한 것인 줄 모르고 넣어서 먹고 식구들이 다 토하고 고통을 겪은 적이 있습니다. 지금 생각하면 다 추억이고 하나님이 저를 강하게 하시려고 연단하고 단련하신 것으로 생각합니다. "내 형제들아 너희가 여러 가지 시험을 만나거든 온전히 기쁘게 여기라"(약1:2). "시험을 참는 자는 복이 있도다. 이것에 옳다고 인정하심을 받은 후에 주께서 자기를 사랑하는 자들에게 약속하신 생명의 면류관을 얻을 것임이니라"(약1:12). 고생을 해보아야 고생하는 성도들의 심정을 이해할 수가 있지 않습니까? 기독교는 체험의 종교이기 때문입니다.

집에서 그렇게 고생하며 살다가 아버님이 질병으로 제 나이 17세에 아버지 나이 49세의 젊은 청춘의 나이로 하늘나라로 가셨습니다. 그것도 예수를 영접하고 질병이 악화하여 전주 예수 병원에 입원하였는데 거기서 목사님의 전도로 예수를 영접하고 성경 공부를 우편으로 하는 것을 제가 보았습니다. “고난당한 것이 내게 유익이라 이로 인하여 내가 주의 율례를 배우게 되었나이다”(시 119:71)란 말씀대로 그 시골에서 그대로 건강하게 사셨더라면 예수를 모르셨을 것인데 다행히 질병이라는 고난을 통하여 병원에 입원하게 하시어 예수를 알고 믿으셔서 천국에 가셨습니다.

셋째, 하나님은 예수님을 알기 전에 군대라는 피난처를 주셔서 고향 친척 아버지 집을 떠나게 했습니다. 집안의 장남이기 때문에 제가 동생들의 생계를 책임져야 했습니다. 제가 세상 나이로 20살 되던 해에 저의 둘째 동생에게 저의 임무를 인계하고, 그 당시 한창 월남에 파병하던 당시라서 월남에 가서 돈 벌어서 남들같이 한번 살아보겠다고 19살 되던 해 10월에 지원하려고 병무청에 들어가려고 했더니 다리가 떨려서 들어갈 수가 없었습니다. 그래서 다음 해에 자원입대를 했습니다. 그 당시 군대에 가면 밥을 마음껏 먹을 수 있다고 해서 월남에 가서 돈 벌고 빨리 군대 생활 끝내고 돌아와서 홀어머니를 호강시켜 드린다고 하고 어머니를 설득하여 군에 입대했습니다. 제가 지금 그때를 회상하며 글을 쓰려고 하니 서러운 눈물이 앞을 가려 워드를 치지를 못하겠습니다. 지금 생각해 보면 제가 지금 목사가 된 것도 하나님이 군대라는 강한 집단으로 저를 내몰아서라도 고향과 친척과 아버지 집을 떠나게 했던 것 같습니다. “나의 하나님이시요 나의 피할 바위시요 나의 방패시요 나의 구원의 뿔이시요 나의 높은 망대시요 나의 피난처시요 나의 구원자시라 나를 흉악에서 구원하셨도다”(삼하22:3).

어린 소년이 논산 2 훈련소에 들어갔습니다. 전주에서 저보다 나이가 3-4살 때 많은 형들과 함께 훈련소 내무반에 들어갔습니다. 그런데 시간이 저녁 6시가 조금 넘었습니다. 들어가니 저녁밥을 주지 않는 것입니다. 그러면서 내무반에 편성되어 들어갔는데 내무반장이라고 하는 자가 배고픈 사람 손을 들라고 해서 저하고 두 명인지 세 명 정도가 손을 들었습니다. 그러자 침상에서 내려오라고 하더니 여기가 너희 집 안방인 줄 아느냐고 하면서 발로 차는 것입니다. 저는 군대에 가면 배가 부르게 밥을 먹을 수 있다고 해서 어린 나이에 군대에 자원입대하여 훈련소까지 왔는데 배고픈 사람 손을 들으라고 해놓고서 때리는 것은 또한 무슨 대접인가 좌우지간 저보다 키가 작은 일등병에게 정말 실컷 두들겨 맞았습니다. 군대 첫날 신고식을 대단하게 치른 것입니다.

훈련은 남자들만 있으니까 견딜 만한데 밥 먹는 시간이 부족했습니다. 어떤 때는 그 아까운 밥을 다 먹지를 못하고 버려야만 했습니다. 그때 저의 체력은 어려서 제대로 먹지를 못하여 갈빗대가 앙상하고 광대뼈는 나오고 말이 아니었습니다. 그래도 군에 가서 하루 세 끼를 먹으니까, 살이 오르고 눈빛도 달라지고 했습니다. 그때 생각나는 것은 대학을 졸업하고 군에 들어온 형들이 있었는데 나이가 저보다 4-6살씩 많은 형들이 저보고 군에 들어와 눈이 매섭고 많이 건강해졌다고 칭찬도 해주었습니다. 왜냐하면 군대에서 잘못하면 얻어맞으니까, 맞지 않으려고 눈이 매섭게 변한 것입니다. 어느 날인가 훈련을 마치고 내무반에 들어오니까 취사장에 일을 할 것이 있다고 차출이 왔습니다. 필자가 내무반에서 나이가 적었기 때문에 우리 내무반에서 저와 네 명이 취사장에 가서 청소했습니다. 취사장에 가니까 취사병들이 배고프시지요, 여기 오늘 배식하고 남은 것이라고 하면서 꽁치 통조림 조린 것을 내놓으면서 마음껏 먹고 청소하다가 가시라고 하여 정말 배가 터지라고 먹었습니다. 그런데 원래 꽁치 통조림은 짜지 않습니까? 짜니까 적당히 먹어야 하는데 태어나서 그때까지 저는 꽁치 통조림을 먹어본 경험이 별로 없었습니다. 그래 배가 터지도록 먹었습니다. 내무반에 돌아와 잠을 자려고 하니 물이 자꾸 먹혀서 내무반에 준비한 물을 다 먹고 화장실에 가서 청소하기 위해서 받아둔 물을 얼마나 많이 먹었는지 모릅니다.

그래도 그때는 배탈이 나지 않았습니다. 좌우지간 군대 생활이 즐거웠습니다. 매달 봉급 주지 밥 주지 잠재워 주지 정말 좋았습니다. 훈련받으면서 어떤 때는 곡괭이 자루로, 어떤 때는 야전삽으로 열댓 대씩 맞는 것도 겁나지 않고 정말 살 것 같았습니다. 그렇게 고생하는데 저의 어머니는 한 번도 면회를 오시지를 못했습니다. 왜요, 너무 동생들하고 살아가기가 힘이 드셔서 오실 수가 없었던 것입니다. 그래도 저는 좋았습니다. 밥 주고 월급을 주고 잠재워 주니까요? 그때가 여름이라 웃옷을 많이 벗고 사진을 찍었는데 처음에는 갈빗대가 뚝뚝 나왔는데, 어느 정도 지나니까, 갈빗대가 보이지 않고 얼굴도 귀공자로 변해 갔습니다. 그래서 지금 생각하면 군대는 나의 피난처요, 하나님이 예비한 천국이요, 축복의 행로이었습니다. "시험을 참는 자는 복이 있도다. 이것에 옳다고 인정하심을 받은 후에 주께서 자기를 사랑하는 자들에게 약속하신 생명의 면류관을 얻을 것임이니라"(약1:12).

넷째, 예수님을 믿고 죽고 다시 사신 예수님으로 태어나 새 생명으로 살아가고 있습니다. 예수를 믿으면 가난의 팔자는 죽어 없어지고 예수님 팔자로 바뀌게 되어있습니다. 그냥 가만히 있으면 바뀌는 것이 아니고, 자신이 죽어 없어지려는 의지가 결부되어야 합니다. 자신이 마음을 열고 성령의 인도를 받으면서 믿음 생활을 하다가 성령으로 세례를 받으면 그때부터 성령께서 변화되도록 인도하십니다. 필자의 체험으로 보아 변화는 전적으로 성령님의 은혜로 되는 것입니다. 예수를 믿고 성령으로 충만하면 질병도 치유가 됩니다.

필자는 참으로 장이 좋지를 못했습니다. 제 의식에 생생한 것이 피를 쏟았다는 것입니다. 거의 초등학교 가기 전까지 항문으로 피를 쏟았습니다. 그러다가 아버님이 어떤 약을 구해 오셔서 먹고 기적같이 피를 쏟지 않았습니다. 어머니가 하시는 말씀이 어려서 너무나 병치레를 많이 하여 돈을 뭉쳐놓아도 저만큼 될 것이라고 말씀하시곤 했습니다. 그래서인지 장이 좋지 않아서 너무나 고생을 많이 했습니다. 지금 내면세계를 깨닫고 보니까, 심장이 약한 것이었습니다. 군대 생활을 특전사에서 했는데 야외훈련을 나가면 거의 매일 설사를 하면서 훈련했습니다. 그런데 필자가 목사가 되어 성령으로 지배와 장악이 되는 영성 훈련을 하고 기도를 바꾸어서 성령으로 기도한 결과 지금 장이 아주 튼튼해졌습니다.

1년이라는 세월 동안 내적 치유를 하고 성령으로 기도를 많이 한 결과입니다. 필자는 정말로 장이 좋지 못해서 고통을 많이 당했습니다. 그런데 목사가 되고 내면세계를 알고 내면을 정리한 결과 지금은 정말로 건강합니다. 예수님을 만나 예수로 죽고 예수로 살아 새 사주와 팔자가 바뀐 운명을 살고 있습니다. 필자가 사용하는 기도 방법은 배꼽 아래에 의식을 두고 숨을 깊게 들이쉬면서 "하나님!" 내쉬면서 "사랑합니다." 하면서 시간을 의식하지 말고 지속해서 기도해야 합니다. 많은 분이 순간적인 효과를 생각하시는데 그렇게 쉽게 효과를 생각하니까, 자신의 변화가 되지 않는 것입니다. 1년 이상 해야 변화를 느낄 수가 있습니다. 성령 안에서 복식 호흡하면서 오래 기도하니 성령의 역사로 보물인 예수님으로 충만하게 채워지면서 몸속의 독소가 배출되는 것입니다. 덩달아 온몸이 성령 충만해지고 건강해지는 것입니다. 성령 안에서 온몸으로 기도를 오해하니 장도 튼튼해지고, 심장도 튼튼해지고, 위장도 튼튼해지고, 간도 튼튼해지고, 영력도 강해지고, 자기 주인으로 성전 삼고 계시는 하나님과 관계가 열리니 초자연적인 역사가 나타나는 강한 자가 되어가고 있습니다. 하나님은 예수님을 믿고 있는 새 사람이기 때문에 스트레스를 받으면서까지 하나님의 일을 하는 것을 원하시지 않습니다. 일은 성령 하나님께서 하시기 때문입니다.

8장 꼬인 인생을 해피엔딩의 삶으로 바뀌었어요.

꼬인 인생을 풀고 해피엔딩의 삶으로 바꾸려면 자신이 죽고 다시 태어나야 합니다. 다시 태어나려면 예수를 믿고 죽고 예수님으로 다시 태어나 성령으로 세례를 받고 성령의 인도를 받으며 예수님의 인생을 살아야 빨리 꼬인 인생을 풀 수가 있습니다. 예수를 믿으면 새 생명으로 태어나 오늘보다 내일이 좋은 "해피엔딩"의 생애를 살아가게 됩니다. 지금 책을 읽는 분들은 어떠십니까? 인생이 꼬여서 고생하던 생애가 오늘보다 내일이 내일보다 다음 또 올해보다 내년이 더 행복하기를 원합니까? 그래서 우리 인생을 "해피엔딩"이라고 합니다. 그래서 점점 더 좋아지는 축복을 말하는 것입니다.

필자는 어려서 예수님을 모르고 살아갈 때는 김일, 이왕표, 역발산 등의 프로레슬링을 아주 좋아했습니다. 한창 맞고 있다가 벌떡 일어나서 박치기하면 그 큰 덩치가 박치기 몇 방에 나가떨어지는 것입니다. 얼마나 통쾌한지 온 국민이 텔레비전 앞에서 만세를 삼창하고 그렇게 좋아할 수가 없었습니다.

필자는 청소년 때부터 무협 사극을 참 좋아했습니다. 긴 칼로 나쁜 사람을 물리치는 그것 말입니다. 그것 좋아한 이유가 있었습니다. 칼잡이를 좋아하는 게 아니라 거기를 보면 반드시 끝이 좋아서 좋아하는 것입니다. 주인공은 절대로 실패하지 않습니다. 너무너무 고생을 많이 하고 고생을 겪지마는 결과적으로 가서는 승리하는 주인공이 되는 것입니다. 저는 무협 사극을 보면서 마음을 졸이기도 하고 긴장하기도 합니다.

그러나 안심이 됩니다. 아무리 긴장하고 힘이 들어도 저 사람은 안 죽어 저 사람은 반드시 승리해! 악한 자를 물리치고 이기는 거야! 평안한 것입니다. 우리 인생이 "해피엔딩"으로 끝나기 위해서 그 비결이 뭐냐 하는 것입니다.

과거에 어린 시절에 가난으로 고생을 많이 했습니다. 그래서 생각한 것이 김기수 같은 권투선수가 되어 세계 챔피언이 되어 돈을 많이 벌어 가난을 면해보는 것이었습니다. 예수를 믿던 사모를 만난 다음은 예수님을 믿게 되었고 너무너무 놀랍게 바뀌어서 세계적인 치유사역자가 되어 병들어 고통당하는 성도들을 치유하여 자유롭게 하는 것입니다. 성령의 역사가 일어나는 글을 써서 책을 출판하여 성령의 역사를 전 세계에 전하는 것입니다. 예수님의 치유 사역을 세계에 전파하는 것입니다. 죽을병에 걸린 분들을 성령으로 치유하여 새 생명을 살게 하는 사역을 하고 있습니다.

모든 공통점은 하나입니다. 예수 믿는 사람을 만나 예수님을 믿고 예수님을 개별적으로 만났다는 이야기입니다. 그래서 저는 책을 읽는 분들의 인생이 해피엔딩이 되기를 바랍니다. 해피엔딩이 되기 위해서는 반드시 거쳐야 할 것이 있습니다. 그것은 바로 먼저 예수를 믿고 세상 말로 사주팔자가 바뀌야 하는 것입니다.

우리의 이 상태 자연인 상태에서의 운명은 결코 해피엔딩이 될 수가 없습니다. 성경을 한번 보시기 바랍니다. 롬 5:12 "이러므로 한 사람으로 말미암아 죄가 세상에 들어오고 죄로 말미암아 사망이 왔나니 이처럼 모든 사람이 죄를 지었으므로 사망이 모든 사람에게 이르렀느니라" 그렇습니다. 한 사람 아담이었습니다. 인류의 조상 아담이 하나님 앞에 불순종하고 죄를 범하므로 말미암아 죄가 들어왔습니다. 죄가 들어옴으로 인생의 운명은 참혹한 인생으로 바뀌고 말았습니다. 그의 운명은 끊임없이 고통받으며 고생하면서 살다가 결과적으로 지옥으로 멸망으로 갈 수밖에 없는 그와 같은 운명이 인간의 운명이었습니다.

하나님은 사랑이십니다. 이 처참한 인생을 내버려 둘 수 없었던 하나님은 사랑이기 때문에 그 인간을 구원하시기 위해서 하나님께서 처방하신 것이 있습니다. 그 처방이 바로 요한복음 3:16절입니다. "하나님이 세상을 이처럼 사랑하사 독생자를 주셨으니 이는 저를 믿는 자마다 멸망치 않고 영생을 얻게 하려 하심이니라"

그렇습니다. 우리를 멸망에서 구원하기 위해서 우리의 운명을 바꾸기 위해서 우리의 팔자를 완전히 바꾸어 새 생명으로 살아가게 하도록 하나님께서 처방하신 것은 바로 당신의 아들 예수그리스도를 이 땅에 속죄양으로 보내주신 것입니다. 그 죗값을 치르게 하신 것입니다. 이것이 하나님의 사랑 처방이었습니다.

그 사건이 바로 십자가의 사건입니다. 십자가에 돌아가신 예수그리스도 그분은 하나님이십니다. 하나님이시면서 인간의 모습으로 이 땅에 오시어서 속죄양으로 우리를 대신해서 우리의 죗값을 대신 지셨습니다. 우리들의 죗값을 지셨습니다. 그러고는 십자가에서 멸망을 받으셨습니다. 저주를 받으셨습니다. 나무에 달린 자마다 저주 아래 있다고 했습니다.

대신 저주를 받은 사건이 바로 "십자가의 사건"인 것입니다. 저를 믿는 자, 예수그리스도의 십자가 사건과 부활을 믿는 자에게 영생을 주시겠다고 하셨습니다. 영생이 무엇이냐 하면? 바로 운명을 바꾸는 것입니다. 팔자를 바꾸는 것입니다. 나는 다시 태어나고 싶다! 다시 시작하고 싶다는 사람들이 세상에 많이 있습니다.

그러나 사람이 사람의 사주와 팔자 운명을 바꿀 수가 없습니다. 요사이 체질을 바꿔야 한다는 "웰빙 건강법"이 유행하고 있습니다. 산성 체질을 알칼리 체질로 바꿔야 약발이 받고 병이 낫는다는 말을 들었을 것입니다. 그렇습니다. 멸망 받은 육체적 체질을 구원받을 영원한 영생의 체질로 바꾸는 것이 바로 예수 믿는 사람 만나 예수 믿고 하나님 앞에 나오는 것입니다.

지금 책을 읽는 여러분! 이 책을 너무 잘 선택하시고 읽으시는 것입니다. 어떤 방법으로 책을 선택했든지 간에 책을 읽는 분들은 하나님의 특별한 축복을 받은 분들입니다. 성령님이 인도하신 것입니다. 너무 책을 잘 선택하신 것입니다. 왜냐하면 여러분의 운명을 바꾸는 놀라운 순간이 오늘이 될 줄 믿습니다.

다 같이 요일 5:11-12절을 읽습니다. "또 증거는 이것이니 하나님이 우리에게 영생을 주신 것과 이 생명이 그의 아들 안에 있는 그것이니라 (12) 아들이 있는 자에게는 생명이 있고 하나님의 아들이 없는 자에게는 생명이 없느니라." 그렇습니다. 예수님 안에 생명이 있습니다. 이 생명은 영원한 생명입니다. 이 생명이 우리 안에 들어와야 운명이 바뀌고 팔자가 바뀌는 것입니다. 멸망받는 체질이 구원받는 체질로 바뀌는 것입니다.

이것이 바로 신비입니다. 너무나 신비한 것입니다. 그래서 주님께서 말씀하셨습니다. 요14:6절은 이렇게 말씀하십니다. "예수께서 가라사대 내가 곧 길이요 진리요 생명이니 나로 말미암지 않고는 아버지께로 올 자가 없느니라" 그렇습니다. 천하 인간을 구원할 만한 다른 이름을 주신 일이 없다고 말씀했습니다.

책을 읽는 분들이 지금까지 가지고 있던 종교 좋습니다. 지금까지 불교 유고 미신 등 다른 종교를 믿었을지라도 전혀 상관이 없습니다. 이 땅에서 선하게 살고 착하게 살라고 하는 것이 이방종교입니다. 아무도 탓할 수 없습니다. 공자 선생님을 누가 탓하겠으며 석가모니 선생님을 누가 탓하겠습니까마는 여러분의 육체적 체질이 바뀌는 방법, 여러분의 모든 죄가 용서받고 구원받을 수 있는 오직 한 길은 예수님밖에 없다는 사실입니다.

그래서 예수님께서 나는 구원받을 길이요! 나는 구원받은 생명이요 구원받을 진리라고 말씀했습니다. 다시 말하면 나의 운명을 바꾸는 길이요! 나의 운명을 바꾸는 진리요 나의 운명을 바꾸는 생명이라고 주님은 말씀하셨습니다.

우리들의 운명은 태어날 때부터 하늘에서 정해진 운명입니다. 좋은 부모 만나서 잘 먹고 잘산다고 할지라도 또 하나는 너무너무 고생한다고 할지라도 그 모든 운명은 하늘에서 정해진 것입니다. 그리하기 때문에 하늘에서 바꾸지 아니하면 바꿀 방법이 없습니다.

하나님께서 우리 운명과 우리 팔자를 바꾸기 위해서 예수그리스도를 이 땅에 보내 주셨습니다. 그래서 우리의 운명을 바꾸기 위해서는 예수그리스도를 인격적으로 영접해야 합니다. 우리의 운명을 바꾸기 위해서는 예수님을 우리 안에 믿음으로 받아들여야 해요! 선택의 여지가 없는 것입니다. 우리가 아무리 “도”를 닦고 “참선”을 한다고 운명이 바뀌는 것이 아닙니다.

예수그리스도를 믿어야만 운명이 바뀐다고 성경은 말합니다. 요 1:12 “영접하는 자 곧 그 이름을 믿는 자들에게는 하나님의 자녀가 되는 권세를 주셨으니(13) 이는 혈통으로나 육정으로나 사람의 뜻으로 나지 아니하고 오직 하나님께로서 난 자들이니라” 여러분 믿음의 결과는 신비합니다. 믿습니다, 하는데 하나님의 생명이 주어집니다. 새 생명으로 바뀌어 영생하게 됩니다.

겉으로 보기에는 전혀 모릅니다. 유정란과 무정란의 달걀을 쉽게 구별할 수 있나요! 쉽게 구별 못 합니다. 전문분석가만이 구별할 수 있습니다. 이것이 생명이 있는지 없는지 이것이 암탉이 품으면 병아리가 되는지 안 되는지 겉으로 봐서는 몰라요. 그러나 유정란은 병아리가 됩니다. 그러나 무정란은 아무리 품어도 병아리가 되지 않고 썩어 버리고 마는 것입니다. 예수그리스도를 영접하게 되면 타락한 아담은 죽게 됩니다. 아담은 죽고 다시 사신(부활하신) 예수님으로 바뀌게 됩니다. 하나님의 생명이 우리 속에 들어옵니다. 그러므로 말미암아 하나님의 눈으로 볼 때는 우리에게 생명이 있습니다. 바뀐 사주와 팔자 운명이 있습니다. 그래서 하나님을 아버지라고 부를 수 있는 특권이 있습니다. 하나님의 자녀가 되는 권세가 주어지는 것입니다. 혈통으로나 육정으로나 사람으로 태어난 것이 아니라, 하나님께로 태어난 하나님의 자녀라는 것입니다. 할렐루야!

이것은 신비입니다. 그래서 성경은 이렇게 정의합니다. 고후 5:17 "그런즉 누구든지 그리스도 안에 있으면 새로운 피조물이라 이전 것은 지나갔으니 보라 새것이 되었도다" 지금까지 내 사주와 팔자는 십자가에서 죽고 예수님의 팔자로 바뀌었다 그 말씀입니다. 그래서 예수 믿는 사람들이 나는 15년 전에 나는 20년 전에 이렇게 바뀌었다고 고백하게 되는 것입니다. 인격이 바뀝니다. 성품이, 언어가 삶이 바뀝니다. 모든 상황이 바뀌는 줄 믿습니다.

어떻게 해피엔딩으로! 너무나 좋은 것으로 상상을 초월한 좋은 것으로 바뀌게 되는 것입니다. 아니 내 주위에 있는 사람들 예수 믿는 사람들 보니까 별 볼 일 없던데요. 그저 그렇게 살던데요. 하실지 모릅니다만 그러나 과정이 있습니다. 반드시 하나님께서 그를 낙원(천국)으로 인도하게 되는 놀라운 역사가 있게 되는 것입니다. 이와 같은 인도함이라고 할 때 우리가 예수 믿고 믿겠다고 하는 그런 모든 결단도 좋습니다마는 그렇게 되기 위해서는 무엇보다도 성령의 인도하심이 있어야 하는 줄 믿습니다.

예수님을 만난 사람들은 그들의 운명이 다 바뀌었습니다. 어떤 사람은 우물가에 물을 길으러 갔다가 예수님을 만나 그 운명이 바뀌었습니다. 수가성 여인으로 기구한 인생을 살아온 여인이었습니다. 남편을 다섯씩이나 두고 있었던 기구한 운명의 여인이었습니다. 그녀는 마을 사람들을 만나기가 싫어서 아침에 물을 길어가는 것을 싫어하고 정오에 물을 길어가는 것입니다. 대인기피증입니다. 그런데 예수님께서 거기에 계셨습니다.

우연 같지만, 결코 우연은 없습니다. 우연히 예수님께서 이곳에 오신 것으로 생각할지 모르지마는 오늘이 지난 후에 우연이 아니었구나! 하나님께서 심오한 섭리와 계획이었구나! 하나님께서 나를 사랑하사 이 자매님을 이 형제님을 만나게 하셔서 이렇게 인도하셨구나! 그리고 하나님께서 나를 만나주셨구나! 라고, 고백하게 될 줄 믿습니다.

이 여인은 주님을 만났습니다. 그 여인은 우울증에서 대인기피증에서 다 해방되었습니다. 그리고 그는 하나님의 사랑으로 예수그리스도를 증거하는 사람으로 그 운명이 바뀌는 놀라운 역사를 성경이 증거하고 있는 것을 볼 수가 있습니다.

사람들에게 손가락질받는 사람이 있었습니다. 죄인이라고! 그런데 이 사람은 부자였습니다. 돈이 많은 사람이었습니다. 그러나 그를 존경하는 사람은 아무도 없었습니다. 그런데 예수님께서 그 마을에 지나가시게 되었습니다. 그는 너무나 키가 작았습니다. 키가 너무 작으니까, 예수님을 만날 수 없으니까, 뽕나무에 올라갔습니다. 이 사람은 사회적인 지위가 괜찮은 사람이었습니다.

그는 국세청의 국세청장이었으니까요! 로마 시대에 세리 장하면 자기 민족의 재물을 찬탈하는 사람으로 여겼기 때문에 그가 얼마나 돈이 많았는지는 모르지마는 주위에 자기 민족에게는 손가락질받을 수밖에 없는 자였습니다.

왜 갈등이 없었겠습니까? 왜 고민이 없겠습니까? 인생의 회의가 없었겠습니까? 왜냐면은 아무도 알아주지 않습니다. 사람은 서로 인정받으면서 살아야 합니다. 신뢰받으면서 어떤 면에서는 존경받고 산다는 것이 얼마나 보람되고 가치가 있는지 모릅니다. 그런데 그의 삶은 그렇지 못했습니다. 그 답답함을 그 공허함을 그 허무함을 안고 살다가 예수님이 지나간다는 소식을 듣고는 뽕나무에 올라가서 예수님을 만납니다. 예수님 만나고 난 다음에 그는 완전하게 바뀌고 변했습니다. 그는 완전히 바뀌었습니다. 토색 한 것이 있으면 4배나 갚아주겠다고 내 재산의 절반을 가난한 사람에게 주겠다고… 그때부터는 주위 사람에게 존경의 대상이 되었습니다. 신뢰의 대상이 되었습니다. 그리고 구원이 너의 집에 있다고 예수님께서 그의 집에 찾아가 주신 것입니다. 책을 읽는 분들도 예수님을 직접 만나는 역사가 있기를 주의 이름으로 축원합니다.

또 있습니다. 지금은 너무나 화급한 상황에 놓여 있습니다. 간음하다가 현장에서 잡힌 여인이 군중들에게 붙잡혀 왔습니다. 지금 돌로 치는 직전에 다가와 있습니다. 예수님을 시험하기 위해서 백성들이 모세율법으로 간음하다가 붙잡힌 여인은 죽여야 하는데, 선생님은 어떻게 하면 좋습니까? 예수님께서 그 여인을 볼 때 불쌍히 여겼습니다. 이 여인은 아마 눈에 보이는 것이 없었을 것입니다. 자기는 이제 죽을 수밖에 없는 존재입니다. 왜냐하면 율법적인 삶을 사는 그 당시 시대에 간음하다가 현장에 서 잡혔으니까 다른 방법이 없는 것입니다, 군중들이 돌로 쳐서 죽이면 그대로 죽을 수밖에 없는 존재입니다.

그때 예수님께서 어떻게 하셨습니까? 땅에 글을 쓰셨습니다. 너희들 중에 죄 없는 자가 돌을 들어 치라고 하셨습니다. 군중들이 그것을 보고는 돌을 던지지 못하고 그곳을 떠나고 말았습니다. 너희들이 돌로 치는 자들이 다 어디 갔느냐? 다 떠나고 없습니다. 예수님께서 말씀하십니다. 나도 너를 정죄하지 아니하노니 다시는 죄를 범하지 말라고 하면서 그를 살려주어서 보냅니다. 그 여인의 눈 속에 그 여인을 잊을 수가 있겠습니까? 평생 잊을 수가 없습니다. 예수님을 만난 이 여인은 바뀌게 되었습니다. 운명이 바뀌었습니다. 사주가 팔자가 바뀌었습니다. 새로운 세상을 살게 되었습니다. 이게 바로 예수님 만난 인생들의 결과이었습니다.

오늘날도 예수님을 만나서 변화된 사람들이 얼마나 많은지가 모릅니다. 우리나라뿐만 아닙니다. 세계적으로 엄청 많습니다.

오늘 본문 행 16:31절을 한번 읽겠습니다. “가로되 주 예수를 믿으라. 그리하면 너와 네 집이 구원을 얻으리라 하고” 주 예수를 믿으십시오! 그리하면 여러분과 여러분의 가정 가문이 구원을 얻게 될 줄 믿습니다. 한 사람이 예수를 믿음으로 말미암아 그의 주위가 그의 권속이 구원받는 사람들이 얼마나 많은지 모릅니다.

주 예수를 믿으십시오. 그리하면 여러분과 여러분 가정과 여러분 주위가 구원받게 될 줄 믿습니다. 이것이 바로 해피엔딩입니다. 우리의 삶이 행복하도록 하나님께서는 디자인해 놓으셨습니다. 설계해 놓으셨습니다.

그런데 사탄·마귀의 꼬임을 통해서 하나님 앞에 범죄하고 하나님을 떠나서 살았기 때문에 하나님의 축복에 멀어질 수밖에 없었습니다. 주 예수그리스도 오늘도 내일도 영원토록 같으신 하나님께서 우리들을 축복하시기를 원하십니다.

그래서 요한복음3:17-18은 이렇게 말합니다. “하나님이 그 아들을 세상에 보내신 것은 세상을 심판하려 하심이 아니요. 저로 말미암아 세상이 구원받게 하려 하심이라 (18) 저를 믿는 자는 심판을 받지 아니하는 것이요 믿지 아니하는 자는 하나님 독생자의 이름을 믿지 아니하므로 벌써 심판을 받은 것이니라” 나는 아무 죄가 없습니다. 나는 아무런 죄가 없는 사람입니다, 라고 할지 모르지마는 “예수를 믿지 않는 것이” 가장 큰 죄라고 성경은 말하고 있습니다.

왜냐하면 하나님께서는 우리를 사랑하셔서 당신의 아들까지 내보내셔서 희생의 제물로 속죄양으로 보내 주셨는데, 그러고는 3일 만에 부활하게 하셔서 구원자가 되시게 하시면서 오직 한 가지만 묻습니다. 내가 얼마나 선한 일을 했느냐? 묻지 않습니다. 내가 얼마나 희생하면서 내가 얼마나 선한 일을 하면서 살았느냐? 이것을 묻지 않습니다. 예수를 아느냐? 예수님이 누구시냐? 그것을 묻습니다.

주님은 나의 주인이십니다, 주님은 그리스도시오, 살아계신 하나님의 아들이십니다. 나를 위하여 십자가에 돌아가셨고 사흘 만에 부활했다는 사실이 잘 이해는 안 되지만 받아들이겠습니다. 그렇게 되면 신비하게도 그 순간 죄인이던 옛사람은 죽고 새사람이 되어 하나님의 생명이 자신들의 심령 속에 들어오는 줄 믿습니다.

"에슬리 스미스"라는 기구한 여인을 소개하겠습니다. 그녀는 5살짜리 딸을 두고 살고 있는 미망인입니다. 새벽에 주차장에서 네 명이나 살해하고 도망치고 있는 흉악범 '니콜스'를 만나게 되었고 그에게 붙잡혀서 인질이 되고 말았습니다. 그리고 자기 집으로 끌려 들어갔습니다. 그리고 그녀를 밧줄에 묶어서 의자에 꽁꽁 묶어 놓았습니다.

그 흉악범 앞에서 자기의 생명은 경각에 달려있지마는 그녀는 너무나 여유롭게 그 니콜슨에게 이렇게 말하였습니다. 나는 어릴 때 부모를 여위었습니다. 할머니 밑에서 자랐습니다. 그런데 할머니 반대를 무릅쓰고 결혼을 해서 다섯 살짜리 딸을 두고 남편까지 죽었습니다.

나는 음주에 과속과 교통사고에 교도소도 가본 사람입니다. 그러나 나는 예수그리스도를 만난 사람입니다. 예수를 믿고 난 후에 나는 이 세상에 발을 딛고 삽니다마는 나는 “천국의 시민” 하나님의 나라 시민권이 있습니다. 당신이 얼마나 큰 죄를 지었고 어떤 죄를 지었는지 잘은 모르지마는 당신도 소망이 있습니다. 당신은 자수를 하고 교도소에 가서 예수그리스도를 증가하는 사람이 되십시오! 라고 전도하기 시작했습니다. 그러면서 자신이 예수그리스도를 만난 과정을 설명하기 시작했습니다. 간증하기 시작했습니다.

자기가 너무나 은혜를 받고 읽은 책을 소개하기 시작한 것입니다. 그러고는 그 책이 저기 있으니까, 나에게 주라고 한 것입니다. 그리고 그것을 읽어주기 시작했습니다. 그 내용은 우리가 왜 이 세상에 살고 있는가? 도움이 절실한 사람이 되기 위해서 우리가 존재하고 있는 것이다. 나를 위해서 사는 것이 아니고 나의 도움이 필요한 사람을 위해서 살고 있는 것이라고 하면서 이 연인은 그 흉악범 앞에서 조금도 위축되지 아니하고 두려워하지 아니하고 그에게 복음을 증거하기 시작했습니다.

성령의 하나님께서 역사 하셨습니다. 살인범 ‘브라이안 니콜스’는 그의 마음이 무너지기 시작합니다. 밧줄로 묶어 놓았던 것 끈으로 묶어 놓았던 것을 풀어주기 시작합니다. 그러고는 배가 고프다고 먹을 것을 달라고 합니다. 그래서 ‘애슬리 스미스’는 먹을 것을 준비해서 주면서 식탁에 앉아서 계속해서 이야기합니다. 예수님이 어떤 분인 것을 이야기합니다.

예수를 믿으면 우리 운명이 바뀐다는 것 팔자가 바뀐다는 것을 이야기합니다. 나는 소망 중에 살고 있습니다. 그전에는 나는 절망 가운데 살았습니다. 그러나 지금은 나는 아닙니다. 나는 너무나 기쁜 가운데 살고 있습니다. 그가 말합니다. '브라이언 니콜스'가 내가 자수를 할 테니까 경찰에 전화를 하라고 그래서 경찰에 전화했습니다. '브라이언 스콜스'는 자기의 힌 내의를 들고 나가서 자수를 했습니다. 이로 말미암아 온 매스컴이 집중하고 전국에 방영하고 있었습니다.

'브리이언 스콜스'를 자수시킨 대가로 6만 불의 포상금을 받고 뿐만 아니라 이 사실을 두고 네 군데 출판사에서 책을 내겠다고 할리우드에서는 영화를 만들겠다고 하였습니다. 또 인질 전문 협상전문가를 양성하는 기관에서는 스미스 씨가 이 범인을 자수시킨 과정을 훈련코스로 만들겠다고 스타가 되었습니다. 33세의 '브라이언 니콜스'와의 짧은 만남이 그녀의 인생을 완전히 바꾸어 놓은 것이었습니다. 그것은 이 여인이 예수님을 만나 믿음을 가졌기 때문에 가능했던 것입니다. 살인범의 인질이 되어서도 침착할 수 있었던 이유는 그 속에 생명이 있었고 그 속에 예수님이 계셨고 그곳에 성령이 함께하셨던 줄 믿습니다. '에슬리 스미스'를 해피엔딩으로 만든 분은 예수그리스도 하나님이신 줄 믿으시기를 바랍니다.

주님께서 우리들을 초청합니다. 계3:20 "볼지어다 내가 문밖에 서서 두드리노니 누구든지 내 음성을 듣고 문을 열면 내가 그에게로 들어가 그로 더불어 먹고 그는 나로 더불어 먹으리라" 마음에 살아계신 주님 성령께서 마음을 두드리고 계십니다.

주님께서 마음을 두드릴 때 반응하는 역사가 있기를 바랍니다. 예수그리스도를 영접하여 만나는 역사가 있기를 바랍니다. 예수를 만나서 변화되지 않는 사람이 없었고 예수님 만나서 운명이 바뀌지 않은 사람이 없습니다. 팔자가 바뀌지 않은 사람이 없습니다. 그로 말미암아 새로운 세계를 사는 것입니다. 오늘 이 시간 주님의 음성을 들으시고 주님께서 마음을 두드리는 음성을 들으시고 예수 믿겠다고 결단하는 사람들 오늘 한 분도 빠짐없이 다 결단하는 역사가 있기를 바랍니다.

그리하여 꼬인 인생을 풀고 예수님의 인생 해피엔딩의 삶으로 바꾸어서 하나님의 영광을 드러내면서 살아가시기를 예수님의 이름으로 축원합니다.

내적치유에 대하여는 전문 책자인 "마음상처 투시와 완전치유" "내적치유 축귀 능력 받는 비결" "카리스마로 영적세계를 장악하는 법" "내적치유 쉽게 하는 법" "내적상처를 스스로 치유하는 기도문"을 참고하시기를 바랍니다.

9장 꼬인 인생을 이렇게 바꿔서 형통으로 살고 있어요

인생이 꼬여서 하는 일마다 불통하는 삶을 청산하려면 예수를 믿고 죽고 예수로 다시 태어나야 합니다. 세상의 교회 예배당에는 예수 믿는 사람의 전도를 받고 예수님을 만나 꼬인 인생과 운명과 팔자가 바뀐 사람들이 많습니다. 이들은 하나같이 운명이 바뀌어서 예수님의 운명을 살아가는 사람들이 되었습니다. 성경은 예수 믿고 운명이 바뀐 사람들, 즉 자기의 삶을 뛰어넘어 남의 생명을 살리는, 남을 위해 사는 사람들을 기록한 책이고, 교회 예배당은 남을 살리기 위해서 배우고 실천하는 곳입니다.

하나님께서 인간을 쓰실 때 바로 쓰시지 않습니다. 그 사람을 변화시킨 후에 바꾸신 후에 쓰십니다. 예를 들어 운전할 줄 모르는 사람에게 차를 사주게 되면 차를 사준 것이 그에게 해가 됩니다. 이처럼 내가 준비되어 있지 않은 상태에서 쓰임을 받게 되면 오히려 나에게 해가 되기에 하나님은 나를 변화시키고 바꾸려고 하십니다. 그럴 때 변화의 과정이 있습니다. 즉 환경이 변화되어 내가 변화되는 게 아니라 환경이 변화되기 전에 변화되고 바뀌는 순서가 있습니다.

그 첫째가 보는 것입니다. 사람이 변화되어 바뀌는 시작은 보는 데서부터 시작됩니다. 물론 보는 눈도 3가지가 있습니다. 첫째 육신의 눈, 둘째 마음의 눈, 셋째 영의 눈입니다. 육신의 눈은 현재를 보는 눈으로, 현재의 환경과 물질, 모습 등을 봅니다. 그래서 육신의 눈이 강한 사람은 물질 중심의 삶을 살게 되고, 현재의 삶을 중요시합니다.

그리고 마음의 눈은 과거를 보는 눈으로, 지각이라고도 합니다. 마치 공부를 많이 해서 지식의 수준이 높으면 사물을 이치에 따라 보는 것입니다. 물론 마음의 눈이 강해야 합니다. 그러나 마음의 눈으로만 세상을 보게 되면 자기중심적인 사람이 되고 맙니다.

영의 눈은 미래를 보는 눈으로, 영적 세계를 보는 눈입니다. 이 눈이 열려야 하나님이 보입니다. 하나님의 세계가 보이고, 하나님의 계획이 보이고, 하나님의 말씀도 보입니다. 그래서 하나님께서 인간을 부르시고 하나님의 자녀 삼으실 때 제일 먼저 하시는 것이 그 사람 영의 눈을 열어 주시는 것입니다. 그때부터 사람은 변화가 시작되는 것입니다.

성경에 쓰임을 받았던 사람들은 다 영의 눈이 열렸습니다(히 11:13-16). 아브라함(창12:1-4), 이삭(창 26:4), 야곱(창 28:12-15), 요셉(창 37:5-9), 구약의 사람뿐 아니라 신약에서도 마찬가지입니다. 그 대표적 사람이 사도 바울입니다. 사도 바울은 예수님을 보기 전에는 예수님을 핍박하는 사람이었습니다. 신약에 최초로 순교한 사람이 스데반인데, 이 스데반을 죽인 사람이 바울입니다.

바울이 육신의 눈과 마음의 눈으로 스데반을 보았을 때 그의 모든 말은 거짓이었습니다. 그러나 이미 바울은 당대 최고의 학문인 헬라 학문과 히브리 학문을 통달하여 성경에 통달한 사람이었습니다. 그럼에도 그는 영의 눈이 뜨지 못하여 스데반의 모든 말이 거짓말로 들렸던 것입니다.

그러던 바울이 다메섹 도상에서 예수님을 만났고, 아나니아를 통해 안수받아 그 눈에서 비늘이 벗겨지고 영의 눈이 떠지니 미래에 자신이 어떠한 사역을 하게 될지를 보게 되는 역사가 나타납니다. 곧 미래의 현실을 보게 된 것입니다. 그 후로 바울은 복음을 증거하다가 수많은 환란과 죽을 고비를 넘기지만, 영의 눈으로 영의 세계를 바라보고, 미래적 현실을 보았기 때문에 모든 환란도 핍박도 이겨 나갔습니다.

민수기 22장 이후에는 발람에 대한 말씀이 나옵니다. 모압 왕 발락이 이스라엘 백성이 요단 동편 땅을 점령하는 것을 보고 두려워하여 발람을 찾아가 이스라엘 백성을 저주하라고 합니다. 발람은 물질에 눈이 어두워 하나님의 명령을 어기고 발락을 따라갈 때 하나님의 사자가 길에서 발람을 죽이려 합니다. 이때 발람의 나귀가 천사를 보고 앞으로 나가지 않자, 영의 눈이 뜨이지 않은 발람은 나귀를 때립니다. 그때 나귀의 입이 열려 발람을 책망하고 발람의 영적인 눈이 뜨이게 됩니다. 이처럼 영의 눈을 뜨지 못하면 발람이 나귀를 때리듯 인생들이 환경과 처지를 때리고 원망합니다. 그러므로 이러한 잘못된 원망이나 불평하지 않기 위해선 영의 눈이 열려야 합니다.

열왕기하 6장에는 엘리사와 그 사환 게하시의 내용이 나옵니다. 영의 눈을 뜨지 못한 게하시는 아람 군대에 둘러싸인 것을 보고 두려워하지만, 엘리사의 기도로 영의 눈이 열리자, 아람 군대보다 더 많은 하나님의 군대가 있는 것을 보게 됩니다. 이처럼 영의 눈이 열리지 않으면 현실의 두려움에 빠지게 됩니다. 영의 눈이 열려야 합니다. 그때 요단강 넘어가 보입니다. 하나님의 나라가 보입니다. 그때 미래의 현실이 보이고, 그럴 때 어떠한 현실이라도 이기며 나갈 수 있는 것입니다.

그러나 이러한 영의 눈은 내 노력으로 열리는 게 아닙니다. 성령이 열어 주셔야만 가능합니다. 물론 내가 무엇을 보느냐도 중요합니다. 하와가 선악과를 바라보니 선악과를 따먹는 죄를 잉태하고 낳습니다. 그 엄청난 믿음의 사람이 다윗이 벌거벗은 밧세바를 보는 순간 다윗은 밧세바를 범하고 우리아를 죽이는 죄를 잉태하고 낳았습니다. 그렇게 사람은 볼 것과 보지 말아야 할 것을 잘 구별해서 보아야 합니다.

그러나 영적인 세계를 바라보는 눈은 하나님이 열어 주셔야 하는 것입니다. 그렇게 영의 눈이 열려 영적인 세계를 보는 사람에게는 생각의 변화가 일어납니다. 그러나 사람의 생각이 내 뜻대로 되는 것이 아닙니다. 이도 역시 하나님께서 변화시켜 주셔야 합니다.

오늘 우리가 읽은 본문에는 아주 재미있는 표현이 반복적으로 등장합니다. 조금 있으면 너희가 나를 보지 못하겠고 또 조금 있으면 나를 보리라 하시니 제자 중에서 서로 말하되 우리에게 말씀하신바 조금 있으면 나를 보지 못하겠고 또 조금 있으면 나를 보리라 하시며 또 내가 아버지께로 감이라 하신 것이 무슨 말씀이냐 하고…(요16:16-22). 그래서 제자들이 이렇게 묻습니다. 조금 있으면 이라 하신 말씀이 무슨 말씀이냐, 무엇을 말씀하시는지 알지 못하노라(요16:18).

여기 반복되는 조금 있으면 하신 말씀은 그리 중요한 내용을 담을 이유가 없는 것인데, 다락방 강화(요14-16장)의 말씀 중에 상당히 중요한 의미를 가지고 자꾸 되풀이되고 있습니다. 사실 그것은 그리스도께서 친히 이루실 대속 사역을 가르치는 것이었습니다. 예수님께서 조금 있으면 대속 사역을 위하여 십자가를 지고 죽을 것이고 그리고 부활하실 것입니다. 그러나 제자들의 지금 상태는 그것을 모르고 있는 것입니다.

예수님이 하실 일에 대해서 제자들이 모르고 있다는 것을 되풀이하여 기록하는 이유가 무엇일까요? 그것은 제자들이 예수 그리스도에 대하여 요구하며 기대하고 있는 것과 예수님께서 제자들에게 이루어 주시려고 하는 것에 어떤 차이가 있는가를 보여주는 것입니다. 이것은 오늘날 신자들의 모습과도 별반 다르지 않습니다.

"내가 진실로 진실로 너희에게 이르노니 너희는 곡하고 애통하겠으나 세상은 기뻐하리라 너희는 근심하겠으나 너희 근심이 도리어 기쁨이 되리라"(요16:20). 우리는 항상 주님께 근심과 슬픈 일은 없게 해 주시고 기쁜 일을 달라고 요구합니다. 그러나 주님은 슬픔이 변하여 기쁨이 되게 만드십니다. 지금 네가 근심스러워

하는 일이 사실 기쁜 일이라는 시각의 영적 변화를 요구하고 계십니다. 우리의 기대에 맞는 기쁨을 주시지 않는다고 말씀하시는 것입니다.

"너희는 마음에 근심하지 말라 하나님을 믿으니 또 나를 믿으라 내 아버지 집에 거할 곳이 많도다. 그렇지 않으면 너희에게 일렀으리라 내가 너희를 위하여 거처를 예비하러 가노니 가서 너희를 위하여 거처를 예비하면 내가 다시 와서 너희를 내게로 영접하여 나 있는 곳에 너희도 있게 하리라"(요14:1-3). 주님은 제자들이 근심하고 있는 것을 아십니다.

그러나 주님은 그들의 근심을 없이 하고 그들의 기대를 채워주는 것으로 그들을 기쁘게 하는 것이 아니라 주님 자신이 알고 계시는 것, 그러나 제자들은 모르고 있는 것, 그 일을 위해 오셨고 십자가를 지심으로써 아버지께서 자기를 보내신 뜻을 이루려 하시는 것, 그것이 바로 나 있는 곳에 너희를 영접하기 위한 것이라고 하십니다. 그러나 제자들은 그것보다는 주님이 잡히시고 대신 속죄 사역을 이루시는 것은 근심거리이고 그래서 원치 않는 일이라 생각하여 다른 것을 기대하고 있는 것입니다.

"도마가 이로되 주여, 어디로 가시는지 우리가 알지 못하거늘 그 길을 우리가 어찌 알겠사옵나이까"(요14:5). 주님께서 하신 말씀에 대한 도마의 질문의 요지는 주님께서 도대체 뭘 하려고 그러시는지 모르겠다는 것입니다. 도대체 왜 그런 일을 하려고 그러시냐는 것입니다.

예수께서 십자가에서 돌아가신 후 엠마오로 내려가던 두 제자의 대화를 보십시오. “우리는 이 사람이 이스라엘을 속량할 자라고 바랐노라”(눅24:21). 제자들이 바라는 것은 예수님이 십자가를 지시는 사건이 아니라 주님이 메시아라면 로마제국을 물리치고 이스라엘을 정치적으로 회복시키시고 자기들의 고난과 환란, 가난에서 잘 살게 해 주실 것으로 생각한 것입니다. 그러나 예수님은 십자가를 지러 오셨고, 우리의 영적인 문제를 해결하러 오셨는데 제자들은 끊임없이 육체적인 문제에 대한 기대로 예수님께 요구하는 것입니다.

“그 사람들이 예수의 행하신 이 표적을 보고 말하되 이는 참으로 세상에 오실 그 선지자라 하더라. 그러므로 예수께서 그들이 와서 자기를 억지로 붙들어 임금으로 삼으려는 줄을 아시고 다시 혼자 산으로 떠나가시니라”(요6:14-15).

여기 이 사람들은 구약이 그토록 예언한 그 선지자, 그 메시아인 줄 알고 그분을 왕으로 삼아 정치, 경제, 사회를 평화롭고 행복하게 하고 잘 먹고 잘살다가 천국 가게 해 주는 분으로 만들고 싶었던 것입니다. 그래서 예수님은 저들의 손을 피하여 혼자 산으로 떠나가신 것입니다.

“…너희가 나를 찾는 것은 표적을 본 까닭이 아니요, 떡을 먹고 배부른 까닭이로다. 썩는 양식을 위하여 일하지 말고 영생하도록 있는 양식을 위하여 하라 이 양식은 인자가 너희에게 주리니 인자는 아버지 하나님께서 인치신 자니라”(요6:26-27).

예수님도 스스로 자기를 메시아라고 선언하고 계시고, 사람들도 이분이 메시아인가 보다! 라고 기대하고 있습니다. 그런데 메시아에 대한 기대와 내용이 서로 다른 것입니다. 예수님은 십자가를 지시어 세상 죄를 청산하실 생각을 하고 계시고 인간들은 끊임없이 저들의 세상 생활의 필요를 해결해 주시는 분으로 요구하고 있습니다.

표적과 기적이 하나님이 어떤 분이신지 드러내는 계시적 역사이지만 곤란하게도 그것만이 신자의 유일한 기대와 신앙의 내용이 되는 것만큼 비극은 없습니다. 우리는 예수를 믿으면 애들도 잘되고 우리도 잘되고 모든 것이 잘 될 줄 알았노라! 이것은 신앙이 아닙니다. 이들에게 영적인 변화가 있어야만 합니다.

예수를 믿으면 근심하고 애통하며 걱정하는 것들이 기쁨의 환경으로 바뀌는 것이 아니라 보는 시각이 영적으로 달라지는 변화, 그것을 신앙이라고 하는 것입니다. 믿기만 하면, 기도만 하면, 알라딘 램프의 거인처럼 나타나 다 해결되는 것, 그것은 신앙이 아닙니다.

오늘날 신자들도 십자가는 비극인지라 다 기억에서 지워버리고 이전의 큰 능력과 기적을 일으키는 예수님만을 기억하려는 사람들이 많습니다. 떡을 먹고 배부른 까닭으로 예수님을 찾아 임금으로 삼으려는 것입니다. 영적인 시각의 변화는 필요 없고, 지금 당장 우리의 문제들을 해결해 주시는 분으로만 요구합니다. 특이한 것은 십자가 이후 부활하신 후에도 제자들의 마음이 요지부동 움직이지 않습니다.

돌아가셨다가 부활하신 주님을 만났는데 제자들은 더 힘 있게 묻습니다. "그들이 모였을 때 예수께 여쭈어 이르되 주께서 이스라엘 나라를 회복하심이 이때니까 하니"(행1:6). 마치 극적인 역전승한 기분으로 흥분하여 신바람 나서 말합니다. 이제야말로 때가 된 것이군요. 그때는 몰랐습니다. 그때가 아니라 이제 하시려고 그러셨군요, 이제는 저희도 겁이 안 납니다!

예수께서 이렇게 대답하십니다. "때와 시기는 아버지께서 자기의 권한에 두셨으니, 너희가 알 바 아니요"(행1:7). 제자들의 본능적인 육체적 수준을 깨뜨리기가 참으로 어렵습니다. 육체적인 것은 본능이지만 영적인 것은 생리적인 것이 아니기 때문입니다.

그러나 예수님이 바로 그 일을 하시려고 오신 것입니다. 세상적인 시각에서 보던 그 근심을 이제 영적인 시각으로 바꾸시려고 오신 것입니다. 하나님의 나라를 바라보며 그것을 목표로 삼는 시각 말입니다. 그러나 그것이 아무에게나 되는 것이 아닙니다. 무리들이 예수님에 대해 놀라워하며 수군거리는 것을 들은 바리새인들이 예수님을 잡으려고 아랫사람들을 보냈습니다.

"예수께서 이르시되 내가 너희와 함께 조금 더 있다가 나를 보내신 이에게로 돌아가겠노라 너희가 나를 찾아도 만나지 못할 터이요 나 있는 곳에 오지도 못하리라 하시니"(요7:33-34). 이 말씀은 대제사장들과 바리새인들에게 하신 말씀입니다. 저들은 도무지 영적인 세계와 신분에 있어서 같이 있지 않으실 것입니다.

그런데 도마가 엉뚱한 질문을 하고 있지만 제자들에게 하신 말씀을 유의하여 보십시오. "조금 있으면 세상은 다시 나를 보지 못할 것이로되 너희는 나를 보리니 이는 내가 살아 있고 너희도 살아 있겠음이라"(요14:19). 이 분명하게 그어진 선을 보십시오. 귀하는 어느 쪽에 있습니까? 귀하에게 선택을 요구하는 것이 아닙니다.

"도마가 이로되 주여, 어디로 가시는지 우리가 알지 못하거늘 그 길을 우리가 어찌 알겠사옵나이까"(요14:5). 엉뚱한 질문만 하던 제자들에게 허락하신 은혜가 참으로 놀랍습니다. "…너희는 나를 보리니 이는 내가 살아 있고 너희도 살아 있겠음이라"(요14:19). 우리를 살리시기 위하여 십자가에 돌아가신 것입니다. 그래서 믿는 우리는 사주와 팔자가 바뀐 것입니다. 예수님의 사주와 팔자로 살고 있는 것입니다. 우리는 바리새인들과 제사장들의 부류와 다른 존재들이기에 이 자리에 있는 것입니다. 우리가 지금 다 같이 보는 이 예수!, 십자가 이전의 예수는 믿는 자도, 안 믿는 자도 다 보았습니다.

그런데 십자가 이후의 부활하신 예수는 믿는 자는 보되 믿지 않는 자는 보지 못하는 영역으로 들어가실 것입니다. 육체의 눈으로만 보는 예수가 아니라 그분께서 하신 사역이 믿음으로 연장되는 영적 세계로 들어가는 자들만, 거듭난 자들만 보는 차원으로 들어가실, 그렇게 할 사역을 이제 이루실 것이라는 말씀입니다.

조금 있으면, 부활하신 예수는 모두가 볼 수 있는 것이 아닙니다. 참 신자들만 그분을 볼 것입니다. 믿음의 눈으로만 볼 것이기 때문입니다. 우리가 지금 모일 때마다 살아계신 하나님 앞에서, 예수께서 살아계시어 성령 안에서 우리와 함께 계심을 보고 있습니다.

우리가 선택한 것이 아니라 예수께서 그렇게 초대하셨고, 선택하셨고, 그 일을 이루셨기 때문입니다. 문제는 그렇게 된 신분에 걸맞은 삶을 살고 있느냐 하는 면에서 따지면 전혀 아니라는 것입니다.

여전히 십자가에 돌아가시기 이전의 예수님만을 보기 원하는 그 자리를 고집하고 있는 것입니다. 그러니 믿는다고 말하면서 뜻밖의 어리석은 요구를 하고 있는 것입니다. 그렇게밖에는 요구할 줄 모르는 신앙인이 되어가는 것입니다.

이제 행2장에서 이전에 보던 예수님과 다르게 보게 된 제자들 모습을 보게 됩니다. "이 예수를 하나님이 살리신지라 우리가 다 이 일에 증인이로다. 하나님이 오른손으로 예수를 높이시매 그가 약속하신 성령을 아버지께 받아서 너희가 보고 듣는 이것을 부어주셨느니라… 그런즉 이스라엘 온 집은 확실히 알지니 너희가 십자가에 못 받은 이 예수를 하나님이 주와 그리스도가 되게 하셨느니라 하니라"(행2:32-36). 도망하고 숨어 다니던 베드로가 세상 앞에서 당당히 서서 너희가 잡아 죽인 예수가 사실은 하나님의 아들이며 메시아였다고 외치고 있습니다.

현실의 위협 앞에서 비겁하게 부인하던 베드로, 그를 위협하는 살벌한 분위기가 완화되거나 세상이 바뀐 것도 아닙니다. 오히려 더 악화하거나 근심의 같은 조건과 환경임에도 불구하고 베드로가 달라졌음을 눈여겨보셔야 합니다. 예수를 믿어 내가 사는 삶의 환경과 조건이 바뀌기를 바라는 것만큼 어리석은 것은 없습니다.

주님은 우리의 환경과 조건을 절대 다르게 하시지 않습니다. "이튿날 관리들과 장로들과 서기관들이 예루살렘에 모였는데 대제사장 안나스와 가야바와 요한과 알렉산더와 및 대제사장의 문중이 다 참여하여 사도들을 가운데 세우고 묻되 너희가 무슨 권세와 누구의 이름으로 이 일을 행하였느냐 이에 베드로가 성령이 충만하여 이르되 백성의 관리들과 장로들아… 너희와 모든 이스라엘 백성은 알라 너희가 십자가에 못 받고 하나님이 죽은 자 가운데서 살리신 나사렛 예수 그리스도의 이름으로 이 사람이 건강하게 되어 너희 앞에 섰느니라. 이 예수는 너희 건축자들의 버린 돌로서 집 모퉁이의 머릿돌이 되었느니라. 다른 이로써는 구원을 받을 수 없나니 천 하 사람 중에 구원을 받을 만한 다른 이름을 우리에게 주신 일이 없음이라 하였더라… 이것이 민간에 더 퍼지지 못하게 그들을 위협하여 이후에는 이 이름으로 아무에게도 말하지 말게 하자고 하고 그들을 불러 경고하여 도무지 예수의 이름으로 말하지도 말고 가르치지도 말라 하니… 주여, 이제 그들의 위협함을 굽어 보시옵고 또 종들로 하여금 담대히 하나님의 말씀을 전하게 하여 주시오며 손을 내밀어 병을 낫게 하시옵고 표적과 기사가 거룩한 종 예수의 이름으로 이루어지게 하옵소서 하더라"(행4:5-30).

이 놀라운 기사를 읽으면서 발견하는 것은 저들이 처한 환경과 조건과 분위기가 조금도 개선되지 않았다는 것입니다. 이제 더 이상, 협박과 위협이 저들을 근심하게 못하고 있음을 보셨습니까? 협박과 근심케 하는 것들이 변하여 기쁨이 되어짐을 보셨습니까? 모든 근심의 나쁜 환경에 대하여 오히려 기뻐합니다.

하나님의 뜻이 이루어지는 그 일에 부름을 받은 것을 얼마나 감사하고 있습니까? 근심이 변하여 기쁨이 된 것입니다. 요16:20의 말씀대로 된 것입니다. 우리의 신앙이 이렇게 바뀌어야 합니다. "내가 진실로 진실로 너희에게 이르노니 너희는 곡하고 애통하겠으나 세상은 기뻐하리라 너희는 근심하겠으나 너희 근심이 도리어 기쁨이 되리라"(요 16:20).

귀하는 왜 예수를 믿으십니까? 무엇을 위해 믿기를 시작하셨습니까? 그 시작이 무엇이라 해도 상관없습니다. 그러나 이제는 스스로 자신에게 물어야 합니다. 그 목표가 무엇입니까? 그래서 알게 된 예수, 그래서 알게 된 하나님, 그로 말미암아 귀하의 인생이 지금 무엇을 목표하고 있습니까?

지금 귀하는 무엇을 감사하고 있으며 하나님의 사람으로 책임 맡은 일이 무엇인지 발견하고 계십니까? 주를 믿는 일에 지금 내 지위가 높든 낮든, 부자이든 가난하든 전혀 상관이 없습니다. 하나님께서 지금 나를 세상적으로 곤란스러운 환경 속에 보내셨어도 내가 하나님의 사람으로 사는 데는 방해가 될 것을 허락하지 않으셨음을 믿으셔야 합니다.

하나님께서 내가 감당하는 삶을 통하여 무엇을 나타내시기를 원하시며, 무엇을 증거하시기 원하시며, 무엇을 하려 하시는지 끊임없이 물으며 거기에 충성과 순종과 인내를 약속하는 자세를 가져야만 합니다. 그것이 부활하신 예수님을 만난 신자의 책임입니다. 각자의 인생과 삶, 처한 환경과 조건, 예수님의 사주와 팔자와 운명으로 바뀌진 사람으로서 더 이상 세상 사람들과 같이 살아서는 안 되는 것입니다.

충만한교회에서는 매주 월화금토요일 특별 집중기도 깊은 치유 시간이 있습니다. 대상자는 여기서도 저기서도 치유와 능력을 받지 못한 분/ 병원에서 포기한 병을 고치고 싶은 분/ 지금 천국을 만끽하고 싶은 분/ 불치병, 귀신역사를 빨리 치유 받을 분/ 목, 허리디스크, 허리어깨통증, 근육통, 온몸이 아프고 무거움에서 치유해방 받고 싶은 분/ 자녀나 본인의 우울증, 공황장애, 조울증, 불면증을 빨리 치유 받을 분/ 가슴이 답답하고 기도하기가 힘이 드는 분/ 생업과 목회로 영육의 탈진에 빠져서 고통당하시는 분/ 축복과 영의 통로를 뚫고 싶은 분/ 성령의 불세례를 체험하고 싶은 분/ 최단기간에 성령치유 능력 받고 싶은 분이 참석하시면 기적적인 영육의 치유와 능력을 받습니다. 반드시 1주전에 전화하시고 예약해야 합니다.

10장 꼬인 인생을 바꿔 보람 있고 행복하게 살아요.

요즈음 세상 돌아가는 모습을 보면 너무나도 많이 변하고 있으며 그것도 빠른 속도로 변하고 있다는 사실입니다. 어제가 다르게 바뀌어가고 있습니다. 그런데 이런 변화되는 모습들을 살펴보면 참으로 안타까울 때가 있습니다. 그것은 절대 변화되지 말아야 될 것은 변화가 되고, 이런 것은 꼭 변화가 되어야 한다, 라고 생각하는 것은 절대 변화가 일어나지 않는다는 것입니다.

혹 세상 모든 것은 다 변화가 되어도 변화되지 말아야 할 것이 있습니다. 그것은 믿음과 소망과 사랑입니다. 교인들이 교회를 다니고 예수를 믿는 모습을 보아도 두 부류로 변하는 것을 볼 수 있습니다. 바로 긍정적으로 변하는 사람이 있고 부정적으로 변하는 사람이 있다는 것입니다. 다시 말하면 교회 다니면서 좋게 변하는 사람이 있는가 하면 나쁘게 변하는 사람이 있습니다.

인간성과 삶의 질이 좋아지는 사람이 있는가 하면 오히려 예수 믿기 전보다 점점 더 나빠지는 사람도 있습니다. 처음 예수 그리스도를 영접하고 나서는 그 삶 자체가 얼마나 진실하고 성실합니까? 그런데 신앙의 경륜이 싸일수록 오히려 진실 되지 못하고 성실한 삶을 살지 못한 경우가 얼마나 많은지 모릅니다. 오늘 하나님은 (갈 2:20)"내가 그리스도와 함께 십자가에 못 박혔나니 그런즉 이제는 내가 사는 것이 아니요 오직 내 안에 그리스도께서 사시는 것이라 이제 내가 육체 가운데 사는 것은 나를 사랑하사 나를 위하여 자기 자신을 버리신 하나님의 아들을 믿는 믿음 안에서 사는 것이라.” 예수를 믿고 죽고 예수님의 인생으로 살라는 말씀입니다.

오늘 한국교회가 부끄러움을 당하는 이유가 무엇입니까? 이 사회는 교회를 향하여 사랑을 요구하고 있는데, 한국교회는 그들에게 나누어줄 사랑의 열매가 없고, 섬김과 나눔도 없고, 봉사하지 않으며, 이 사회는 교회를 향하여 정의와 진리를 요구하고 있는데 자기 자랑만 하기 때문에 이 사회가 우리를 외면하고 있는 것이 아니겠습니까? 왜냐하면 생명 성령이 역사하지 않기 때문입니다.

한국교회 교인들은 열심히 무얼 많이 먹기는 먹는데 내어놓은 것은 철저한 이기주의와 개교회주의, 오직 복만을 추구하는 기복신앙이 판을 치고 변화되지 않는 미성숙한 보수신앙이 한국교회를 좀먹고 있습니다. 이도 생명 성령이 역사하지 않기 때문이라 생각합니다.

지금부터 약 100년 전 런던 중심부에 “메트로포리탄 타바나클”이란 교회가 있었습니다. 이 교회는 유명한 스펄전 목사님이 목회하던 교회였습니다. 당시 이 교회는 영국에서 제일 좋은 교회, 가장 훌륭한 목사, 가장 좋은 건물, 제일 많이 모이는 교회였습니다. 그런데 지금은 형편이 어떻습니까? 주일 예배에 고작 80여명이 참석하고 있습니다. 이 교회가 왜 이렇게 되었습니까? 시대도 바뀌고 사람도 바뀌었지만 생명 성령의 역사가 없는 교회가 되었기 때문입니다. 생명 성령의 역사를 쫓아가지 않고 성령 없는 교회로 안주하였기 때문입니다. 지금의 한국교회도 말씀 위에선 변화의 기능이 마비되었거나 성령의 역사가 일어나지 않고 인간중심으로 흐르기 때문에 이 사회로부터 철저히 외면당하고 부끄러움을 당하고 있는 것입니다. 한국교회는 겸손히 그리스도의 본을 따라 낮아지고 겸손해지며, 십자가를 피하지 않고 튼튼히 지는 성령님이 주인된 성령의 역사가 있는 교회로 변화 되어야 할 것입니다. 그래야 아름다운 열매, 칭송의 열매, 사랑의 열매를 맺힐 수 있을 것입니다.

어린이 대공원에 가면 회전목마가 있습니다. 한가운데 축으로 세운 기둥을 중심으로 원을 따라 계속 도는 놀이 가구 입니다. 하루 종일 타고 달려도 원을 벗어나지 못합니다. 1년을 타고 10년을 타고 있어도 원을 돌 뿐 단 한 발짝도 앞으로 가지 못합니다. 1840년 영국에서 최초로 우표를 만들어 근대 우편 제도의 아버지라고 불리던 로올랜드 힐(Rawland Hill)은 이렇게 말했습니다. "회전목마는 조금도 전진하지 못하는 기독교 신자와 비슷하다"고 했습니다. 한 발짝 식이라도 좋으니 앞으로 전진해야 합니다. 단 1센티미터씩이라도 좋으니 믿음이 자랍시다.

조금씩이라도 좋은 쪽으로, 긍정적인 쪽으로, 죽지 않고 사는 쪽으로 변화됩시다. 단 한 발 짝 식이라도 좋습니다. 세상 쪽으로 가지 말고 주님 쪽으로 발걸음을 옮깁시다. 사실 이 세상에 존재하는 모든 것들은 변합니다. 변하지 않는 것들은 없습니다. 우리도 변합니다. 곱고 아름답던 얼굴도 나이가 들면 굵은 주름이 패인 얼굴로 변합니다. 혈기왕성하던 건강도 나이가 들면 노쇠하고 허약해집니다.

세상도 역사도 변합니다. 문화도 변하고 학문도 변합니다. 그런데 이왕에 변할 것이면 좋은 쪽으로 긍정적인 쪽으로, 죽지 않고 사는 쪽으로 변화 되어야 할 것입니다. 내가 좋은 쪽으로 긍정적인 쪽으로 죽지 않고 사는 쪽으로 변하면 세상이 변합니다.

신경질이 많고 불평불만으로 낮과 밤을 지새우는 부인이 있었습니다. 남편과는 별거 상태였고 자식들과는 한집에 살면서도 말을 안 하고 지냈습니다. 얼굴은 일그러졌고 신경성 위궤양으로 밥을 먹지 못해 몸도 말이 아니었습니다. 친구들도 그녀를 멀리했고 친척들도 발길을 끊었습니다. 그럴수록 그녀는 더욱더 강팍해졌고 세상이 싫었습니다. 그런데 어느 날 한 친구가 우연히 그녀를 만났습니다. 그녀의 얼굴은 밝게 빛나고 미소로 가득 차 있었습니다. 그리고 생기가 넘치고 있었습니다. "어떻게 된 거니 집안에 무슨 일이 있었니?", "아냐 전과 같지 뭐, 하지만 내가 바뀌었어! 내가 예수님을 믿고 사주팔자가 바뀌고 변하니까 남편도, 애들도, 친척도, 환경도 다 변하더라…" 그렇습니다. 내가 예수로 바뀌고 성령으로 변하면 다 변합니다. 내가 변하면 남편도 변하고 아내도 변합니다. 내가 바뀌면 자식도, 형제도, 친척도 다 바뀝니다. 다른 사람이 변하고 바뀌어야 내가 바뀌는 것이 아닙니다. 세상이 변해야 내가 변하는 것이 아닙니다. 내가 변해야 가족도, 친척도. 세상도 변합니다.

캐나다에 존 케디라는 사람이 변화되어 선교사가 되었습니다. 그가 기도하는 중에 '하나님 아무도 복음을 전하기 싫어하는 곳, 두려워하는 곳에 저를 보내주옵소서'라고 기도를 했고 식인종이 사는 섬으로 복음을 전하기 위해 가게 되었습니다. 그는 죽음을 무릎 쓰고 배를 타고 들어가서 식인종들에게 복음을 전했습니다.

그는 그리스도의 사랑으로 그들을 돌보고 언어를 습득하여 성경을 번역하고 교육을 시켰습니다. 그가 식인종들에게 얼마나 큰 영향을 끼쳤던지 그가 죽은 후에 그의 비석에는 이렇게 쓰였습니다. '1848년에 그가 이곳에 처음 상륙했을 때에는 이곳에는 그리스도인이 한 명도 없었다. 그러나 그가 세상을 떠난 1872년에는 여기에 식인종이 한 명도 없다.' 무슨 말입니까?

존 케디라는 사람이 목숨 걸고 들어가서 그 섬의 식인종들을 위해서 복음을 전파한 결과, 그가 처음 도착했을 때에는 예수 믿는 사람은 한 명도 없고 식인종만 있었으나 그가 세상을 떠난 다음에는 식인종은 한 명도 없고, 예수 믿는 사람들로 가득 차게 되었다는 것입니다. 존 케디 한 사람의 변화로 한 나라가, 한 섬이 변화되었습니다.

오늘 내가 꼬인 인생과 사주팔자가 바뀌고 변화된다면 우리의 가정이 변화될 것입니다. 교회 예배당이 변화가 됩니다. 대한민국은 변화됩니다. 그러면 내가 변해야 세상이 변하는데 우리가 어떻게 해야 변할 수 있을까요? 예수 안에 있어야 변합니다. 본문 5장 17절을 보면 "그런즉 누구든지 그리스도 안에 있으면 새로운 피조물이라 이전 것은 지나갔으니 보라 새 것이 되었도다"라고 했습니다. "변하다"는 말이 히브리어로는 「하파크」라고 합니다. 그 뜻은 '빙그르 돌다', '뒤집어엎다', '돌아온다.'라는 것입니다.

변한다는 것을 180도 빙그르 돌아서 주님께로 돌아오는 것입니다. 썩고 병들고 타락한 내 삶을 완전히 뒤집어엎어 버리는 영적 혁명이 「하파크」인 것입니다. 우리는 그리스도와의 만남을 통하여 새 사람이 된 것입니다. 수양과 도덕으로 교육을 통해서 형벌을 통해서 사람은 새로워질 수 없습니다. 교도소에 갔다 온 사람들이 또 다시 범죄를 저지르는 것을 보면 알 수 있습니다. 교도소에서 사회와 격리는 시키는 형벌을 가하고 수양과 도덕을 교육하지만 그들은 새롭게 변하지 않았던 것을 볼 수 있습니다.

오로지 그리스도와 만남을 통해서만 성령의 역사로만 완전히 새로워질 수 있습니다. 미국에 예수 잘 믿는 아내를 둔 술주정뱅이가 있었는데 어느 날 친구들과 술을 많이 마시고 나서 취중에 하는 말이, "내 아내는 아무리 술이 취해서 오밤중에 들어가도 친절하게 맞아주고 술상도 차려달라면 차려주고 발도 씻어 주고 아주 친절하게 서비스를 잘 해준다."고 자랑을 하니까, 정말 그렇다면 우리 모두 술 마시고 밤늦게 쳐들어가 보자고 하고는 여러 사람이 술에 잔뜩 취해서 들어가서 "술상을 봐 와라, 음식을 차려라, 별별 요구를 다 해도 웃으면서 친절하게 다 해 주더랍니다." 거짓말이 아닌 것을 알고 다음 날 친구 중의 하나가 친구 부인에게 찾아 물었습니다.

"어떻게 그 귀찮은 일을 얼굴 한 번 안 찡그리고 친절하게 다 해 줄 수가 있느냐!" 친구의 부인이 대답하기를, "저와 제 남편이 예수 믿기 전에 결혼했는데 후에 저는 예수 믿고 구원받았는데, 제 남편은 저렇게 예수 안 믿고 방탕한 생활을 합니다. 저대로 살면 내 남편은 영원히 고통을 받는 지옥의 형벌을 받을 터인데 이 세상 사는 동안에라도 즐겁게 해 드려야 할 것이 아니겠습니까?"라고 말하는 것입니다.

이 말에 그 친구가 크게 감동하고 자신도 예수를 믿어야 하겠다고 생각하고 다음 날부터 교회를 찾아가 예수를 믿었고, 결국 그 남편도 예수 믿고 술 끊고 좋은 신자가 되었다고 합니다.

이처럼 예수를 만나 그분을 믿게 되면 내가 먼저 변화를 받고, 변화를 받으면 변화된 삶의 모습으로 자연히 전도도 할 수 있고, 전혀 변하지 않을 것 같은 사람도 주님의 사랑에 녹으면 주님의 품으로 돌아올 수밖에 없는 것입니다.

예수를 아는 것만으로는 변하지 못합니다. 예수를 공부하는 것만으로도 변하지 못합니다. 교회를 다니는 것만으로도 변하지 못합니다. 오늘 여기서 예수님을 만나야 합니다. 오늘 여기서 예수님을 내 심령에 주인으로 모셔야 합니다. 내가 예수 안에 있어야 합니다. 그리고 바울이 아나니아의 안수받고 성령으로 세례를 받은 것과 같이 성령으로 충만 받아야 합니다. 그래야 변합니다.

1833년 찰스 다윈이 자신이 주장하는 진화론을 뒷받침할 진화의 흔적을 찾기 위해 식인종이 살고 있는 섬을 찾아갔습니다. 거기서 그는 식인종들을 관찰했습니다. 그리고 그가 내린 결론은 이들보다 더 원시적이고 퇴화한 인간은 있을 수 없다는 것이었습니다. 그리고 그 어떤 방법이나 노력으로도 식인종들의 야만성과 저급한 인격과 혐오스러운 풍속으로부터 그들을 벗어나게 할 수는 없다는 결론을 내렸습니다. 한마디로 그는 식인종들은 희망도 없고 변화도 기대할 수 없다는 것을 확인했습니다.

그로부터 34년이 지난 후 그가 그 섬을 다시 찾아갔을 때 그는 놀라운 기적들을 목격하게 되었습니다. 그 섬에 살고 있는 식인종들은 교회와 학교에 다니고 있었으며 가정에선 예배를 드리고 있었습니다. 그것은 존 페이튼 선교사가 그 섬에 들어와 예수의 복음을 전했기 때문이었습니다.

남태평양의 피지섬 원주민도 식인종이었습니다. 그들 역시 선교사가 섬에 들어오면 닥치는 대로 잡아먹었습니다. 그러나 예수의 복음이 그들 심령 속에 박히면서부터 변화되어 지금은 원주민 90% 이상이 예수를 믿고 있습니다. 아무리 사람을 잡아먹는 식인종이라 할지라도 예수를 믿으면 새롭게 변화될 수 있습니다.

"주 예수보다 더 귀한 것은 없네" 102장 찬송을 작곡한 복음성가 가수 세어(cleverly Shea)에게 누가 물었습니다. "당신은 하나님에 대해 무엇을 알고 있습니까?"라고 "저는 하나님에 대해 많이 알고 있진 못합니다. 그러나 그분께서 나의 운명과 삶을 변화시켜 주셨다는 것을 알고 있습니다."라고 대답했습니다.

그렇습니다. 하나님은 나를 살리셨습니다. 위기에서 건져주셨습니다. 그리고 나를 변화시켜 주셨습니다. 이제 우리는 옛사람이 아닙니다. 옛사람은 그리스도와 함께 십자가에 못 박혀 청산해 버리고 말았습니다. 우리는 주님을 만나 그분 안에 거하게 되었고, 그리스도 안에서 새사람이 되었습니다. 그리고 하나님의 영광으로 충만한 삶을 살 수 있게 되었습니다.

강화읍교회에 팔십 고령에 이르는 김씨 성을 가진 노인이 있었습니다. 자녀와 친척도 없이 일찍이 홀몸이 된 김 노인은 늘 외롭게 살았습니다. 다만 김 노인에게는 복섬이라 부르는 여종이 있었습니다. 하루는 이 노인이 예수님에 대한 복음을 전해 듣고 스스로 지내온 과거를 뉘우치고 예수님을 구주로 믿기로 결심했습니다. 하지만 김 노인은 한글을 알지 못해서 성경을 읽지 못해서 답답해했습니다. 글을 읽지 못해서 근심하던 김 노인은 어느 날 한글을 공부하기로 결심했습니다. 또한 성경을 읽으면서 종을 거느리는 것이 죄가 됨을 깨닫게 되었습니다.

하루는 교우들을 집으로 초청하고, 여종 복섬이도 함께 참석하라고 했습니다. 그리고 마태복음 18장 15절부터 20절까지 읽은 후에, 여러 사람들 앞에서 종 문서를 불살라버리고 복섬이에게 이렇게 말했습니다. "내가 오늘 이 시간부터 너를 종으로 대하지 않고 딸로 여기겠다. 그리고 앞으로는 나와 함께 예배당에 다니자." 이로써 김 씨 노인의 집에는 웃음이 가득 찼으며, 종을 거느리는 이웃 사람들에게 본이 되었습니다.

복음은 듣는 사람을 변화시킵니다. 당연하게 했던 것들도 다시 생각하게 하고, 그래서 그 행동을 바꾸게 해 줍니다. 이것이 복음의 능력입니다. 복음은 우리를 가만히 있도록 하지 않습니다. 우리의 삶을 변화시키고, 우리의 말과 생각과 행동을 변화시킵니다. 그것은 바로 우리 존재 자체가 성령으로 새롭게 변화되었기 때문입니다(고후5:17).

예수를 만나면 사주팔자가 바뀌고 인격이 변합니다. 여리고의 세리장 삭개오를 보십시오, 그는 지독한 물질주의자이었습니다. 이러한 그가 예수님을 그 마음에 모시고 나니 "……주여 보시옵소서. 내 소유의 절반을 가난한 자들에게 주겠사오며……."(누가복음 19:8)하고 삶의 대전환이 이루어졌습니다.

수가성의 바람난 여인을 보십시오, 그녀는 향락주의자이었습니다. 남편 다섯을 갈아치울 정도이니 대단한 여자입니다. 그러한 여자도 우물가에서 주님을 만난 이후에 "…물동이를 버려두고 동네에 들어가서 사람들에게 이르되 나의 행한 모든 일을 내게 말한 사람을 와 보라 이는 그리스도가 아니냐!"(요한복음 4:28-29)하고 예수 신랑을 맞이한 이후에 그 인생은 달라졌습니다.

다소 사람 사울을 보십시오, 그는 그리스도인을 죽이려고 다메섹으로 가다가 주님을 만나 금식하고 아나니아로 부터 안수받고 성령으로 세례를 받아 "즉시로 각 회당에서 예수의 하나님의 아들이심을 전파하니"(사도행전 9:20) 듣는 사람들이 다 놀랐습니다.

예수 안에 있으면 수전노도 변하고, 쾌락주의자도 변하고, 율법주의자도 변합니다. 그래서 바울은 "그런즉 누구든지 그리스도 안에 있으면 새로운 피조물이라 이전 것은 지나갔으니 보라 새것이 되었도다"(고린도후서 5:17)고 했습니다. 예수 안에 있으면 우리도 변화될 수 있습니다.

그리스도인의 최대 과제는 자신으로부터 시작하여 가정과 교회와 사회와, 더 나가서는 온 세상을 새롭게 변화시키는 것입니다. 내가 변하는 일은 물질로도, 정치로도, 교육으로도, 그 어떠한 제도로도 해결될 수 없는 과제입니다. 쓸모없는 휴지나 폐지들이 제지 공장으로 들어가면 얼마 후 멋진 새 종이가 되어 나옵니다. 쓸모없는 쇠붙이들이 용광로에 들어가면 값비싼 철강재가 되어 나옵니다.

마찬가지로 예수 믿고 그 안에 있으면 나는 변하고 새사람이 됩니다. 내가 변하여 새사람 되면 세상도 변하고 가정도 변하고 사람도 변합니다. 이왕에 변할 것이면 좋게 변합시다.

예수 믿고 예수 안에 있게 될 때 내가 변할 수 있습니다. 내가 변하면 다른 사람이 변하고 힘든 가정과 문제가 변한다는 진리를 믿고, "주여, 나를 변화시켜 주옵소서." 하고 기도합시다.

로마서 8장 5,6절에 보면 "육신을 좇는 자는 육신의 일을, 영을 좇는 자는 영의 일을 생각하나니 육신의 생각은 사망이요 영의 생각은 생명과 평안이니라"고 하였습니다. 즉 생각을 주장하는 것이 곧 영이라는 사실입니다. 요한복음 14장 26절 "보혜사 곧 아버지께서 내 이름으로 보내실 성령 그가 너희에게 모든 것을 가르치시고 내가 너희에게 말한 모든 것을 생각나게 하시리라"고 하였습니다. 그래서 성령은 우리의 생각을 지배하시기를 원하십니다.

또한 마귀도 마찬가지입니다. 요한복음 13장 2절에 보면 마귀가 가룟 유다에게 예수를 팔려는 생각을 넣었다고 말씀하고 있습니다. 이렇게 사람의 생각은 교육이나 자기의 노력을 통하여 변화시킬 수 없다는 것입니다. 즉 생각은 '자기 의지'가 아니라 '자기 본능'입니다.

본능인 것은 내가 하려고 힘쓰는 것이 아니라 그냥 안에서 밀려 나오는 것입니다. 그래서 내 영 안에 누가 있는지가 중요합니다. 내 안에 성령이 계시면 성령의 생각이 밀려 나오는 것입니다. 그게 꿈입니다.

그러므로 나에게 어떤 꿈이 일어나는가를 보면 내 안에 누가 있는지 알 수 있습니다. 시편 1편 2절에 "오직 여호와의 율법을 즐거워하여 그 율법을 주야로 묵상하는 자로다"라고 하였는데 이것은 성경 구절을 암송한다는 뜻이 아닙니다. 생각이 성령에 잠겨 있어 되어지는 현상입니다.

그러니까 오늘날 성경을 암송하는 성도는 많은데 묵상을 못하는 성도들이 많이 있습니다. 그러므로 생각 자체가 성령에 잠겨 있어야 합니다. 그럴 때 생각 속에 있는 하나님의 꿈이 변화되어, 하나님께 귀하게 쓰임 받을 수 있는 것입니다.

그렇게 생각이 변화된 사람은 곧 말이 변화됩니다. 말도 여러 가지가 있습니다. 인간의 말이 있고, 사단의 말이 있으며, 성령의 말도 있습니다. 인간의 말은 그 특징이 부정적이며, 소극적이고, 과거 지향적입니다. 그러나 성령께서 주시는 말은 부정적인 말이 아니라 긍정적인 말이고, 소극적인 말이 아니라 진취적이며 적극적인 말이고, 과거지향적인 말이 아니라 창조적이며, 미래 지향적인 말입니다.

그래서 그 사람의 말에 들어보면 그 사람이 성령의 사람인지, 사단의 사람인지, 자기 스스로에 걸려 사는지를 알 수가 있습니다. 야고보 사도는 큰 배가 움직이는 것이 작은 키로 움직이듯이 사람은 혀에 의하여 움직인다는 것입니다.

그러나 참으로 사람의 말은 쉽게 변화되지 않습니다. 야고보 사도는 인간의 지체 중에 가장 길들이기 힘든 지체가 "혀"라고 하였습니다. 그러기에 사람의 말도 하나님에 의해서 변화가 되어야 합니다. 하나님께서 사람을 부르시면 하나님의 비전을 보여주시고, 생각을 바꾸게 하시어 말을 변화시키십니다.

아브라함에게 뭇별을 보여준 후 그의 생각이 바뀌게 하시고, 그의 이름을 바꾸어 주십니다. 아브람을 아브라함으로 사래를 사라로 말을 바꾸어 주시는 것입니다. 요셉도 열 한 별을 본 후에 말이 변화되었습니다. 요셉은 형들의 잘못을 아버지에게 고자질하길 좋아했습니다. 그러나 열 한 별을 본 후에는 그의 본 것을 말하는 것입니다. 그러기에 사람은 '무엇을 보느냐? 누구를 보느냐?'가 참으로 중요한 것입니다. 거기서 나오는 게 말입니다.

하나님이 인간을 만들 때 하나님의 형상을 따라 하나님의 모양으로 만들었기 때문에 인간에게는 무한한 능력이 있습니다. 정말로 개발만 된다면 엄청난 능력 있는 삶도 살 수가 있습니다. 그 능력이 과학입니다. 문제는 그 능력으로 복제 개, 복제 돼지, 복제 소를 만들었습니다. 이는 복제 사람도 만들 수 있다는 얘기입니다.

오직 우리는 예수그리스도 안에서 새로운 피조물이 될 수 있다는 바른 믿음을 가지고 하나님께 영광을 돌리며 삶에 풍성한 은혜가 있게 되시길 축원합니다.

11장 물질로 꼬인 인생을 바꾸려면 이렇게 해보세요.

하나님은 예수님을 믿고 예수님을 주인으로 모시고 살아가는 성도를 재정으로 축복하십니다. 이유는 예수님을 믿을 때 가난하게 살아야만 하던 자신은 예수님과 함께 십자가에서 죽었고, 다시 부요하신 예수님으로 태어나 예수님의 팔자로 살아가기 때문입니다. 하나님은 (고후 8:9)"우리 주 예수 그리스도의 은혜를 너희가 알거니와 부요하신 이로서 너희를 위하여 가난하게 되심은 그의 가난함으로 말미암아 너희를 부요하게 하려 하심이라" 하나님은 우리에게 소원을 두고 하나님의 일을 이루어 가십니다. 그런데도 우리는 왜 가난한가? 가난한 것은 과연 좋은 것인가? 가난하게 사는 것이 하나님의 뜻인가? 마귀의 저주인가? 이와 같은 의문들이 저의 머리를 복잡하게 해주었습니다. 그래서 신약과 구약의 성경을 보니 성경에 기근이나 물질적 궁핍이나 절망 상태에 빠진 사람들이 하나님의 은혜로 기적적인 도움을 받은 사건들이 여러 곳에 기록되어 있었습니다. 그래서 오늘 저는 여러분과 함께 가난한 것은 하나님의 뜻인가? 그렇지 않은가? 을 확실히 살펴보고 가난 문제에 대한 우리의 분명한 뜻을 결정하고자 하는 것입니다.

첫째. 신구약 성경에는 기근이나 물질적 궁핍이나 절망 상태에 빠진 사람들이 예수님을 믿고 예수님을 만나 살아계신 하나님의 은혜로 기적을 체험한 사건들이 여러 곳에 기록되어 있습니다.

1) 열왕기상 17장 8절로 16절에 기록된 사건입니다. 이스라엘 아합왕의 시대에 그 아내 이세벨의 충동으로 말미암아 온 나라가 바알과 아세라신을 섬기는 우상숭배로 떨어지고 말았습니다. 여호와의 선지자들은 다 잡아 죽이고 혹은 가두고 여호와를 섬기는 신앙은 이스라엘에서 금지되고 사라졌습니다. 하나님이 진노하사 선지자 엘리야를 아합왕에게 보내어서 3년 6개월 동안 이스라엘의 우로가 없을 것이고 말했습니다. 그날 이후로부터 시작해서 하늘이 놋같이 푸르고 전혀 우로가 없으매 모든 산천초목이 다 불타 죽고 마실 물조차 없고 기근이 극심하여 수많은 사람이 죽었습니다. 그때 그릿 시내가에 숨어있던 엘리야에게 하나님이 이렇게 말씀하십니다. “너는 일어나 시돈에 속한 사르밧으로 가서 거기 머물라 내가 그곳 과부에게 명령하여 네게 음식을 주게 하였느니라(왕상 17:9절)” 하나님의 종 엘리야는 시돈의 사르밧으로 가라는 하나님의 음성을 듣고 이방 땅 시돈의 사르밧으로 갔습니다. 그곳에 가니까 한 과부가 성문에서 나무를 줍고 있었습니다. 엘리야가 그 과부에게 이렇게 말했습니다. 빨리 집에 가서 물 한 그릇을 가지고 와서 나에게 마시게 하라, 그가 물을 가지러 가려고 할 때 다시 엘리야가 이렇게 말합니다. “그를 불러 이르되 청하건대 네 손의 떡 한 조각을 내게로 가져오라” 그러니까 그 부인이 하는 말이 나는 우리 집에 밀가루 한 움큼과 기름병에 기름 조금 밖에 없소. 그것으로 마지막 과자를 구워서 자식하고 나누어 먹고 죽으려고 합니다.

그러나 엘리야가 말하기를 당신이 나의 말을 믿고 그렇게 하면

이 가뭄이 지날 때까지 너의 밀가루 통에 너의 밀가루가 떨어지지 아니하고 기름병에 기름이 마르지 아니하리라고 말했습니다. 과부가 엘리야의 말을 믿고 과부가 가서 그 과자를 굽고 물을 가져와서 엘리야에게 주니 이 엘리야가 그 물을 다 마시고 그 과자를 다 먹었습니다. 그리고 그 과부의 집에 우거하는데 엘리야가 말한 그대로 그 밀가루 통에 밀가루가 먹고 나면 또 생기고 먹고 나면 또 생기고 기름병에 기름을 붓고 나면 또 생기고 3년 6개월 동안 가뭄이 지날 때까지 그 식구가 다 먹고 마시고 기근을 피할 수가 있었습니다.

2) 열왕기하 4장 1절로 7절에 기록된 사건입니다. 엘리사 선지자가 선지 학교를 경영하고 있었는데 그 학생 중에 한 사람이 죽었습니다. 그러자 그 학생의 아내와 두 아들이 채주에게 빚을 갚지 못함으로 그 채주가 그 아들 둘을 잡아서 팔려고 했었습니다. 그러자 그 과부가 엘리사 선지자에게 와서 눈물로 호소했었습니다. 우리 남편이 살아있을 때 여호와를 잘 섬겼는데 세상을 뜨고 난 다음 이제 채주가 와서 아이 둘을 잡아다가 종으로 팔려고 하는데 어떻게 해서든 나를 도와주시옵소서. 그때 엘리사가 물었습니다. “너희 집에 무엇이 있는지 내게 고하라.” 우리 집에는 기름 한 병 밖에는 아무 것도 없습니다. “가서 온 이웃의 그릇을 구하되 많이 구하라. 그리고 문을 닫고 그 그릇에 기름을 부어 넣어라.” 그 과부가 집에 가서 자기 아이들과 함께 그릇을 잔뜩 빌려서 집에 가지고 가서 놓고 문을 닫고 기름병으로 부으니 그릇에 기름이

가득가득해집니다. 또 옮겨 놓고 또 붓고 또 옮겨 놓고 또 붓고 마지막으로 얘야 그릇 가져와라. 어머니 이제 그릇이 없습니다. 그릇이 없다고 하자 기름이 그치고 말았습니다. 그래서 엘리사의 말대로 그 기름을 팔아 빚을 갚고 나머지로써 그들이 생활할 수가 있었다는 기록입니다.

3) 요한복음 6장 1절로 13절에 있는 사건입니다. 벳세다 광야에 예수님이 나가셔서 말씀을 증거하고 병자를 고쳤는데 해가 질 무렵에 사람들은 배가 고파서 길거리에 드러누웠습니다. 예수님께서 제자들을 불러 모으시고 저들이 굶어서 저렇게 길거리에 쓰러져 있으니 저대로 버려둘 수가 없다. 너희가 먹을 것을 주라. 그때 제자들이 우리에게 돈이 없습니다. 저들에게 떡을 조금씩 나누어줄지라도 300데나리온이나 되는 돈이 필요할 것입니다. 떡 살 곳도 없습니다. 흩어 보내는 것이 좋습니다. 그럴 때 예수님께서는 안드레가 한 아이가 내놓은 보리떡 다섯 개와 물고기 두 마리로 축사하시고 남자만 5천명 부녀를 합치면 2만 명을 배불리 먹이고 12 바구니나 남게 한 그러한 사건이 기록되어 있는 것입니다.

이와 같은 말씀을 종합하여 볼 때 하나님은 성도들에게 복을 주시는 하나님이십니다. 그래서 하나님에게 문제를 가지고 와서 하나님에게 아뢰면 하나님은 나에게 있는 것으로 그 가난의 고통을 청산하게 하십니다. 절대 어디에서 빌려다가 가난을 청산하게 하시지를 않고 나에게 있는 것을 통해서 역사하여 가난을 극복하게 하십니다. 하나님은 너에게 있는 것이 무엇이냐, 하십니다. 사랑하는 여러분 그러므로 가난의 고통을 하나님에게 가지고 나오시기를 바랍니다. 하나님이 너에게 있는 것이 무엇이냐, 하시면 나에게 이것이 있습니다. 하고 들고나오면 하나님은 나에게 있는 것 가지고 문제를 해결하게 하십니다. 여러분 하나님은 절대로 다른 곳에서 빌려서 자신이 당한 고통을 해결하시지 않는다는 것을 명심하시기를 바랍니다. 내가 가지고 있는 것을 가지고 하나님이 가난의 고통을 해결하여 주신다는 것을 믿으시기를 바랍니다.

여러분 일점일획도 틀림이 없는 하나님의 말씀을 믿으시기를 바랍니다. 인간 방법 동원하여 해결하려고 해도 소용이 없습니다. 우리가 보이지 않아서 그렇지, 가난의 뒤에는 귀신이 역사하고 있기 때문입니다. 마귀는 우리 인간의 힘만으로는 어찌할 수 없는 초인적인 존재입니다. 오직 초자연적으로 천지를 주장하시는 성령 하나님의 역사가 있어야 떠나가는 것입니다. 그러므로 문제를 들고 하나님에게 나와서 성령 충만을 받고 성령께서 알려 주시는 지식의 말씀과 지혜의 말씀으로 가난의 고통을 청산하시기를 바랍니다. 하나님의 역사로 가난이 청산될 수 있다는 믿음이 중요합니다. 믿으면 해결됩니다. 하나님은 지금도 말씀하십니다. 수고하고 무거운 짐을 진 자들아, 다 나에게로 나오라고 하십니다. 성령의 음성을 듣고 순종하면 승리하는 것입니다. 예수님을 믿으시기를 바랍니다.

둘째, 천지를 지으신 하나님의 뜻. 하나님이 지으신 세계를 보십

시오. 하나님이 지으신 세계에 가난이 어느 곳에 있습니까? 하늘에 저 해와 달과 그저 수많은 별을 보십시오. 하늘나라에 하나님이 지으신 모든 천지 전체는 절대로 하나님이 가난하다고 말하고 있지 않습니다. 우리가 이 지상에 살면서 이 지상에 부여함을 보십시다. 그 말할 수 없이 많은 종류의 꽃들과 풀 그 말할 수 없는 실과나무들 그리고 곤충들 짐승들 새들 물고기들을 보십시오. 주님께서 지으신 만물 중의 하나도 가난한 것이 없습니다. 온천지는 태양이 찬란히 비치고 하늘은 높고 푸르고 지구는 하나님께서 만드신 이 우주에서 가장 아름다운 곳이며, 여기에 갖가지 열매 맺는 풀과 나무가 나고 있습니다. 새들은 날고 물고기는 헤엄치고 농산물은 잘되고, 가지가지 동식물이 있고, 인간이 살아가고 있는 이 세계를 어찌 하나님이 가난하게 만들었다고 생각할 수 있는 것입니까? 하나님은 천지를 풍요롭게 만든 것을 보게 될 때 만드신 만물 가운데 하나님의 성품이 분명히 보여 알게 된다고 성경이 말했으므로 하나님은 가난한 하나님이 아니라, 풍요로운 하나님이며 하나님은 가난을 즐기는 것이 아니라, 풍요를 즐긴다는 것을 알 수 있는 것입니다.

이러기 때문에 우리는 하나님의 성품을 알고서 하나님을 믿을 때 그와 같은 믿음을 가져야만 하는 것입니다. 주님께서는 아담과 하와에게 에덴의 낙원을 지어 주셨습니다. 상함도 없고, 해함도 없었습니다. 에덴에는 먹을 것과 있을 곳이 충분했었습니다. 얼마나 좋았기에 그곳을 이름 지어 낙원이라 했겠습니까? 만약에 하나님이 인간들이 가난하게 살기를 원하셨다면 에덴동산도 모든 것이 풍족하지 못한 불모지로 만드셨을 것입니다. 그러나 에덴동산은 모든 것이 풍성했다고 성경은 증명하고 있습니다. 그런 에덴동산에서 아담과 하와가 쫓겨난 유일한 이유는 하나님의 말씀을 믿지 못하고 마귀의 음성에 순종하므로 하나님을 반역하고 하나님의 권좌를 찬탈하려고 하다가 반역자로서 쫓겨났다는 것입니다.

아담과 하와가 하나님으로부터 쫓겨났기 때문에 이 지구는 저주받고 가시와 엉겅퀴가 나고, 그래서 비로소 인간 생활에 가난이란 것이 들어오게 된 것입니다. 하나님이 가난을 만든 것이 아니라, 아담과 하와가 하나님의 말씀을 믿지 않고 마귀와 손을 잡고 하나님을 반역하므로 인하여 하나님의 진노를 받아서 하나님과 멀어졌기 때문에 오늘날 가난하게 된 것입니다. 그러므로 가난은 연단이 아니라 불행입니다. 성경은 그렇게 말하고 있습니다.

창세기 3장 17절로 19절에 "아담에게 이르시되 네가 네 아내의 말을 듣고 내가 너더러 먹지 말라한 나무실과를 먹었은즉 땅은 너를 인하여 저주를 받고 너는 종신토록 수고해야 그 소산을 먹으리라 땅이 네게 그 가시 덤풀과 엉겅퀴를 낼 것이라 너의 먹을 것은 밭의 채소인즉 네가 얼굴에 땀이 흘려야 식물을 먹고 필경은 흙으로 돌아가리니 그 속에서 네가 취함을 입었음이라 너는 흙이니 흙으로 돌아갈 것이니라 하신지라"

이 성경 말씀을 보면 가난과 죽음이란 것은 하나님의 진노이지 하나님의 복이 아니라는 사실을 우린 분명히 알 수 있는 것입니다.

그러기 때문에 우리 인간은 숙명적으로 가난해야 한다고 생각할 수 없는 것은 우리가 회개하고 예수를 구주로 믿고 하나님께 나오면 하나님의 진노에서 사함을 받기 때문에 우리는 가난과 죽음에서조차도 사함을 받아 하나님의 축복을 얻게 되는 것입니다. 책을 읽는 독자들이여 자신에게 와 있는 가난이 어떻게 해서 생겨났는지 분별하여 해결하시어 하나님의 복을 받으시기를 바랍니다.

셋째, 하나님께서는 성경에 어떠한 하나님이신 것을 우리에게 잘 보여주셨습니다. 하나님은 말씀하기를 나는 아브라함의 하나님이요 이삭의 하나님이요 야곱의 하나님이라고 말한 것입니다. 아브라함과 이삭과 야곱은 우리 믿음의 조상이란 것을 잘 알고 있습니다. 우리는 아브라함과 이삭과 야곱의 믿음을 본떠서 살려고 애를 많이 쓰고 있습니다. 바로 하나님조차도 부끄러움 없이 나는 아브라함의 하나님이요, 이삭의 하나님이요, 야곱의 하나님이라고 말했습니다. 우리가 아브라함이나 이삭이나 야곱을 볼 때 그들이 도덕적으로 완전한 사람들은 아니었었습니다.

그들은 스스로 실수도 잦고 죄도 많았었습니다. 그러나 그들이 하나님을 믿고 하나님께 순종하려는 그 투철한 마음은 절절했었습니다. 하나님께서 그들의 믿음을 보시고 그들의 죄를 용서하시고 그들을 의롭다고 말씀하셨습니다. 그리고 하나님께서 아브라함과 이삭과 야곱을 어떻게 대하셨습니까? 우리 하나님께서 그 믿음의 조상들을 철저히 가난하게 만들었습니까? 아닙니다. 가난은 하나님으로부터 온 것이 아닙니다. 하나님은 아담이 하나님을 반역함으로 가난하게 되었지마는 아브라함과 이삭과 야곱은 복 내리실 때, 우리 하나님께서는 환경적인 축복도 많이 주셨습니다.

그들은 물론 고난은 많이 겪었습니다. 사람은 고난을 통해서 깨어지고 하나님께 순종함을 배우기 때문에 고난의 삶은 인생을 사는 동안에 면할 수는 없습니다. 그러나 가난은 하나님에게 순종하면 하나님께서 면케 해주시는 것입니다. 아브라함은 창세기 13장 1절로 2절에 이렇게 살았다고 기록하고 있는 것입니다. "아브라함이 애굽에서 나올새 그와 그 아내와 모든 소유며 롯도 함께하여 남방으로 올라가니 아브라함에게 육축과 은금이 풍부하였더라." 여기에 가난했단 말은 없습니다.

육축도 풍부하고 은금 즉 돈도 풍부하게 있었습니다. 그러므로 아브라함이 적 빈한 삶을 살지 않았었습니다. 창세기 24장 35절로 36절에 보면 아브라함의 종이 아브라함의 며느리를 얻기 위해서 보내셨을 때, 그가 며느리가 될 수 있는 그 집안에 가서 그 주인에 대해 보고할 때 이렇게 했습니다.

"하나님께서 나의 주인에게 크게 복을 주어 창성케 하시매, 우양과 은금과 노비와 약대와 나귀를 그에게 주셨고, 나 주인의 부인 사라가 노년에 나의 주인에게 아들을 낳으매 주인이 그 모든 소유를 그 아들에게 주었나이다." 여기에 종조차 다른 사람에게 말하기를 그의 주인 아브라함은 우양과 은금과 노비와 약대와 나귀를 풍부하게 주셨다고 그렇게 증거하고 있습니다.

그러므로 아브라함은 많은 고난을 받고 깨어져서 순종함과 믿음은 배웠지마는 아브라함은 물질적으로 가난에서 궁핍하지는 않은 것입니다. 그러면 아브라함의 아들이삭은 어떻게 되었을까요? 창세기 26장 12절로 14절에 보면 “이삭이 그 땅에서 농사하여 그해 백배나 얻었고 하나님께서 복을 주심으로 그 사람이 창대하고 왕성하여 마침내 거부가 되어 양과 소가 떼를 이루고 노복이 심히 많으므로 블레셋 사람이 그를 시기했다”라고 말한 것입니다. 그리고 이방 사람들이 너는 하나님에게 복을 받은 자로다, 라고, 인정했다고 기록되어 있습니다. 하나님은 말만 하시는 하나님이 아니십니다. 말씀하시고 순종하면 이루시고 눈으로 보이게 축복하십니다.

여러분도 예수님을 믿고 눈으로 보이는 하나님의 복을 받는 체험을 하시기를 바랍니다. 여기에 하나님이 복을 주면 그 물질적인 생활에 창대함을 얻는다고 말하고 있는 것입니다. 하나님께서 저주하매 아담과 하와가 에덴에서 쫓겨나서 이마에 땀을 흘려야 먹고살고 가는 곳마다 가시와 엉겅퀴가 난 것입니다. 그러므로 가난은 불행이지 복이 아닙니다. 고로 가난은 하나님의 뜻이 아닙니다. 그럼, 야곱은 어떻게 했을까요? 야곱은 창세기 32장 10절에 보면 “나는 주께서 주의 종에게 베푸신 모든 은총과 모든 진리를 조금이라도 감당할 수 없사오나 내가 내 지팡이만 가지고 이 요단을 건넜더니 지금은 두 떼나 이루었나이다.” 야곱은 하나님 앞에서 기도할 때 고백했습니다.

나는 지팡이 하나만 집고 요단을 건너, 외 아저씨 집으로 이십년 전에 도망을 쳤는데, 이십년 후에 고향으로 돌아올 때는 "바다의 모래같이 많은 수의 한 떼 두 떼 짐승을 거느린 동방에서 제일가는 거부가 되어서 돌아오게 되었나이다."라고, 고백할 수 있었던 것입니다. 이와 같이 하나님께서는 복을 주시면 물질적인 생활환경도 창성케 하는 것입니다. 사람들은 생각하기를 가난하고 헐벗고 굶주리고 땟물이 꽤 재재하게 되어서, 주여! 주여! 하고 있으면 복 받은 사람이라고 생각하는 이러한 사람들도 있습니다만 실제는 그렇지 않습니다. 성경은 하나님의 복은 우리의 현실 생활까지 창성케 하고, 하나님을 멀리하고 하나님의 뜻을 거역하면 하나님의 심판을 받고 진노를 받으며, 마귀가 저주하게 되므로 현실 생활조차도 가난하고 저주로 꽉 들어차게 된다는 것을 보여주는 것입니다.

이스라엘 백성이 애굽에 나가서 430년 동안 종살이했지마는 애굽 사람이 얼마나 두려워할 정도로 이스라엘은 하나님의 복을 받아 창대하게 되었다고 말한 것입니다. 이스라엘 백성을 애굽에서 이끌어낼 때 너는 저 가난이 줄줄 흐르는 저주받은 가나안 땅으로 가자 그렇게 말 안 했습니다. 젖과 꿀이 흐르는 가나안땅으로 가자, 그랬습니다. 하나님이 예비한 것은 젖과 꿀이 흐르는 땅이지 가난이 흐르는 저주받은 땅이 아니었던 것입니다. 이 사실을 보게 될 때, 하나님은 복을 주실 때는 환경적으로 물질적인 축복도 넘치게 주시는 하나님이라는 것을 알 수 있고, 하나님이 진노하실 때는 가난과 죽음이 같이 따른다는 것을 우리는 잘 알 수 있는 것입니다.

넷째, 우리는 가난을 청산하고 복된 삶을 살기 위해서 어떻게 해야 할까요? 두말할 필요 없이 "예수로 죽고 예수로 살아야 합니다." "그 나라와 그 의를 먼저 구하라, 그리하면 이모든 것을 네게 더하시리라." 했는데, 우리 예수 믿는 사람이야 하늘나라를 구하고, 하늘나라 의인 예수 그리스도를 구할 것은 당연한 이치입니다. 그런데 하늘나라와 하늘 의를 구하면서 우리의 생각이 달라져야 하는 것입니다. 우리의 생각이 전통적으로 가시와 엉겅퀴로 꽉 들어차서 패배 의식 가난 의식으로 마음이 꽉 들어차 있으면 하나님께서 그 부정적인 마음을 통하여 절대로 복을 내릴 수가 없습니다.

이러므로 우리는 말씀과 성령의 역사로 마음이 가난 의식이나 패배 의식에서 놓여남을 받고 이 마음이 하나님의 축복 속에 있어야 합니다. 지킬만한 것보다 네 마음을 지키라 생명의 근원이 이에서 남이라고 말하고 있는 것입니다. 그러므로 우리의 마음을 완전히 청소하고 마음이 긍정적으로 되기 위해서 예수 그리스도의 은혜를 알아야 하는 것입니다. 고린도후서 8장 9절에 기록한 말씀대로 "예수 그리스도의 은혜를 너희가 알거니와 저가 부요하신 자로서 너희를 위하여 가난하게 되심은 저희 가난하심으로 인하여 너희로 부요케 하려 하심이라."라고 말씀하신 것입니다.

예수님은 하늘의 그 말로 다 할 수 없는 부요를 버리시고 인간 생활로 내려온 것은 인간 세계 속에서 저주받아 가난에 허덕이는 우리를 부요케 만들기 위해서 그렇게 하셨다고 말씀하고 계신 것입니다. 예수님은 우리를 영적으로 부요케 만드실 뿐만 아니라, 우리의 현실적인 생활을 부요케 만들기 위해서 주님은 이 땅에 오셨다고 말씀하셨으므로 이 예수를 구주로 모신 사람들은 믿고 그 마음속에 부유 의식으로 꽉 들어 채워 노아야 되는 것입니다.

필자 역시도 예수님을 믿고 성령을 체험하고 성령의 감동에 따라 영적인 전쟁을 하며 살아오다가 보니 서서히 가난이 물러가고 복을 받으며 살아가는 것을 체험하게 됩니다. 저는 개인적으로 예수 믿고 성령을 체험하여 믿음이 자라는 수준에 따라서 환경도 동반 상승한다고 생각하고 체험하고 믿고 있습니다. 제가 지금까지 치유 목회를 하면서 임상적으로 체험한 것은 성도가 예수를 믿고 성령을 체험하고 영안이 열리고 심령이 변하는 만큼 환경도 좋아진다는 것입니다. 만약에 예수를 믿고 교회에 나와 열심히 믿음 생활을 잘하고 있는데도 환경이 바뀌지 않는 다면 원인을 찾아 성령으로 치유해야 합니다. 반드시 성령의 임재가운데 찾으면 원인이 있습니다. 원인을 성령의 역사로 제거하면 환경이 좋아지는 것을 눈으로 보면서 체험하게 될 것입니다. 그러므로 우리가 예수를 믿으면서 나는 늘 못산다, 나는 늘 가난하다는 생각으로 채워놓는다면 그리스도의 모든 사역의 목적을 파괴해 버리고 마는 것입니다. 예수님은 부요하신 자로서 우리를 위해서 가난하게 되셨다고 말한 것입니다. 그것은 우리로 하여금 저의 가난하심으로 인하여 부요케 하려 사심이라고 말씀하고 있는 것입니다.

또한 갈라디아서 3장 13절은 아담과 하와가 가져온 저주를 예수께서 담당하고 청산해 버렸다는 사실을 너무나 분명하게 말하고 있는 것입니다. 한번 읽어봅시다. “예수그리스도의 은혜를 너희가 알거니와 저가 우리를 위해서 가난하게 되었을 뿐아니라 그리스도께서 우리를 위하여 또한 저주를 받은바 되사 율법의 저주에서 우리를 속량하였으니 이는 기록된바 나무에 달린자마다 저주 아래 있는 자라 하였음이라 이는 그리스도 예수 안에서 아브라함의 복이 이방인에게 미치게 하고 믿음으로 성령을 선물로 받게 하라 하셨음이니 예수께서 마지막 아담으로써 십자가에 못 박혀 저주받았으므로 말미암아 아브라함의 복이 이방인인 우리에게 미치게 하려함이라” 이렇게 말씀하고 계신 것입니다. 말씀을 믿어야 복을 받습니다.

하나님은 아브라함과 이삭과 야곱에게 창대한 물질적인 복을 주신 것입니다. 하나님의 뜻은 그리스도 예수를 믿는 사람은 이 아브라함의 복이 이 땅에 사는 동안에 우리에게 미치기를 원하고 계신 것입니다. 이러므로 우리의 생각을 바꾸어야 해요. 우리는 아브라함의 자손들이요, 아브라함의 복을 누리고 살아야만 되는 것입니다. 따라서 우리의 마음속에 가난 의식이나 저주 의식을 완전히 오늘 그리스도의 은혜로서 다 내어 쫓아 버려야만 되는 것입니다. 우리는 자신에게 있는 물질은 모두 하나님의 것이라는 인식이 중요합니다. 잠언서 3장 9절로 10절에도 “네 재물과 네 소산물의 처음 익은 열매로 여호와를 공경하라 (10) 그리하면 네 창고가 가득히 차고 네 포도즙 틀에 새 포도즙이 넘치리라”라고 말씀하신 것입니다. 이러므로 우리는 신앙생활 하면서 하나님께 십일조와 감사예물을 드리는 것을 등한히 하지 말아야 될 것이며, 우리의 생활 속에서 현실적으로 심고 거두는 영의 법칙을 늘 적용해야 하는 것입니다. 우린 고난 없는 삶을 구할 수는 없습니다만, 예수님을 믿고 하나님 앞에서 복을 받아 가난에서 면하게 되는 것은 당연한 이치입니다. 가난과 죽음은 하나님의 진노의 심판이요 마귀의 저주이지, 결코 하나님의 뜻이 아니라는 것을 성경은 우리에게 분명히 말씀하고 있는 것입니다. 이러므로 오늘 예수를 믿는 여러분은 가난 의식과 저주 의식을 마음속에서 다 추방해 버리고, 예수 그리스도 안에서 아브라함의 복을 받아, 영혼이 잘됨. 같이 범사에 잘되며 강건하고 생명을 얻되 넘치게 얻어 자기 주인이신 하나님께 쌓으며 이웃에 구제하며 살아가는 우리가 되시기를 주님의 이름으로 축원합니다.

오늘 이 책을 읽고 있는 분들이여, 오늘 말씀을 지나가는 말로 듣지 마시고 인생에서 가장 중요한 말씀인 줄 아십시오. 오늘 예수님을 믿으심으로 죄와 사망과 사탄으로 해방되는 구원하심의 복, 이 땅에 사는 동안 하나님의 자녀로 보호하심과 인도하심의 복, 물질의 복, 아브라함의 복을 받으며 하늘나라 천국으로 살다가 죽은 후에 그 아름답고 찬란한 영원한 천국으로 입성하는 축복을 다 받으시기를 간절히 바랍니다.

12장 꼬인 인생을 바꾸려면 이렇게 해보세요.

하나님은 성경을 통하여 우리 인간에 대해서 말씀하시기를 온전한 사람이 없다고 말씀합니다. 오늘날 사람들 가운데는 영과 혼이 병든 사람, 육이 병든 사람이 많습니다. 그러나 예수님을 믿는 사람을 만나 예수님을 영접하면 영-혼-육이 온전한 사주와 팔자로 바뀐 삶을 살아가게 됩니다. 성령님께서 주인으로 들어오셔서 영-혼-육을 고쳐서 하나님의 형상으로 바꾸시기 때문입니다.

예수님은 영-혼-육이 병든 사람들을 치유하시고 온전케 하시기 위하여 이 땅에 오셨기 때문입니다. 어떤 이들은 육신의 질병에 대해서는 굉장히 민감하면서도, 영적인 질병에 대해서는 너무나 무감각합니다. 영적인 질병에 대해서는 사람들이 별로 신경을 안 쓰기 때문에, 고질적인 상태에 이를 때까지 방치하는 경우가 많습니다.

열왕기하 5장에 나오는 나아만 이라는 아람 나라의 장군은 문둥병에 걸렸습니다. 그 나라는 부유한 나라로서 치료할 수 있는 약도 많이 있었을 것입니다. 그러나 그는 당대의 엘리사라는 선지자가 하나님으로부터 대단한 능력을 받고 역사한다는 소문을 듣고 엘리사에게 옵니다.

그런데 그에게 엘리사는 그의 영혼의 질병을 먼저 고치는 것입니다. 그가 육신적으로 불치병인 문둥병을 고침받기 전에, 먼저 영적 질병인 교만을 버리고 겸손해지는 변화가 일어났던 것입니다. 그가 문둥병을 고침 받고자 엘리사에게 갔을 때에, 요단강에 가서 일곱 번 목욕하라는 말을 듣고 처음에는 분노했습니다. 그래서 그는 그냥 돌아가려고 했습니다.

이때 그의 부하가 만류하기를 "만일 저 예언자가 더 어려운 일을 하라고 요구했더라도 장군님은 그대로 했을 것입니다. 그런데 겨우 강에 가서 씻기만 하면, 몸이 깨끗하게 된다지 않습니까?" 하면서, 강으로 가서 씻기를 권면했습니다(왕하5:13). "나아만이 이에 내려가서 하나님의 사람의 말씀대로 요단강에 일곱 번 몸을 잠그니 그 살이 여전하여 어린아이의 살 같아서 깨끗하게 되었더라."(왕하5:14).

나아만의 겸손의 태도 변화는 그에게 있어서 해결 받아야 할 제일 중요한 문제가 해결되는 기적을 경험하게 되었습니다. 영적인 질병이 먼저 치유되고 그다음의 육 신적인 문제가 해결되는 대표적인 예라고 할 수 있습니다. 그 하나님은 오늘날도 어느 누구에게나 역사하십니다. 인생의 문제는 그가 지위가 높든 돈이 많든 많이 배운 사람이든 상관없이 어느 누구에게나 있는 법입니다.

전 과학기술처 장관인 정근모 박사는 종로성결교회 장로입니다. 이 시대 과학 분야에 있어서 뛰어난 석학이라고 할 수 있는 정 박사가 예수님을 영접하게 된 이유가 있습니다. 그의 아들이 불치병으로 죽어 가게 되었습니다. 죽어 가는 그 아들을 과학적인 수단으로 원인이 규명될 리 만무합니다. 다른 방도 없이 죽어 가는 그 아들을 속수무책으로 그저 안타깝게 지켜볼 뿐입니다. 누구에게나 자식은 다 귀한 것이겠지만, 정 박사 부부에게는 그 아들이 너무나 소중한 아들이었습니다.

사랑스러운 아들이 죽음을 앞둔 채 고통에 못 이겨 신음하고 있는 모습을 볼 때에, 이분도 괴로워 번번이 잠을 이루지 못하고 뜬 눈으로 밤을 지새웠다고 합니다. 아무리 과학기술과 의학이 발달했고, 자신이 과학자라 하지만, 인간의 힘으로 어쩔 수 없는 그 한계를 느끼면서 말입니다. 그러다가 예수님을 주인으로 영접하고 교회에 나가기 시작했습니다. 그리고 날마다 시마다 기도했습니다. 보통으로 기도를 한 것이 아니라, 생명을 내놓고 하나님께 매달렸던 것입니다.

아들의 생명을 건져 주시든지, 아니면 자신들의 생명을 거두어 가달라고 하면서, 매달렸습니다. 아! 그런데 기적이 일어났습니다. 그 발달한 의술로써도 어떻게 할 수 없다는 불치병에서 정 장관의 아들이 놓임을 받은 것입니다. 거짓말 같은 놀라운 일이 이시대 의 과학자 가정에서도 일어났던 것입니다. 이 가정에도 영적인 치유와 육신적인 치유가 이어서 일어났음을 보여준 것이라고 할 수 있습니다.

오늘 우리에게도 이러한 하나님의 사랑은 변함없이 역사하고 있습니다. 고로 우리도 해결 받아야 할 문제가 있으면 지금도 살아 계셔서 역사하시고 도와주시는 사랑의 주님에게 아뢰시기를 바랍니다. 성령으로 기도하시기를 바랍니다.

오늘 우리의 문제는 무엇입니까? 어떤 문제 때문에 신음하고 있습니까? 그 이유가 무엇 입니까? 그 이유와 문제만 잘 파악한다면 주님의 능력으로 해결함. 받을 수 있습니다. 그러나 그보다 먼저 근본적인 문제의 의식을 잘 이해하여야 합니다. 그러고 나서 그것을 고치려고 노력해야 합니다.

나아만은 자기 스스로 물속에 들어가야 한다는 순종과 엘리사의 말에 따라야 한다는 겸손의 모습을 타의든 자의든 결정하고 따랐을 적에 문제가 해결을 받았습니다. 그런데 오늘 우리 그리스도인들이 그 근본적인 문제, 곧 하나님의 자녀로서 힘써야 할 일은 잊어버리고, 하나님께 집중하지 않기 때문입니다. 성도가 하나님의 복을 받지 못하는 분명한 이유가 있습니다.

첫째, 사소한 일에 마음을 빼앗기는 경우가 있습니다. 나아만 장군도, 엘리사를 왜 찾아갔는지 자칫 그 목적을 망각한 채, 아무 소득도 없이 그냥 돌아올 뻔했습니다. 다행히 그는 지혜로운 사람인지라, 부하의 말에 귀를 기울일 줄 알았습니다. 그래서 그는, 그 당시 그 누구도 고침 받지 못했던 난치병인 문둥병에서 해방되었던 것입니다.

바울 선생은 새사람이 되는 것이 중요함을 강조하고 있습니다. “할례나 무 할례가 아무것도 아니로되 오직 새로 지으심을 받은 자뿐이니라” (갈6:15). “그런즉 누구든지 그리스도 안에 있으면 새로운 피조물이라 이전 것은 지나갔으니 보라 새것이 되었도다” (고후5:17). 정근모 박사가 고백한 것을 보면, “사랑하는 아들이 병 고침을 받아 온전케 됨으로써 새롭게 아들을 얻은 기쁨을 맛보게 된 것도 큰 영광이지만, 그보다 더 큰 기쁨은 자기 자신이 주님을 만나 새 생명을 얻게 된 것"이라고 했습니다.

"예수께서 가라사대 내가 곧 길이요 진리요 생명이니 나로 말미암지 않고는 아버지께로 올 자가 없느니라"(요14:6).

"예수께서 가라사대 나는 부활이요 생명이니 나를 믿는 자는 죽어도 살겠고"(요11:25).

우리에게 있어서 가장 소중한 것은 무엇입니까?

①세상에서의 사소한 이익이나 명예, 아니면 자존심 때문에, 아주 소중한 것을 잊어버리고 있는 것은 아닌지요? 예수님께서 72명의 제자를 파송하면서 여러 가지 당부의 말씀을 하셨습니다. 그러나 제자들이 돌아와서 기껏 하는 말은, "우리가 주님의 이름으로 명령하자, 귀신들이 다 우리에게 복종했습니다."라고 하는 것이었습니다(눅10:17).

이에 예수님이 하신 말씀은 "귀신들이 너희에게 복종했다는 사실을 기뻐하지 말고, 너희 이름이 하늘에 기록된 것을 기뻐하라"라고 했습니다. 이것이 무슨 의미입니까? 오늘 우리는 정말 소중한 생명을 새롭게 얻게 된 것만을 자랑할 수 있어야 합니다.

②복음을 전하여 생명을 구하는 일과, 자기 삶이 더욱 새롭게 되는 일에 마음을 기울이지 않고, 세상의 다른 일에 더 신경을 쓰다 보면, 별것도 아닌 일 가지고 쉽게 좌절하고 낙심합니다. 우리가 세상의 일에 치중하다 보면, 별스럽지 않은 일로 해서 싸움과

다툼을 일으키며 원망하고 미워하는 것입니다. 나아만이 몇 푼어치 되지 않는 권위 의식 때문에, 영영 문둥병에서 벗어나지 못하고 비참하게 죽어 갈 뻔했습니다.

③결국 오늘날도 우리 그리스도인들이 세상 것에 대한 집착을 버리지 못하는 까닭은, 천국 백성으로서, 하나님의 자녀로서 자랑해야 할 것이 뭐인지를 잘 모르기 때문입니다. 예수님은 눅10:20에서 “너희 이름이 하늘에 기록된 것을 기뻐하라”라고 했고, 바울은 갈6:14에서 “우리가 예수의 십자가 외에는 자랑할 것이 없다”라고 했습니다.

그런데 오늘 우리는 무엇을 기뻐하고 무엇을 자랑하며 살아가고 있습니까? 우리가 하늘나라보다 세상에 대하여 더 애착을 갖고 살게 되면, 자꾸 썩어질 것만을 이 땅에 심게 됩니다. 바울 선생은 “사람은 무엇을 심든지 자기가 심은 대로 거둔다”(갈6:7)라고 했고, “자기의 육체를 위하여 심는 자는 육체로부터 썩은 것을 거두고 성령을 위하여 심는 자는 성령으로부터 영생을 거두리라”(갈6:8) 고했습니다. 그렇습니다. 하나님은

둘째, 심은 대로 거두게 하시는 분이십니다. 선을 심으면 선을 거두고 악을 심으면 악을 거둡니다. 악의 열매는 자신이 거둡니다. 어떤 청년이 이웃집과 나란히 살면서 농사를 지었습니다. 어느 날 청년이 이웃집 아저씨와 농사일로 크게 싸웠습니다. 화가 난 이 청년은 밤에 이웃 아저씨 밭에 몰래 잡초 씨를 뿌려버렸습

니다. 그 밭에서 잡초가 무성하게 자라났습니다. 이웃집 아저씨는 해마다 잡초를 뽑느라 정신이 없었습니다.

그 모습을 볼 때마다 이 청년은 고소했습니다. 그러다 이 청년이 이웃집 아저씨의 딸과 연애했습니다. 그리고 결혼하게 되었는데 아저씨는 지참금으로 그 청년에게 그 밭을 주었습니다. 이 청년은 그 밭에서 잡초를 완전히 제거하는 데 30년이 걸렸습니다. 사람들이 원수를 갚아 보지만 결국 마지막에는 자신에게 돌아오는 것은 뼈아픈 통한뿐입니다. 심은 대로 거둔다는 말은 성경이 말씀한 진리입니다.

①겸손히 말씀에 순종하면 우리를 온전케 해주십니다. 기도의 응답과 문제의 해결과 소원의 성취와 하나님이 주시는 은혜와 복을 받으려면, 겸손히 말씀에 순종하는 것입니다. 나아만 장군은 죽으면 죽었지 엘리사의 말을 따르기가 싫었을 것입니다. 하지만 그의 부하는, 문둥병을 치료할 수 있다면 그보다 더 힘든 일도 하지 않겠느냐고, 나아만이 지니고 있는 인간적 교만이라는 문제의 핵심을 찌르고 있습니다.

②끝가지 인내하고 믿음으로 나아감으로써 결국 복을 받게 됩니다. 바울 선생님은 우리에게 "우리가 선을 행하되 낙심하지 말지니 피곤하지 아니하면 때가 이르매 거두리라"(갈6:9)고 권면해 주고 있습니다. 주의 진리를 따르는 우리가 믿음으로 인내하지 못하고 세상 명예와 권위 의식에 사로잡혀서 서로 다투고 싸우면, 우리 스스로가 우리를 배반하는 것입니다.

우리가 추구하는 바가 정말 세상 것이 아니라면, 혹 세상 유혹에 이끌려 다투다가도 다시 주께 돌아와, 우리가 추구하던 바가 무엇인지를 새삼 깨달아야 합니다. 마치 나아만이 엘리사를 만나려던 목적이 무엇인지를 깨달은 것처럼 말입니다. 그러면 하나님께서는 다시금 우리를 은혜의 잔치에 초대해 주실 것입니다. 그래서 우리가 맛보며 살아야 하는 것은 결코 이 세상 것과 족히 비교할 수 없음을 깨닫게 해주실 것입니다.

♬ 찬송가 493장을 불러봅시다.

1절 나 이제 주님의 새 생명 얻은 몸 옛것은 지나고 새 사람이로다. 그 생명 내 맘에 강같이 흐르고 그 사랑 내게서 해같이 빛난다. 영생을 맛보며 주 안에 살리라 오늘도 내일도 주 함께 살리라

2절 주 안에 감추인 새 생명 얻으니 이전에 좋던 것 이제는 값없다. 하늘의 은혜와 평화를 맛보니 찬송과 기도로 주 함께 살리라. 영생을 맛보며 주 안에 살리라 오늘도 내일도 주 함께 살리라

우리는 우리의 것을 찾아야 합니다. 하나님 나라 자녀로서 마땅히 누려야 할 복을 찾아서 그 복을 누려야 합니다. 그래야, 우리가 왜 예수를 믿어야 하는지, 우리 자신이 새롭게 인식할 수가 있고, 다른 사람들에게도 설명할 수가 있습니다. 세상 사람들이 자랑하는 것 가지고, 그들과 똑같이 우리도 그들 속에 끼여 서로 비교하면서 서로 잘났다고 경쟁하게 되면, 도대체 무엇 때문에 예수 믿는 것인지 그 목적을 상실하고 말 것입니다.

그게 아니고 이것이라고 담대하게 말할 수 있으려면, 우리가 그

들 앞에 내세울 수 있는 것이 분명해야 합니다. 그들이 우리가 추구하는 가치를 모를 것 같지만, 그들 마음속에도 하나님의 형상이 남아 있으므로, 우리가 확실한 믿음 갖고 살면 그들도 시인하면서 주께 돌아오게 되어 있습니다. 그러므로 우리는 먼저,

셋째, 내가 다시 태어나 변화된 사람의 모습으로 살아가야 합니다. 아주 우습고 난센스적인 재미있는 이야기가 있습니다. 아주 옛날에 한 검은 고양이가 네로가 미남 청년을 사랑하게 되었답니다. 이 고양이는 "미의 여신 아프로디테라는 신에게 자신을 여자로 만들어 달라고 간청했다. 고양이의 딱한 사정을 가엾이 여긴 여신은 고양이를 아름다운 처녀로 만들어 주었고, 이 미남 청년은 첫눈에 그녀에게 마음이 사로잡혔다. 이들의 첫날밤에 아프로디테신은 고양이가 외모만 변신한 것이 아닌지를 확인하기 위해 신방에 쥐 한 마리를 넣어 보았다. 그러자 처녀가 된 고양이는 자신이 누구인지, 어디에 있는지를 가맣게 잊은 채 침대에서 뛰어내려 쥐를 잡기 시작했다. 여신은 화가 나서 처녀를 본래의 모습으로 되돌려 버렸다." 는 이야기 입니다.

변화된 본연의 신분을 망각하면 이런 고양이 같은 경우에 침몰해 버리는 경우가 된다는 교훈입니다. ①우리는 성령으로 깨달은 말씀대로 사는 일에 박차를 가해야 합니다. 곶감의 예를 들면, "아무리 떫은 감이라도 껍질을 깎고 꼬챙이에 끼워서 햇볕을 잘 쪼이면 달고 맛있는 곶감이 된답니다." 이처럼 인간도 그 영혼을 회개

하는 날카로운 꼬챙이로 꿰뚫고 더러운 행위와 말을 제하여 버리고 하나님의 은혜의 빛을 조이면 이전에 맛없고 떫은 감 같던 사람도 맛있는 곶감 같은 사람으로 변화됩니다. 성령은 예수로 죽고 예수로 살려는 사람에게 역사 합니다.

②이웃에게 복음 전하는 일도 병행을 해야 합니다. 나아만 장군에게 그의 종(從)이 엘리사에 관한 이야기를 들려주지 않았다면, 영영 나아만은 구원받지 못했을 것입니다. 우리 자신이 부족한데도 우리는 전해야 합니다. 우리가 그들을 구원할 능력은 없습니다. 다만 우리는 그들에게 예수를 소개할 뿐입니다.

예수가 우리의 구세주가 되시는 분이라고 말입니다. 혹 그들이 "너나 구원받으라."라고 조롱할지 모릅니다. 그들이 그런 말을 하는 데에는 우리의 책임도 있겠으나, 그들에게 복음을 전하여 복음을 받아들이고 안 받아들이는 것은 그들의 자유입니다. 그래서 그들이 구원받고 안 받고는 그들의 책임인 것입니다. 우리는 다만 그들에게 전해야 책임이 있습니다.

③다시 태어난 변화된 사람의 모습으로 살려면 힘이 들 때도 있습니다. 곧 나 자신을 새롭게 하고 다른 사람을 구원하는 일을, 낙심치 않고 계속하다 보면, 결국 하나님이 우리의 손을 들어 복을 주실 것입니다. 이 세상일이 무슨 일이든지 힘들지 않은 것이 없습니다.

남의 흉보고 다니는 일도 그리 쉬운 일은 아닙니다. 나쁜 일을 하고 다니기도 그리 쉬운 일이 아닙니다. 모사를 꾸미려 다닐 때

대체적으로 남의 눈에 띄지 않으려고 밤에 다니는 것을 봅니다.

군사 쿠데타의 역사도 보면 대체적으로 몇몇이 쉬쉬하면서 들키지 아니하려고 무척 긴장하면서 몹시 어렵게 목숨을 걸고 했던 것을 볼 수 있듯이 악한 일들도 그리 쉽게 되는 일이 아닙니다.

하물며 영혼을 살리고 좋은 세상에서 기쁨을 누리며 살아야 한다는 천국 복음을 전하는 좋은 일을 하려 할 때 어찌 힘들지 않겠습니까? 이 좋은 일이란 무엇입니까?

1) 복음을 전하여 생명을 구원하는 일입니다.

2) 그리고 우리 스스로가 말씀에 순종함으로써, 변화를 받아 새 사람이 되려고 노력해야 합니다. 무엇을 이웃에게 베푸는 것도 좋은 일이지만, 나 자신이 좀 더 올바른 사람이 되도록 힘쓰는 일은 그 무엇보다, 그리고 그 누구에게나 좋은 선물이 됩니다.

3) 그리고 혀를 잘 사용해야 합니다. 오순절 성령이 임했을 때도 하나님은 모든 지체 중에 먼저 사로잡은 지체가 혀입니다. 그래서 성령을 받은 제자들이 방언하게 된 것입니다. 곧 무너진 언어를 회복하는 것이 오순절 사건입니다. 그러므로 성령이 오시면 제일 먼저 말을 변화시킵니다.

사도행전 2장 17절에는 자녀들은 예언할 것이요 젊은이들은 환상을 보고 늙은이들은 꿈을 꾼다고 했습니다. 이는 곧 말의 변화입니다. 그러니까 그 사람의 말을 들어보면 성령 충만을 받았는지 안 받았는지 알 수가 있다는 것입니다. 이렇게 말이 변화된 사람은 행동이 변화되기 시작합니다.

그러나 많은 사람이 '보는 것, 말하는 것, 생각하는 것'은 성령이 하는 것이고, 행동하는 것은 자신의 힘으로 한다고 생각하지만, 성경은 그렇게 말씀하고 있지 않습니다. 행동도 성령이 주장하신다고 말씀합니다. 내 안에 주님이 계셔서 내 행동을 주님이 지배하시면 주님의 뜻이 나타납니다.

그러나 마귀가 내 안에 있어서 내 행동을 지배하면 마귀의 행동이 나타납니다. 그 행동을 보면 누구의 지배를 받는가를 알 수가 있습니다. 요셉이 하나님의 지배를 받으니, 그의 행동을 보고 보디발 장관이나 바로가 그를 요셉을 인정하여 지위를 높여 주고, 요셉의 행동을 주장하시는 하나님을 인정하고 찬송하였습니다. 다니엘이나 그의 세친구인 사드락과 메삭과 아벳느고도 그랬습니다.

모두가 변화된 행동을 인정받는 것입니다. 그러므로 오늘 우리도 성령님을 통해 우리의 행동이 변화되어야 합니다. 보는 것뿐만 아니라, 말하는 것도, 생각하는 것도, 그리고 행동하는 것까지 성령으로 변화될 때, 주님이 주시는 축복된 삶을 살 수 있고, 더 나아가 나의 삶을 보고 많은 사람이 주님의 이름으로 높이고 영광을 돌리게 되는 것입니다.

그때 마지막으로 변화되는 것이 환경입니다. 즉 환경이 변화되어 사람이 변화되는 게 아니라 변화된 사람에 의하여 환경이 변화된다는 사실입니다. 이는 아담이 죄를 짓고 저주를 받으니, 아담이 사는 땅이 저주받고 가시와 엉겅퀴를 내는 것과 같은 것입니다.

그러니까 땅이 문제가 아니라는 사실입니다. 집이나 장소가 문제가 아니라는 사실입니다. 그 사람이 문제입니다. '그 사람이 어떤 사람이냐? 그 사람이 성령에 의하여 변화된 사람이냐?'하는 게 중요한 것입니다. 그러니까 그렇게 장사가 안 되던 것이 주인이 바뀌니까 잘됩니다. 그러므로 우리는 환경이나 조건을 탓하지 말아야 합니다. 문제는 환경에 있는 것이 아니라 나에게 있고, 성령님께 달려 있습니다.

4) 그리고 우리가 잊지 말아야 할 것은, 우리의 이름이 하늘나라에 기록되어 있다는 사실입니다. 이것을 기뻐하고 긍지로 여기면서 날마다 승리하며 살아가야 할 것입니다. 우리의 소망은 생명과 기쁨이 충만한 영원한 나라입니다. 이 영원한 나라를 진실로 소망하는 사람은, 세상일 때문에 바르게 사는 일을 중단하지 않습니다.

하루하루 바른 선택을 하고 바르게 사는 일을 게을리하지 말아야 하늘나라 선민이라 할 수 있습니다. 우리 모두 그런 긍지와 확신을 두고, 참으로 중요하고 더욱 좋은 일인, 이 복음에 순종하고 변화 받은 사람으로 사는 생활에 힘쓰시기를 그리스도 예수 이름으로 축원합니다. 할렐루야!

3부 꼬인 인생을 풀려면 어떻게 할까요?

13장 꼬인 인생을 풀고 싶으면 이 말씀을 읽고 적용하세요

지금 인생이 꼬여서 신음하고 계십니까? 아니면 꼬인 인생을 살지 않기 위하여 지혜를 구하고 계십니까? 아니면 꼬인 인생을 풀고 새로 출발하려고 하십니까? 하나님은 우리 믿는 자를 축복하시는 분입니다. (빌2:13) "너희 안에서 행하시는 이는 하나님이시니 자기의 기쁘신 뜻을 위하여 너희로 소원을 두고 행하게 하시나니" 하나님의 소원은 우리가 잘 풀리는 삶을 사는 것입니다.

꼬이는 인생을 푸시려면 관심이 중요합니다. 관심이 있어야 보이지 않은 영적인 면이 열리기 때문입니다. 질병으로 고통을 당해보아야 건강에 관심을 가지고 관리를 합니다. 이와 마찬가지로 영육으로 고통을 당해보아야 영적인 문제에 관심을 가지고 예방하려고 하는 것입니다. 필자는 예방 신앙을 많이 강조합니다. 문제가 발생하기 전에 예방하자는 것입니다. 무엇이든지 관심을 가지고 미리 예방하면 행복한 생활을 할 수 있습니다. 꼬이는 인생의 문제 역시, 사전에 방비하면 당하지 않는다는 것입니다. 일부 목회자와 성도들이 예수만 믿으면 새사람이 되는 것으로 알고 살아가다가 어느 날 부모님과 똑같은 문제가 발생하면 그때 서야 이리 뛰고 저리 뜁니다. 꼬이는 인생의 문제를 해결하는 것도 사전에 관심을 가지면 예방이 가능하다는 것입니다. 관심을 두지 않으니, 예수를 믿으면서도 육체에 역사하는 세상 신의 영향으로 혈통의 저주를 당하면서 사는 것입니다.

꼬이는 인생에서 해방을 받으려면 종교적인 믿음 생활로는 안 된다는 것을 깨닫게 됩니다. 성령의 인도를 받는 믿음 생활을 해야겠다고 생각합니다. 성령의 인도를 받으려면 먼저 성령으로 세례를 받아야 한다고 깨닫게 됩니다. 성령으로 세례를 받으려고 관심을 가지다가 보니까, 성령세례도 받게 됩니다. 성령으로 세례를 받으니 영적인 눈이 열리기 시작하는 것입니다. 영적인 눈이 열리니 자신을 저주하는 세력은 가상 적인 존재가 아니고 실제적인 존재인 것을 알게 됩니다. 자신의 잠재의식에 역사하면서 인생이 꼬이게 하는 실제적인 존재를 몰아내려면 자신이 성령의 지배를 받아야 귀신의 고통에서 완전하게 해방될 수가 있다고 믿게 됩니다. 성령의 지배를 받고 동행하는 믿음으로 발전이 되는 것입니다. 점점 전인격이 성령님의 지배를 받게 됩니다. 그러면서 하나님께서 원하시는 영적인 수준으로 발전이 되는 것입니다. 자연스럽게 꼬인 인생에서 영원히 해방되게 되는 것입니다. 그래서 무엇보다도 관심이 중요한 것입니다.

교회에 다니는 사람들을 보면 이해치 못할 삶을 사시는 분들이 있습니다. 예를 든다면 형제가 다섯인데 모두 예수를 믿지 않고 자신이 혼자 예수를 믿는 사람이 있습니다. 그런데 문제는 예수를 믿는 자신이 환경이 제일 좋지 않다는 것입니다. 그러면서 저는 예수를 믿으면서도 왜 이렇게 사느냐고 하소연하는 분들이 있습니다.

이는 이렇습니다. 첫째는 예수를 믿는 자신이 열심히 해야 하나님의 복을 받는다는 신앙생활을 하는 경우와, 많이 알면 성령 충만하고 믿음이 있다는 것으로 알고 신앙생활을 하는 종교인이기 때문입니다. 쉽게 설명하면 인간적인 면에 치중하는 종교 생활을 하기 때문입니다. 둘째는 율법적인 믿음 생활을 하기 때문입니다. 마치 유대인과 같은 종교인입니다. 율법적인 믿음 생활은 아무리 오래 해도 살아계신 하나님께서 자신을 장악하지 못합니다. 셋째로 신에게 잘 보이고 잘 섬겨서 복을 받는다는 샤머니즘의 믿음 생활을 하기 때문입니다. 열심히 봉사하고 철야 하면 하나님께서 감동하셔서 잘되게 하신다는 신앙입니다. 이런 샤머니즘 신앙의 잔재가 지금 교회에 많이 있습니다. 이 모두 성령의 역사와 거리가 먼 신앙생활입니다.

그럼 어떡해야 지금 천국과 아브라함이 복을 받으면서 하나님의 군사로 쓰임을 받습니까? 성령으로 세례를 받고 성령의 지배와 인도를 받아 살아계신 하나님이 자신의 심령에 주인으로 계셔야 합니다. 쉽게 설명한다면 자신 안에 성전이 견고하게 지어져야 한다는 말입니다. 하나님께서 주인이 되셔야 합니다. 성령으로 세례를 받고 성령의 인도를 받으면서 성령이 지배받아야 합니다. 그래서 천국이 되어야 합니다. 그래야 다른 형제간보다 잘 되지 못하게 방해하는 세력이 물러갑니다. 이렇게 깨닫고 성령으로 지배받는 믿음 생활로 전환하여 3년만 싸우면서 마음 안의 성전을 견고하게 건축하고, 가정이 천국이 되면 다른 형제들보다 월등하게 축복받는 생활을 하게 됩니다. 보이는 성전이 아니고 자신 안의 성전입니다. 알아야 할 것은 꼬인 인생 푼답시고 자주 끊는 회개 기도나 하고, 귀신이나 쫓아내는 믿음 생활로는 절대로 반전되지 않습니다. 아마 죽을 때까지 꼬인 문제 푸는 기도하고 귀신 쫓아내다가 인생 끝날 수도 있습니다. 자신 안에 하나님의 나라가 견고하게 지어지지 않으면 헛것입니다. 바르게 알고 믿음 생활하여 지금 천국과 아브라함의 복을 받으면서 군사로 쓰임을 받다가 주님이 오라고 부르시면 영원한 천국으로 들어가는 것입니다. 이것이 우리 예수를 믿는 자들을 행한 하나님의 뜻입니다. 꼬인 인생을 푸시려면 이렇게 해보시기를 바랍니다.

첫째, 살아있는 성령의 역사가 있어야 한다. 꼬인 인생의 근본은 무의식과 잠재의식에 숨어있습니다. 무의식과 잠재의식에 숨어있는 꼬인 인생의 근본 원인은 하나님의 말씀대로 살지 못한 죄 때문에 생긴 것입니다. 죄는 영의 차원에 문제가 생기게 하는 것입니다. 이를 해결하려면 반드시 영의 차원에서 해결이 되는 것입니다. 그래서 성령의 역사가 일어나야 영의 차원 문제를 해결할 수가 있다는 것입니다. 성령의 역사를 일으키려면 먼저 성령으로 세례를 받아야 합니다. 성령으로 세례를 받으면 성령의 역사가 영의 차원에서 잠재의식을 정화하십니다. 영의 차원은 사람의 무의식과 잠재의식이라고 생각하면 쉽습니다. 사람이 아무리 능력이 있고 대단해도 무의식 잠재의식의 문제는 해결할 수가 없는 것입니다. 그래서 꼬인 인생에서 영원히 해방되려면 성령의 세례를 받아야 합니다. 성령으로 세례를 받아 성령님이 자신의 영-혼-육체의 전인격을 장악해야 무의식에서 숨어서 역사하는 꼬인 인생의 근본이 정체를 드러내기 시작하는 것입니다. 일반적으로 하는 꼬인 인생을 푸는 기도문이나 외우고 감정을 건드려서 물병이나 두드리는 차원을 넘어서, 성령의 임재 가운데 영의 차원에서 문제를 해결해야 근본이 없어지는 것입니다. 꼬인 인생을 풀고 끊겠다고 기도문을 외우는 것은 지극히 순간적이고 임시방편에 불과한 것입니다. 마음에 안심을 가지게 하는 소극적인 행동에 불과한 것입니다. 꼬인 인생은 자신이 생명의 말씀과 성령으로 바뀌어야 해결이 되는 것입니다. 다시 말해서 성령으로 충만한 영의 차원에서 원인을 찾아 해결해야 근본적인 꼬인 인생의 문제가 해결되는 것입니다. 반드시 성령으로 세례를 받아 성령께서 전인격을 장악하는 영적인 생활을 해야 합니다.

둘째, 사람의 말에 현혹되지 말라. 분명하게 꼬인 인생에서 해방을 받으려면 종교적인 신앙생활에서 탈피해야 합니다. 종교적인 신앙생활이란 말씀을 지식적으로 알고 습관적인 행위로 예배를 드리고, 자기 생각으로 기도하는 것을 말합니다. 자기만 인정하고 자기만 알아주는 믿음의 행위로 자기만족을 누리는 생활입니다. 이런 종교적인 신앙생활로는 절대로 꼬인 인생에서 해방이 될 수가 없습니다. 꼬인 인생을 살게 하는 존재는 보이지는 않으나 살아있는 실제적인 존재입니다. 꼬인 인생을 살게 하는 존재는 보이지 않으나 살아 있는 영적 존재는 사람의 힘으로는 어찌할 수 없는 강한 자입니다. 이 존재들보다 강한 자가 자신을 점령해야 물러가기 시작하는 것입니다. 그러므로 꼬인 인생에서 해방이 되려면 하나님께서 자신의 전인격(영-혼-육)을 장악해야 합니다. 예수를 믿어 자신 안에 들어오신 성령님이 자신의 영-혼-육의 전인격을 지배해야 꼬인 인생을 살게 하는 살아있는 존재가 물러가기 시작하는 것입니다.

좀 더 쉽게 설명한다면 자신이 생명의 말씀과 성령으로 바뀌어야 한다는 것입니다. 많은 목회자가 예수를 믿고 교회에 나와서 예배에 빠지지 않고 열심히 드리고, 새벽기도 잘하고, 봉사 잘하고, 십일조 잘 드리고, 신구약 성경을 많이 알면 꼬인 인생에서 해방이 된다고 합니다. 필자는 이렇게 설교하시면서 목회하신 분들이 은퇴하고 불면증으로 잠을 자지 못한다고 하소연을 하시는 분들을 많이 봅니다. 자신이 목회할 때 교회에는 예수님의 이름이 있으므로 귀신이 없다. 교회에 무슨 귀신이 있느냐? 교회에서 귀신을 거론하는 것은 무속신앙이다. 하면서 목회했는데 은퇴를 하고 3년째 불면증에 시달리면서 깨달은 것은 귀신이 있다는 것입니다. 귀신이 자신을 잠을 자지 못하게 한다는 것입니다. 그러면서 한방에 귀신을 쫓아낼 수가 없느냐고 질문을 합니다.

필자는 이렇게 대답합니다. 저도 40대에 목사님 같은 경우를 당했습니다. 3년이 넘는 기간을 잠을 제대로 자지 못하면서, 성령으로 기도하면서, 귀신과 싸워서 해방되었습니다. 목사님은 연세가 있으셔서 더 많은 시간이 필요합니다. 한방에 귀신을 쫓아내지 못합니다. 물론 한방에 될 수도 있습니다. 그러나 무의식 잠재의식에 숨어있는 꼬인 인생의 근본은 해결이 안 되는 것입니다. 꼬이는 인생을 살게 하는 것들은 보이지는 않으나 살아있는 실체입니다. 이들은 사람보다 강한 존재들입니다. 반드시 살아있는 성령의 역사가 있어야 정체를 폭로하고 떠나가기 시작합니다.

셋째, 자신이 하늘의 사람으로 바뀌려고 하라. 하나님은 "그런즉 너희는 먼저 그의 나라와 의(하나님의 나라와 하나님의 의)를 구하여라. 그리하면 이 모든 것을 너희에게 더하시리라."(마6:33). 먼저 하나님의 나라가 되어야 합니다. 요즈음 성도들이 자신의 육체적이나 정신적으로 편안하게 이성적으로 은혜 받으면서 믿음 생활을 하려고 합니다. 꼬인 인생의 문제로 고통을 당하는 분들도 쉽게 편안하게 꼬인 인생의 문제를 해결하려고 합니다. 다시 말해서 다른 능력자의 힘을 빌려서 꼬인 인생의 문제를 풀려고 합니다. 자칭 능력이 있다는 분들이 자신이 안수 기도하면 꼬인 인생의 문제가 풀어진다고 감언이설로 속입니다. 순진한 성도들과 목회자들이 이런 사람의 말에 현혹이 되어서 자신의 꼬인 인생의 문제를 다른 사람의 힘을 빌려서 풀려고 합니다. 그리고 회개기도 문을 줄줄 외우면 꼬인 인생의 문제가 해결되는 줄 압니다. 죄송합니다만 이렇게 기도문을 외운다고 꼬인 인생을 살게 하는 잠재의식 속의 귀신이 물러가지 않습니다. 이렇게 세상에서 삶을 마감하고 죽을 때까지 떠나가라. 떠나가라. 해도 꼬인 인생에서 해방이 안 됩니다. 인간적인 차원에서는 꼬인 인생의 배후에 살아있는 존재들이 꿈적하지도 물러가지도 않기 때문입니다. 꼬인 인생을 살게 하는 존재들은 살아있는 존재이면서 무의식과 잠재의식에 숨어서 역사합니다. 이들은 사람보다 강한 존재들입니다. 기도문을 외운다고 자신보다 강한 존재가 꿈적이나 하겠습니까? 오히려 더 악랄하게 역사할지도 모릅니다. 보이지 않기 때문에 더 강하게 역사해도 알아낼 도리가 없는 것입니다. 자꾸 보이는 면만 가지고 문제를 해결하려고 합니다.

다른 사람을 이용해서 꼬인 인생을 풀려고 하는 것도 마찬가지입니다. 자기 안에서 성령의 권능이 나오지 않기 때문에 꼬인 인생의 문제가 해결되지 않습니다. 자신이 하나님의 나라가 되지 않아 여전하게 땅의 사람이기 때문입니다. 그럼 어찌해야 할까요? 자신이 성령으로 세례를 받고 마음 안에 계신 하나님께서 자신의 영-혼-육을 지배하게 해야 합니다. 자신의 마음 안에 계신 하나님을 주인으로 인정해야 합니다. 관심을 가지고 자신 안에 성령님께서 전인격을 지배받기 위하여 노력해야 합니다. 특별한 사람에게 의지하여 꼬인 인생의 문제를 해결하고 풀려고 하지 말고 자신이 특별한 사람, 성령의 지배를 받는 사람이 되려고 해야 합니다.

예수를 믿은 성도는 모두 특별한 사람들입니다. 자신 안에 하나님이 임재하여 계시기 때문입니다. 자신의 마음이 하나님께서 계시는 성전이기 때문입니다. 자신 안에 계신 하나님께서 혼과 육체를 점령하여 밖으로 나오게 해야 합니다. 일반적으로 성도들에게 임재하신 성령님께서 주무시는 경우가 많습니다. 자신 안에 임재하신 성령님이 주무시기 때문에 종교인이 되는 것입니다. 자신 안에 계신 성령님께 관심을 가지고 부르짖고 찾아서 성령님이 잠에서 깨어나시게 해야 합니다. 마치 예수님이 거라사인의 지방에 군대 귀신들린 자를 구원하시려고 갈릴리 호수를 지날 때에 제자들이 예수님께 관심을 두지 아니하고 자기들끼리 세상 이야기를 할 때 주님이 주무신 것과 같은 이치입니다.

성경은 이렇게 말하고 있습니다. "그날 저물 때 제자들에게 이르시되 우리가 저편으로 건너가자, 하시니, 그들이 무리를 떠나 예수를 배에 계신 그대로 모시고 가매 다른 배들도 함께 하더니, 큰 광풍이 일어나며 물결이 배에 부딪혀 들어와 배에 가득하게 되었더라. 예수께서는 고물에서 베개를 베고 주무시더니 제자들이 깨우며 이르되 선생님이여 우리가 죽게 된 것을 돌보지 아니하시나이까 하니, 예수께서 깨어 바람을 꾸짖으시며 바다 더러 이르시되 잠잠 하라! 고요하라! 하시니 바람이 그치고 아주 잔잔하여지더라. 이에 제자들에게 이르시되 어찌하여 이렇게 무서워하느냐 너희가 어찌 믿음이 없느냐 하시니, 그들이 심히 두려워하여 서로 말하되 그가 누구이기에 바람과 바다도 순종하는가 하였더라(막4:35-41)" 성도들도 마찬가지입니다. 예수님이 자신 안에 주인으로 임재하여 계셔도 찾지 아니하고 관심을 두지 아니하면 자기 삶에 일진광풍이 일어날 수도 있는 것입니다. 그러므로 자신 안에 예수님이 주무시지 못하도록 관심을 가지고 찾아야 합니다. 자신 안에 계신 주님과 관계를 열어야 합니다. 자신 안에 계신 예수님을 찾고 찾아야 합니다.

많은 성도가 영의 통로를 열겠다고 능력자에게 안수받습니다. 사람을 의지하여 영의 통로를 열겠다는 것입니다. 그러나 하나님은 자신과 직접적인 관계를 열기를 소원하십니다. 다른 사람을 이용해서 어느 정도까지는 될 수가 있습니다. 분명하게 다른 사람을 의지해서 하나님께서 원하시는 수준에 도달할 수가 없습니다. 하나님은 직접 관계를 열리기를 원하십니다. 그래서 하나님과 대면할 수 있는 영적인 사람으로 변화되기를 원하십니다. 그러므로 자신이 생명의 말씀과 성령으로 변화를 받아 성령의 지배와 인도와 동행하는 사람이 되어야 꼬인 인생을 풀고 영원히 해방될 수가 있습니다. 일부 성도들의 의식이 하루에 10분 기도하고, 쉽게 성령 체험 한번하고 영적인 사람이 되려고 합니다. 그러나 하나님은 완전히 지배받기를 원하십니다.

필자는 TV에서 나오는 달인을 아주 좋아합니다. 이분들은 자신이 추구하는 분야에 10년 이상을 집중하고 몰입하여 눈을 감고도 할 수 있는 수준에 이른 것입니다. 밤잠을 설 처가면서 오로지 한 분야에 집중한 결과 달인이 된 것입니다. 하나님께서도 이렇게 하기를 원하십니다. 이렇게 되어야 꼬인 인생의 문제를 풀고 영원하게 축복을 받을 수가 있는 것입니다. 그래서 아브라함은 25년, 야곱은 20년, 요셉은 13년, 모세는 40년, 다윗은 13년이 걸린 것입니다. 우리가 생각하는 것과 같이 쉽게 하나님의 사람으로 변화되지 못합니다. 온몸과 마음과 정신과 영이 하나님 화 되려고 관심을 가져야 합니다. 어렵다고 생각하면 어려운 것이고, 쉽다고 생각하면 쉬운 것입니다. 달인을 생각하고 자신이 온전하게 하나님의 형상으로 변화되는 것을 목적으로 꼬인 인생에서 해방되려고 하시기를 바랍니다.

성경에 보면 이런 말씀이 있습니다. 하나님께서는 "오직 내 종 갈렙은 그 마음이 그들과 달라서 나를 온전히 좇았은즉 그의 갔던 땅으로 내가 그를 인도하여 들이리니 그 자손이 그 땅을 차지하리라(민14:24)"라고 말씀하셨습니다. 하나님은 갈렙의 마음이 멸망했던 다른 사람과 완전히 달랐다고 말씀하신 것입니다. 온전하게 하나님을 좇았다는 것입니다. 온전하다는 것은 인간적인 것이 전혀 섞이지 않고, 하나님의 수족같이 하나님을 좇는 성도는 꼬인 인생에서 영원히 해방되는 것은 물론이고, 인생살이의 만사가 형통한다는 것입니다. 하나님은 온전하게 변화되기를 원하십니다. 꼬인 인생만 풀려고 노력하지 말고 자신의 전인격이 하나님의 형상으로 변화되려고 노력하시기를 바랍니다.

넷째, 내가 이 일을 하지 않으면 굶어 죽는다는 각오하고 집중하라. 집중하지 못하고 산만하면 이것 했다가 저것 했다가 방종하게 되어서 되는 것이 하나도 없을 수가 있기 때문입니다. 내가 이 일을 하지 않으면 굶어서 죽는다고 생각하고 하는 일에 전심전력해야 인생이 꼬이지 않고 잘 풀리는 인생을 살아갈 수가 있습니다. 직장생활을 하거나 사업을 하다가 조금 힘이 들면 그만두고 이것

했다가 저것 했다가 시간만 낭비하면 언제 전문가가 되겠습니까? 지금은 전문화시대 입니다. 인생 120세 시대가 온다고 합니다. 늙도록 일을 하려고 생각해야 합니다. 전문성을 개발하려면 10년 이상 그 분야에 집중하고 개발해야 가능합니다. 직장이나 사업이나 모두 마찬가지입니다. 하나님께서는 집중력을 가지고 세상을 살아가기를 소원하십니다. 집중력이란? "어떤 욕구를 실현하기 위해 수단과 방법을 계획하고 성공적으로 수행할 수 있도록 정신을 한 곳으로 모으는 행위"를 말합니다. 집중력은 우리가 살아가는 데 있어 매우 중요한 능력 중 하나입니다. 집중력이 떨어지게 되면 학습효율 및 작업능률도 떨어지게 되어 다양한 학교생활, 사회활동 등에서 난항을 겪게 돕니다. 세상사 무슨 일이든지 성공에 이르려면 집중(Concentration)이 필수입니다. 가정생활도 집중해야 행복합니다. 부부도 서로 집중해야 틈이 생기지 않고 금실이 좋아지고 행복합니다. 직장생활도 하는 일에 집중해야 상사에게 인정받으면서 성공할 수가 있습니다. 자신이 하는 사업도 집중력에 따라서 성공 실패가 결정됩니다. 하는 사업에 집중하면 기발한 지혜가 떠오르기 때문입니다.

다섯째, 교회 예배당과 목회자를 잘 만나라. 목회자가 꼬인 인생의 문제로 고통을 당하다가 영적인 것을 깨닫고 해방을 받은 체험이 중요합니다. 담임 목회자가 꼬인 인생의 문제를 인정해야 합니다. 목회자의 마음속에 교회가 견고하게 지어지고, 가정이 성전 된 목회자라야 혈통의 문제가 어떤 것인지 알고 성도들을 바르게 인도할 수가 있습니다. 목회자 자신이 실제로 체험이 없으니 꼬인 인생을 무시하거나 등한히 하는 것입니다. 그래서 목회자의 관심이 중요합니다. 목회자가 종교적이면 성도들도 종교적으로 되기 쉽습니다. 종교적인 것은 행위와 열심과 말씀을 인간적인 수준에서 해석하는 것입니다. 말씀은 분명하게 성령의 임재 가운데 성령으로 해석해야 합니다. 그래야 정확합니다. 영적인 믿음 생활은 성령의 인도와 지배를 받으면서 하나님의 자녀로서 동행하는 믿음 생활을 말합니다. 목회자가 성령의 인도를 받으면서 하나님의 자녀로서 살아있는 믿음 생활을 하면 성도들도 성령의 인도를 받으면서 살아있는 크리스천이 되는 것입니다. 필자는 항상 이렇게 생각하고 실천하려고 노력하고 있습니다. 담임목사는 한 성도를 살릴 수도 있고 죽일 수도 있다는 것입니다. 성도들은 담임 목회자의 영성을 넘어설 수가 없다는 것입니다. 담임목사의 성령 충만이 성도들의 성령 충만의 수준이 같게 되는 것입니다.

담임목사가 믿음 생활하는 수준대로 설교하기 기도하기 때문입니다. 더 이상 발전할 수가 없는 것입니다. 쉽게 설명한다면 70점짜리 선생님에게 만 배우면 70점을 넘어설 수가 없다는 것입니다. 그래서 학생들이 전문학원에 다니는 것입니다. 영적인 것도 마찬가지입니다. 담임목사의 영성을 능가하기가 쉽지 않다는 것입니다. 필자는 영적인 사역을 오랫동안 했습니다. 그동안 나름대로 체험한 바로는 담임목사의 영적인 깊이만큼 성도들이 된다는 것입니다. 그래서 일부 성도들이 영적인 깊이가 있는 목사가 집회하는 곳에 가서 영을 깨우고 성령 충만을 받으려고 하는 것입니다. 이처럼 담임목사가 중요합니다. 담임목사가 예수만 믿으면 새사람이니까, 꼬인 인생의 꼬임에서 해방되는 것이다. 하면 성도들이 그대로 믿는 것입니다. 꼬인 인생의 문제에 관심을 두지 않으니, 고통을 당하는 것입니다. 그러면서 이유를 모르는 것입니다.

꼬인 인생의 문제 때문에 고통을 당해본 담임목사는 꼬인 인생의 문제에 관심을 두도록 성도들을 인도할 것입니다. 그러므로 하나님께서 세상에 교회들과 목회자들을 많이 세우신 것입니다. 자신이 추구하고 자신의 문제를 해결하면서 하나님께서 원하시는 수준에 도달하라는 것입니다. 세상의 모든 교회는 하나님의 교회입니다. 그러므로 성도들은 각각 자신의 처지에 맞는 교회를 선택하여 믿음 생활을 하면 되는 것입니다. 일부 담임 목회자와 직분 자들이 교회를 옮기면 저주를 받는다고 합니다. 그런데 하나님은 교회를 옮겼다고 저주하시지 않습니다. 이 교회를 옮기면 자주 받는다고 하는 교회는 성도들의 마음 안에 있는 성전입니다. 자기 마음속의 성전을 견고하게 세우기 위하여 유형 교회를 옮길 수가 있는 것입니다. 하나님께서는 이런 적극적인 행위를 권장하십니다. 왜냐하면 성도들의 마음 안에 성전이 되기를 원하시기 때문입니다.

그럼, 저주를 받는 것은 무엇이냐! 예수님을 주인으로 모시다가 다른 신을 섬기는 것입니다. 쉽게 설명한다면 예수를 믿고 교회를 다니다가 마음이 돌변하여 절에 간다든지, 신천지를 간다든지, 통일교에 들어간다든지, 여호와증인이 된다든지, 구원파에 들어간다든지, 정명석(JMS)에게 속한다든지, 천리교로 간다든지 등, 이럴 때 저주를 받는 것입니다. 즉, 하나님 외에 다른 신을 섬기기 위하여 교회를 떠날 때 저주를 받는 것입니다. 성경은 이렇게 경고하고 있습니다. “한 번 빛을 받고 하늘의 은사를 맛보고 성령에 참여한 바 되고, 하나님의 선한 말씀과 내세의 능력을 맛보고도 타락한 자들은 다시 새롭게 하여 회개하게 할 수 없나니 이는 그들이 하나님의 아들을 다시 십자가에 못 박아 드러내 놓고 욕되게 함이라(히6:4-6)”

그러므로 자신의 심령교회를 견고하게 구축하여 영혼의 만족을 누리기 위하여 교회를 옮기는 것은 절대로 죄가 되지 못합니다. 심령교회를 견고하게 세우기 위하여 유형 교회를 옮겼다고 저주하시는 하나님이 아닙니다. 이는 전적으로 사람의 이론입니다. 사람들이 자신의 교회를 떠나지 못하게 하려고 만들어 낸 사람의 이론입니다. 한번 잘 생각해 보시기를 바랍니다. 자신의 마음 안의 교회를 견고하게 건축하기 위하여, 필요한 교회로 옮겼는데 하나님이 저주하시겠습니까? 그런 하나님이라면 저는 믿지 않겠습니다.

그래서 꼬인 인생에서 영원히 해방을 받으려면 목회자와 교회를 잘 만나야 합니다. 영적인 세계에 관심이 있어야 교회도 목회자도 잘 만날 수가 있습니다. 담임 목회자가 인생이 꼬여서 고통을 당하다가 해방된 목사라면 금상첨화일 것입니다. 자신이 고통을 당해 보았기 때문에 성도들에게 경각심을 주어서 당하지 않도록 예방하게 할 것입니다. 꼬인 인생의 문제로 고통이 심한 분들은 잘 판단해야 할 것입니다.

14장 꼬인 인생을 바꾸려면 이곳을 정리하면 바뀌지요

꼬인 인생을 바꾸려면 성령 안에서 내면세계를 알고 잠재의식을 정화해야 합니다. 잠재의식을 성령으로 정화하지 않으면 꼬인 인생이 바뀌지 않습니다. 하나님은 우리 안에 깊이 잠재하여 있으면서 나를 묶는 깊은 상처를 치유하시기를 즐겨하십니다. 그래야 꼬인 인생이 바뀌기 때문입니다. 내적 치유는 단지 악한 영이 쫓겨나가는 사역이 아니라, 깨달음입니다. 악한 영에게 잃었던 것을 되찾는 것이고, 내 안에 있는 것을 진정한 보화로 여기게 되는 가치관의 변화입니다. 실패와 좌절, 어두운 과거에 대한 새로운 개념을 가지게 하는 사역입니다.

새로운 마음을 가지려는 용기와 창의력을 필요로 하는 사역입니다. 평생을 두고 지속해야 하는 사역입니다. 성령님의 역사로 이루어지는 사역입니다. 이를 위해서 끊임없이 지혜를 구하고, 영성을 성장시키기 위하여 노력해야 하는 사역입니다.

첫째, 잠재의식의 상처를 성령의 도움으로 찾아 치유하며 귀신을 쫓아냅니다. 반드시 성령으로 세례받고 성령 충만해야 합니다.

1) 우리는 과거에 경험했던 어떤 고통스러운 기억으로 말미암아 인간관계가 좋지 않고, 과거의 실패감에 사로잡혀 있으므로 무엇인가를 시도해도 잘되지 않는 경우가 있습니다. 오늘을 잘 살기 위해서는 과거의 부정적인 기억을 치유해야 합니다. 과거를 잘 정리해야 합니다. 실패는 교훈입니다. 실패하지 않고 성공하는 사람이

없습니다. 문제는 실패가 아니라, 우리에게 남아서 늘 부정적인 영향을 주는 실패감입니다. 과거가 주는 실패감을 잘 정리해야 합니다. 하나님은 언제나 우리에게 꿈을 주고 새로운 시도를 통하여 창조적인 삶을 살게 하지만, 마귀는 실패감을 부여잡고 쓰러져 있게 만듭니다. 아무런 시도도 하지 못하게 만듭니다. 실패감에 사로잡혀 환경에 이끌려 다니게 만듭니다. 하나님은 우리를 마음으로부터 새롭게 시작하게 하십니다. 실패를 넘어 성공을 향해 새롭게 도전하게 하십니다. 이렇게 함으로 하나님을 닮은 우리 자신의 가치를 높이게 하십니다. 아무것도 하지 않는 것은 스스로 쓸모없는 존재, 무가치한 존재로 전락하는 것입니다. 구원받은 인간은 계속 가치가 올라가다가 마지막에는 천국까지 가는 것입니다. 이를 위해서는 과거가 주는 실패감, 부정적인 감정에서 벗어나야 합니다.

그리고 자꾸 자신을 가꾸어야 합니다. 마음을 가꾸라. 과거를 가꾸라. 영성을 가꾸라. 그래야 하나님이 쓰십니다. 새로운 것에 대한 도전은 과거를 정리해야 가능합니다. 과거가 정돈되지 못하면, 새로운 도전을 할 수 없고, 결국 하나님께서 원하시는 행복하고 성공적인 삶을 살지 못하게 됩니다.

2) 기억의 치유는 과거를 회상하여 부정적인 영향을 주는 것들을 새롭게 정리함으로써 현재에 나타나는 나쁜 영향을 좋은 영향으로 바꾸어 주는 것입니다. 과거의 사건이 현재의 삶에 계속해서 수치심, 죄의식, 실패감, 좌절감과 같은 나쁜 영향을 주는 것으로부터 자유로움을 얻게 하는 것입니다. 미움의 감정이 있으면 다른

사람에 대한 사랑의 감정이 약화합니다. 미워하는 사람이 있는 사람은 가족들을 제대로 사랑하지 못합니다. 하나님과 사람에 대한 사랑의 감정이 자꾸 막히는 것은 누군가를 미워하고 있는 것입니다. 이 미움의 감정을 정리하십시오. 미워하는 사람을 용서해야 사랑하는 사람에게 사랑이 흐르게 됩니다.

사람을 용서해야 하나님을 사랑하게 됩니다. 어려운 환경, 실패한 과거를 수용하십시오. 그래야 하나님과 가까이할 수 있게 됩니다. 그래야 환경을 이기게 됩니다. 하나님과 가까이하는 것이 이미 치유가 시작되는 것입니다. 하나님을 용서하십시오. 하나님에게 섭섭하고, 하나님에게 상처받은 것을 용서하십시오. '왜 하나님이 내 인생을 이렇게 어렵게 만드시는가?'

이런 마음을 씻어 내야 합니다. 하나님의 마음은 어디에 계시는가? 세리와 죄인, 낮고 고통이 있는 곳입니다. 아픔이 있는가? 하나님의 마음이 오고 있음을 깨달으세요. 힘든 내 환경, 내 삶을 통하여 하나님이 내 안에 계시고, 나와 하나가 되십니다. 그러므로 힘든 환경을 받아들이세요. 그리함으로 그곳으로 임하시고, 그 속에서 역사 하는 하나님의 사랑의 손길을 깨달으세요.

그리고 내 안에, 나와 함께 하시는 하나님을 믿음으로 담대함을 가져야 합니다. 모든 부정적인 것을 마음에서, 잠재의식에서 쏟아 버리세요. 청소해 버리세요. 실패는 성공의 어머니입니다. 사람은 용서하고, 실패는 감사하고 수용하십시오. 그리고 겸손하게 실패를 감사함으로 수용하는 낮은 마음에 함께 하시는 하나님의 도우심으로 그 실패를 딛고 일어서세요. 실패에서 성공의 조건을 찾아내는 것이 내적 치유입니다.

3) 기억의 치유는 과거의 사건 자체를 바꾸는 것이 아닙니다. 우리는 과거를 바꿀 수 없습니다. 하나님의 은혜와 능력을 통하여 과거의 사건이 품고 있는 부정적이고 칙칙한 감정을 제거하고, 그 대신 진취적, 소망적, 밝고 맑은 감정을 가지는 것입니다. 부정적인 것들을 하나님에게 드리고, 대신 하나님이 주시는 밝은 것을 가지는 것입니다.

4) 어린 시절의 감정, 습관, 꿈은 성인이 되어도 계속 영향을 미칩니다. 이런 것들이 좋은 것이라면 괜찮으나 좋지 않은 영향을 주고 있다면 치유되어야 합니다.

5) 아프고 부끄러운 상처일수록 깊이 묻혀 있고, 스스로 파내어서 치료받으려고 하지 않습니다. 상처가 크고 부끄러울수록 깊이 묻혀 있고, 깊이 묻혀 있는 만큼 인생에 깊이 영향을 미칩니다.

6) 인간의 자아 방어를 위한 심리적인 본능으로 이처럼 아픈 감정을 기억에서 잊혀지고 깊이 파묻게 하는 것은 우리의 자아를 상처로부터 보호하려는 하나님의 은총이십니다. 만일 인간이 아픈 감정을 모두 생생히 기억한다면 괴로워서 스스로 삶을 포기하게 됩니다. 인간은 고통의 기억보다 좋은 기억을 하게 되어있습니다. 그러나 상처와 감정을 깊이 묻게 하는 것은 억제, 방어의 기능이지 치료의 기능은 아닙니다.

7) 치료는 그리스도의 십자가 보혈의 공로와 성령님의 도우심으

로 과거의 상처를 억제된 부분에서 현실로 가지고 와서 치유하는 것입니다.

8) 나 스스로 치유하거나 변화될 수 없고, 다른 사람도 치유하거나 변화시킬 수 없습니다. 오직 성령님만이 하실 수 있습니다. 성령님의 도우심을 간구하십시오. 성령님의 역사는 마음을 감동하게 하심으로 나타납니다. 마음에 감동을 받으려 하십시오. 마음에 감동을 주려고 하십시오. 크리스천의 사역은 감동을 통한 사역입니다. 모든 일에 대하여 감동을 달라고 성령님에게 간구하십시오. 내적 치유를 위한 기도에 성령님의 감동이 임하시게 하십시오. 그런 기도가 되게 하십시오. 자꾸 이러한 기도를 하십시오. 이러한 기도의 훈련을 하십시오. 머리에 손을 얹고 기도하고, 가슴에 손을 얹고 기도하십시오. 입술로 기도하고, 마음으로 기도하십시오. 성령의 감동이 임하시게 하십시오. 성령님이 앞서시게 하십시오. 내 감정이 앞서지 않게 하십시오. 나를 낮추면 성령님이 역사하십니다. 내가 높아지고 강해지면 성령님은 뒤로 들어가십니다.

둘째, 잠재의식의 정화와 치유를 돕기 위한 과거의 기억을 위한 질문들은 이렇습니다. 성령의 지배 가운데 해야 합니다.

1) 유아 때에 잦은 질병으로 고통을 당한 경우입니다. 유아 때나 소년기에 잦은 질병으로 고생을 하신 분들이 어른이 되어 마음의 질병과 상처로 고통을 많이 당하는 것을 봅니다. 이런 분들을 내적 치유하다가 성령이 임재하여 장악하면 병원에서 고통당하던 행동을 그대로 하는 경우를 많이 봅니다. 질병으로 끙끙 앓는 소리를

내는 경우가 많았습니다.

2) 이별로 인한 고아로 지낸 분들이 상처가 많다. 부모와 이별하여 친척 집에서 자랐거나 고아원에서 자란 경우 무의식에 분노와 증오심이 많아서 내장 기관이 약한 경우가 많이 있습니다. 필자는 부모가 죽거나 이혼하여 고아원과 친척 집에서 자란 사람들이 상처로 인하여 위궤양과 과민성 대장염 등으로 고생하는 사람들을 많이 치유하여 보았습니다.

3) 부모와 떨어져서 지내도 상처를 받는다. 부모가 바쁜 생활로 다른 사람에 의해 길러졌다면 상처가 있을 수 있습니다. 미리 치유하여 예방 신앙을 하는 것이 좋습니다. 필자는 부모가 돈!, 돈! 돈하면서 돈을 벌기 위하여 자식을 다른 사람에게 기르게 했는데 자식이 나중에 정신적인 질환으로 사람 노릇을 못 하는 것도 많이 치유하여 보았습니다.

4) 부모의 무관심 속에서 자라도 상처가 된다. 부모의 무관심 속에서 자라난 사람의 경우 부모에게 관심을 받으려고 노력을 많이 합니다. 가정에서는 부모에게 직장에서는 상사에게 아부를 잘하는 사람이 되어 항상 동료들로부터 왕따의 문제를 가지고 사는 사람이 될 소지가 큽니다.

5) 오랜 기간 스트레스를 받는 부정적인 환경에서 자라도 상처가 된다. 자라면서 가정의 잦은 불화를 겪으면서 자랐다든지, 부모에게 심한 잔소리를 들으면서 자랐다든지, 엄한 권위 밑에서 무섭게 양육 받았다든지, 잔혹한 여러 형태의 압박을 받고 자랐다면 무

의식에 상처가 자리 잡고 있을 수 있습니다. 그래서 반항적인 사람이 잘 됩니다.

6) 어려서 부모로부터의 잦은 거절을 당한 경우. 유아기에 부모에게 잦은 거절을 당하였으면 상처가 무의식에 형성되어 있을 수가 있습니다. 왜냐하면 유아기는 자기중심적이기 때문에 부모로부터 받은 그것보다 더 받지 못한 것에 대하여 심각하게 생각하게 되고 상처를 받게 되기 때문입니다. 그리고 부모가 유아 때부터 귀찮아하고 천덕꾸러기 취급을 했다면 천덕꾸러기 영이 붙어서 어디를 가나 천덕꾸러기가 되기 쉽습니다. 이렇게 되면 직장에서도 천덕꾸러기가 되고 시댁에서도 천덕꾸러기가 되기 쉽습니다.

7) 부모에게 받은 상처들. 자라면서 부모에게 구타나 폭행이나 무시나 차별 대우를 받으면 상처가 무의식에 잠겨 있습니다. 이런 분들이 분노 영이 있어서 항상 윗사람들에게는 고분고분 잘하지만 자기보다 약한 사람들에게는 분노를 발하는 경우가 많습니다. 분노는 시한폭탄과 같습니다. 언제 터질지 자신도 모릅니다. 찾아서 치유해야 합니다. 자신의 무의식에 분노가 있으면 분노의 영이 역사하여도 되는 것이 하나도 없을 수 있습니다. 상처는 만 가지 문제의 근원이 됩니다. 말씀과 성령으로 찾아서 치유합시다. 그리하여 예수를 믿으면서 하나님의 복을 받으면서 살아갑시다.

8) 자주 심한 질병으로 고통당하면서 사는 경우. 이는 태중에서나 유아 시절에 상처가 있었던 사람일 수가 있습니다. 필자가 지금까지 성령 치유 사역을 하다가 보니 성장하면서 또는 어른이 되어

몸이 약하거나 심장에 문제가 있거나 난치병이 있거나 빈혈로 고생하거나 위장이나 대장질환으로 고생하는 분들을 치유하여 본 결과 모두 태아 시절에 상처를 당한 분들이 많았습니다. 그리고 유아 시절에 상처를 당한 분들도 다수가 되었습니다. 그러므로 자주 질병으로 고생한다면 예수를 믿고 내적 치유를 받아야 건강하게 지낼 수가 있습니다. 절대로 현대 의술로는 치유할 수 없습니다.

9) 어려서 이별 사건을 당한 경우. 어려서 부모가 이혼했거나 죽었거나 이민을 갔거나 친척 집에서 자랐거나 고아원에서 자란 경우에 무의식에 분노의 영이 자리하고 있습니다. 부모에게 버림을 당했거나 부모가 행방불명되어 고아원에서 자랐을 경우 부모를 향한 분노가 무의식에 자리 잡고 있어서 믿음 생활이나 사회생활을 제대로 못 하는 분들이 있습니다. 필자가 십 년이 넘도록 내적 치유 사역을 하면서 상담하고 치유한 분 중에 부모님을 향한 분노의 영이 무의식에 있어서 고통을 당하는 경우를 많이 봤습니다. 만약에 이런 분들이 계신다면 미리 내적 치유를 받는 것이 좋습니다.

10) 부모의 이성적인 부정 사건을 경험하고 자란 경우. 자라면서 부모님의 이성적인 부정 사건을 경험하고 자란 경우 의부증이나 의처증이 될 확률이 다른 사람보다 높습니다. 필자가 지금까지 내적 치유 사역을 하면서 경험한 바로는 대부분의 의처증 환자는 어린 시절 어머니가 이성적인 부정 사건을 저지르는 것을 보고 자란 경우가 많았습니다. 그리고 의부증 환자는 대부분 어린 시절 아버지가 이성적인 부정 사건을 저지르는 그것을 자주 보고 자란 경

우에 의부증 환자가 되는 경우가 많았습니다. 이는 남편이나 부인을 어머니나 아버지와 같은 동종으로 보기 때문입니다. 만약에 이렇게 부모님의 좋지 못한 면을 보고 자란 여성 성도님이라면 자기 남편은 아버지와 절대로 같지 않다는 것을 알아야 합니다.

그리고 남성 성도님이라면 자기 아내는 절대로 자신의 어머니와 같지 않다는 것을 알아야 합니다. 이렇게 자신의 아버지나 어머니와 같이 생각하고 보게 하는 절대로 마귀의 계략입니다. 속지 마시고 행복한 가정을 이루시기를 바랍니다. 행복한 가정을 이루기 위하여 자기 부모님으로부터 받은 상처를 내적 치유 받고 부모님을 용서하기를 바랍니다.

11) 어려서 가정불화를 많이 겪고 자라난 경우. 어려서 부모님들의 부부싸움 하는 그것을 자주 보고 자라난 성도가 불안과 두려움의 상처로 고생을 많이 하는 것을 봅니다. 이런 분들이 부모가 싸울 때 무서워서 밖으로 도망을 가서 싸움이 끝날 때까지 기다리다가 추위에 떨고 두려움에 사로잡혀서 고생하는 분들이 있습니다. 이런 분들이 내적 치유 할 때 성령으로 장악되면 그때 밖에서 추위와 두려움에 떠는 모습 그대로 오그리며 떨고 있습니다. 필자는 내적 치유 사역할 때 나이가 50이 되신 분들이 그런 모습을 하고 떨고 있으면 정말 마음이 아프고 그때 당시의 상황을 이해할 수가 있습니다. 만약에 이런 경우를 당하면서 자란 분이 계신다면 빨리 치유 받으시기를 바랍니다. 치유는 빠를수록 좋습니다. 어려서 물질로 고통을 당하면서 자란 분들은 돈돈돈 하다가 어느 정도 형

편이 풀리면 질병으로 고생하는 경우를 많이 봅니다. 이런 분들도 빨리 치유 받는 것이 자신의 건강을 위해서 좋습니다.

12) 어려서 물이나 불이나 교통사고, 천재지변을 당한 경우. 어려서 물이나 불이나 교통사고, 천재지변을 당하면 상처가 무의식에 그대로 남아 있습니다. 이렇게 사고를 당한 많은 분이 영적인 상처로 전환되어 영적인 문제로 고생하는 분들이 많습니다. 우울증이나 불면증이나 정신적인 문제로 고생하는 분들이 많습니다.

13) 학교에서 선생에게 체벌받은 경우. 초등학교 다니던 어린 나이에 학교에서 선생님으로부터 체벌을 당하면 상처가 무의식에 잠겨 있습니다. 이 상처로 인하여 무의식적으로 권위자들에게 반항하는 습관이 있을 수 있습니다. 이 일로 인하여 믿음도 자라지를 않을 수 있습니다.

14) 학교에서 친구들에게 따돌림받은 경우. 많은 분이 학교에서 따돌림을 당하는 경우 따돌림을 하는 사람들에게 문제가 있는 것으로 생각하는 경향이 있습니다. 그런데 필자가 내적 치유 사역을 하면서 경험한 바로는 따돌림당하는 장본인에게 문제가 있는 것이었습니다. 장본인이 하는 행동이 부자연스러워 아이들에게 왕따당하는 것이었습니다. 그러므로 만약에 왕따를 당하는 아이가 있다면 그 아이의 상처를 치유하는 것이 맞습니다.

15) 어려서 시체에 놀란 경우. 어느 남자 집사님이 토요일에 퇴근하여 아파트 거실에서 쉬고 있는데 창밖으로 이불 같은 것이 떨어지더랍니다. 그래서 창문을 열고 아래를 내려다보니 사람이 떨

어져서 죽은 것이었습니다. 그런데 그 사건을 보는 순간 두려움이 엄습하여 밤에 잠을 자지 못하고 우울증에다가 불면증으로 고생하다가 내적 치유를 받으러 왔습니다. 그래서 머리에 손을 얹고 기도했습니다. 그러니 성령께서 감동하시기를 어려서 놀란 일이 있었다고 감동하시는 것입니다. 그래서 본인에게 어려서 놀란 일이 있었는지 생각해 보라고 했더니 이런 말을 하는 것입니다. 초등학교 2학년 때에 학교에 가는데 사람이 죽어서 거적으로 덮어놓았는데 발이 나온 것을 보고 소스라치게 놀랐다는 것입니다. 그래서 그때 들어온 놀람의 상처를 내적 치유하고 귀신을 축사했더니 정상으로 회복되었습니다. 여러분 이렇게 과거 놀란 일이 있다면 미리 내적 치유를 하는 것이 좋습니다.

16) 병원에 입원하여 수술한 경우. 어느 여 집사님의 경우입니다. 이 집사님이 나아가 43세이었습니다. 그런데 자궁에 질병이 생겨서 진단을 해보니 수술하지 않아도 견딜만한 질병이었다고 합니다. 그런데 여러분들에게 물어보니까, 자궁 수술을 해버리니까, 그렇게 시원하고 좋았다고 수술하라고 했다는 것입니다. 그래서 자궁을 수술하려고 수술실에 가기 전에 꼭 죽는 것 같은 두려움이 찾아왔다는 것입니다. 그래서 수술 전에 하는 마취 실에 들어가기도 전에 놀라서 기절했다는 것입니다. 그런데 수술 후 후유증으로 심장병(심장부정맥)에다가 우울증에다가 위장병에다가 불면증 등의 합병증이 생겨서 1년 동안 너무나 힘들고 사람 구실 못해서 남편이 직장을 그만두고 병시중했는데 두려움의 상처를 내적 치유 받

고 완치된 것입니다. 내적 치유는 이렇게 좋은 것입니다. 만약에 수술한 경험이 있다면 그때 들어온 두려움의 상처를 내적 치유 받는 것이 좋습니다. 만약에 이런 분들이 내적 치유를 받지 않으면 병원만 가면 가슴이 두근두근하고, 병원 치료를 하고 오면 상처가 뒤집어져서 고생할 수 있습니다. 어떤 분은 심장에 문제가 생겨 몸이 심하게 붓기도 합니다.

17) 군대에서의 상급자에게 심한 폭행을 당한 경우. 필자가 지금까지 내적 치유 사역을 하다가 보니까, 군대에서 상급자들에게 얼차려나 폭행을 당할 때 생긴 상처로 인하여 고통을 당하는 성도들을 많이 보았습니다. 멀쩡한 사람이 사람 구실 못하고 사는 경우가 많습니다. 필자가 지금까지 군대에서 폭행당할 때 들어온 두려움의 영과 악한 영을 축사한 경우가 몇 번 있습니다. 그리고 군대에서 받은 상처로 정상적인 생활을 못 하는 분들도 몇 명을 보았습니다. 만약에 군대에서 이와 같은 상처를 받았다면 속히 내적 치유를 받는 것이 좋습니다. 신앙은 예방 신앙이어야 합니다. 상처가 노출되기 전에 미리 성령의 역사로 치유하는 것이 좋습니다.

18) 현재의 삶에 대해.

① 현재 자기 삶에 과거의 상처와의 관계성은?

② 자신의 성품이 고쳐지거나 교정되어 가고 있는가?

③ 어떤 일을 시도하려고 할 때 과거의 경험이 되살아나서 포기해 버리지 않는가?

④ 아무 일도 아닌 것에 심하게 스트레스를 받고 쉽게 좌절하거

나 우울함에 빠지지 않는 가?

⑤ 성격의 흐름이 부정적인 쪽으로 흐르지 않는 가?

⑥ 특정한 성별의 사람을 미워하지 않는 가?

⑦ 나에게 해 끼친 부모와 동성을 동종으로 보고 있지는 않는 가?

19) 미래에 대해

① 자신에게 나쁜 일이 닥칠 것이라고 예감하지 않는가?

② 미래에 대한 계획을 세우려 할 때 포기가 앞서지 않는가?

③ 새로운 일을 시도하려 하기보다는 현실에 안주하지 않은가?

④ 결혼 등 중요한 결정을 하는 데 과거 사건이 영향을 줄 것으로 생각하지 않은지 아닌지를 성령의 임재 가운데 생각하세요.

셋째, 상처의 기억과 잠재의식의 치유는 이렇게 합니다.

① 마음이 평안한 상태가 되어야 합니다. 마음이 외부의 영향을 받지 않는 상태(성령 임재로 평온한 상태)가 되어야 합니다. 치유에 집중하는 마음 상태가 되어야 깊은 곳에 숨겨진 상처를 성령님의 도우심으로 치유 받을 수 있습니다. 외적 침묵과 내적 침묵이 되어야 합니다.

② 성령님의 임재를 간구합니다. 영에서 마음으로, 이성으로 임재가 나타나시도록 간구합니다. 성령님의 도우심으로 자신의 과거로 돌아가서 과거에 받았으나 묻혀 있는 크고 작은 상처의 기억을 떠올리며, 상처와 함께 그때 겪었던 당황함, 부끄러움을 회상한 후, 하나씩 그 상처를 주님께 드립니다.

③ 당시에 받았던 상처로 말미암는 감정이 내면에 떠오르거나

감정이 되살아나면(수치감, 답답함, 분노, 좌절감, 깊은 슬픔, 두려움 등) 억제하거나 감추지 말고 의식 수준으로 표현하십시오. 그리고 그것을 주님에게 드리세요.

④ 이때 자신의 상처와 관련된 사람을 용서하는 작업을 해야 합니다. 용서하지 않고 단순히 감정만 처리하는 것은 상처의 근원은 그냥 두고 감정만 치유하는 것이며, 이러한 치유는 후에 다시 재발합니다. 큰 사건, 큰 상처일수록 이 부분에 세심한 주의를 기울여야 하며, 세심한 치유를 했어도 같은 감정이 오면 몇 번이고 계속해서 치유해야 합니다. 자신의 마음에 상처를 준 사람을 용서하지 않으면 진정한 치유가 되지 않습니다. 어두움과 저주의 세력에게 자신을 묶어놓고 있는 것입니다.

⑤ 성령님의 능력으로 치유 받은 후에는 마음에 평안함을 느끼게 됩니다. 계속하여 이 평안을 유지하는 것은 자신의 책임입니다. 오래된 상처나 깊은 상처는 일회적인 치유보다 장기적이고 지속적인 치유를 해야 합니다.

⑥ 성령님과 교제를 통하여 악한 생각이 나지 않도록 기도 생활을 해야 합니다. 진정한 치유란 지속적인 성령 하나님과의 동행입니다. 늘 마음에 하나님을 느끼고, 하나님과 동행하고 하나님을 의지하여야 합니다. 그리함으로 늘, 점점 마음이 맑아지고, 자유로워지고, 평안해지는 삶을 살아야 합니다.

15장 꼬인 인생은 이분에게 가면 바꾸어 주지요

필자에게는 인생이 꼬여서 영육의 고통을 당하면서 치유 받고자 하는 분들이 많이 찾아옵니다. 제가 먼저 묻는 것이 있습니다. 예수님을 믿을 때 어떻게 되었습니까? 하면 간증을 하시는 분들이 다수입니다. 제가 답변을 바라는 것은 예! 목사님~ 제가 예수를 믿을 때 십자가에 달려서 돌아가신 예수님과 함께 죽었습니다. 다시 사망 권세를 깨뜨리고 부활하신 예수님으로 태어났습니다. 지금은 예수님의 사주와 팔자로 살아가고 있습니다. 이러면 100점입니다. 이것이 깨달아지지 않고 믿어지지 않으면 꼬이는 인생, 영육의 고통을 해결 받을 수가 없는 것입니다. 이유는 예수를 믿는다고 하지만 여전하게 옛사람이기 때문에 옛사람의 주인이던 마귀 귀신의 지배를 받고 살고 있기 때문입니다. 그래서 예수님을 믿으면 사주팔자가 바뀌는 것입니다.

시편 65편 4절에도 보면 "주께서 택하시고 가까이 오게 하사 주의 뜰에 거하게 하신 사람은 복이 있나이다"라고 증가합니다. 예수 믿고 하나님 앞에 나와서 예배드리는 사람은 복 있는 사람이라고 성경은 증가합니다. 그런데 교회에 나오는 것도 축복이지만 성령으로 하나님의 말씀을 듣는 것이 더 큰 축복입니다. 예배의 자리에 나아오면 그 자리에 보화가 있고 생명이 있고 영생의 말씀이 있습니다. 예수님은 말씀을 씨에 비유하셨고 사람은 밭 즉 땅에 비유하셨습니다. 말씀의 씨를 뿌리면 어떤 사람은 마음 밭이 좋아서 말씀의 씨가 떨어져서 믿음이 자라고 지혜가 자라서 성실하고 충성된 사람으로 결실하는가 하면 어떤 사람은 그 마음 밭이 자갈밭 같고 또 가시덤불과 같아서 떨어진 말씀의 씨가 자라지도 못하고 열매도 맺지 못하여 인생이 꼬이는 사람이 있다고 주님은 말씀하셨습니다.

에베소서 4장 22절에 보면 "너희는 유혹의 욕심을 따라 썩어져 가는 구습을 좇는 옛사람을 벗어버리고 오직 심령으로 새롭게 되어 하나님을 따라 의와 진리의 거룩함으로 지으심을 받은 새사람을 입으라" 라고 증거 합니다. 예수님을 믿지 않은 사람은 새사람이 되지 못해서 죽으면 지옥으로 갑니다. 그러나 예수님을 믿은 사람은 하나님의 소유된 자녀가 되어서 영원한 천국에 들어갑니다. 예수 믿은 사람은 이전과는 전혀 다른 새사람이 됩니다. 이사야서 43장 1절에 보면 "두려워 말라 내가 너를 구속하였고 내가 너를 지명하여 불렀나니 너는 내 것이라"라고 하나님은 말씀하셨습니다.

우리는 하나님의 소유된 백성입니다. 우리는 예수님의 피로 사신 바 된 하나님의 자녀입니다. 그래서 예수를 믿었으면 나는 내 것이 아니라, 하나님의 것입니다. 우리가 예수 믿고 변화되면 생각과 행동이 달라집니다. 사람이 어떻게 새사람이 될 수가 있습니까? 오늘 말씀에 그 답이 있습니다. 에베소서 4장 22절에 보면 "너희는 유혹의 욕심을 따라 썩어가는 구습을 따르는 옛사람을 벗어버리라"라고 증가합니다. 새사람이 되려면 옛사람을 벗어 버려야 합니다. 즉 과거의 옷을 벗어버리는 결단이 있어야 합니다. 이것은 다른 말로 하면 과거에서 탈출, 예수님으로 죽으라는 말입니다. 다시 예수님으로 태어나라는 말씀입니다.

신앙은 탈출입니다. 예수 믿고도 과거에서 탈출하지 못하는 사람 때문에 교회는 끊임없이 손가락질을 당하고 있습니다. 예수 믿고도 변화되지 못한 사람 때문에 교회는 전도의 길이 막혀 있습니다. 예수 믿었으면 용서하고 사랑하고 나누어 주고 양보할 줄 알고 내 고집도 꺾을 줄 아는 사람이 되어야 합니다. 하나님의 말씀인 성경에는 크게 두 가지의 큰 흐름이 있습니다. 하나는 구약의 흐름이고 또 하나는 신약의 흐름입니다. 신약에서는 예수님이 "나에게 오라"라고 말씀하셨습니다. "나에게 오라"는 말은 죄악 된 세상에서 탈출하여 영생과 구원과 축복이 있는 하나님께로 오라는 초대입니다.

한편 구약성경이 누누이 반복해서 말하고자 하는 것은 "너희를 애굽에서 구원한 여호와 하나님을 믿으라"라는 말씀입니다. 하나님은 이스라엘 백성을 애굽에서 탈출시켰습니다. 구약에서 출애굽을 빠뜨리면 안 됩니다. 출애굽은 저주의 땅, 사망과 지옥의 땅입니다. 그런 땅에서 벗어나서 생명의 땅, 구원의 땅, 하나님이 계신 땅으로 탈출하는 사건이 출애굽 사건입니다. 우상숭배의 땅에서 벗어나서 축복의 땅으로 옮겨간 사건이 바로 출애굽 탈출 사건입니다. 조상이 무속을 섬기고 절에 심취되고, 남묘호랭교를 믿었어도 예수님을 믿고 죽고 예수님으로 다시 살아서 성령으로 세례를 받으면 탈출이 됩니다.

구원과 자유로움과 축복과 참된 신앙을 위한 탈출이 출애굽입니다. 신약과 구약이 동일하게 이것을 이야기하고 있습니다. 신앙생활은 결단하고 과거에서 탈출하는 것입니다. 이전에 좋아하던 모든 것을 다 버리고 주님을 선택하는 것입니다. 사실 애굽에서 살아도 먹고사는 데는 지장이 없습니다. 그러나 하나님이 왜 애굽에서 탈출하라고 명하셨습니까? 애굽은 바로왕의 노예로 살아가는 곳이기 때문입니다. 사탄·마귀의 노예로 살아가는 곳입니다.

우리가 왜 세상에서 탈출해야 합니까. 세상 신인 귀신의 노예로 살아가지 않게 하기 위해서입니다. 세상에서 먹고 마시고 놀다 보면 사탄의 노예가 되고 결국 귀신에게 붙잡혀서 지옥 불에 들어갑니다. 그래서 세상 죄에서 탈출해야만 합니다. 하나님 앞으로 나아온 사람들이 복 있는 사람들입니다. 가장 복 중의 복을 받은 사람들이 예수님을 주인으로 영접하고 교회 예배당에 와 있는 사람들입니다. 세상에서 탈출했으면 이제는 주님이 원하시는 믿음을 가지도록 노력해야 합니다.

예수를 믿었으면 옛사람이 죽었으므로 과거를 다 떨쳐 버리고 새사람이 되어서 하나님 말씀대로 살아가야 하는데 그 악한 일에 쓰던 도구들을 담은 망태기를 버리지 못하면 안 됩니다. 우리가 예수를 믿고 새사람이 된다는 것은 예수님의 사주팔자로 살기 때문에 과거에 내가 짊어지고 다니던 모든 악습과 습관과 기호품과 언행 심사를 다 버리고 성령으로 새사람이 되어서 새 출발을 하는 것을 말합니다.

그래서 예수 믿었으면 "썩어져 가는 구습을 좇는 옛사람을 벗어 버리고 오직 심령으로 새롭게 되어 하나님을 따라 의와 진리의 거룩함으로 지으심을 받은 새 사람을 입으라"라고 주님이 말씀하신 것입니다. 이 말씀은 날마다 내 자신을 돌아보고 겸손하게 주님 앞에 엎드려 기도하면서 주님이 원하시는 믿음의 사람, 성령의 사람이 되어야 한다는 말입니다. 예수 믿은 사람은 "나는 하나님으로부터 선택받았다"라는 확신 속에서 살아야 합니다. 그리고 내가 하나님으로부터 선택받고 은혜를 입었다면 그 은혜를 기억하고 감사하면서 살고 그 은혜를 갚으면서 살아야 합니다. 우리가 도저히 살아남을 수 없는 환란 많고 질병 많은 이 세상에서 오늘까지 살아 있는 것은 전적으로 하나님의 은혜입니다.

그렇다면 우리도 하나님께 은혜를 갚으면서 살아야 합니다. 예배를 영과 진리로 잘 드리는 것만으로도 은혜를 갚는 것입니다. 열심히 성령 안에서 기도하면서 교회와 이웃과 나라를 위해서 기도하는 것만으로도 하나님의 은혜를 갚는 것입니다. 이웃을 사랑하면서 사는 것도 하나님의 은혜를 갚는 것입니다. 하나님의 나라와 그의 의를 구하면서 사는 것도 하나님의 은혜를 갚는 것입니다. 예수님의 사주팔자로 사는 것도 은혜를 갚는 것입니다. 우리가 세상에서 구원받고 하나님의 택함을 받았다면 하나님을 경외하고 주님의 말씀대로 순종하여 신앙생활을 잘하는 것이 우리가 해야 할 일입니다.

하나님의 관심은 일(doing)도 중요하지만, 그보다 더 중요한 것은 존재(being) 입니다. 존재란 하나님의 사람답게 사느냐입니다. 예수님을 믿는 존재답게 사는가를 중요시한다는 것입니다. 하나님은 일보다, 우리의 직업보다, 우리의 성품을 더 중요시하십니다. 그러나 안타까운 것은, 많은 크리스천이 예수는 믿지만 예수님의 성품을 닮아가지는 않는다는 것입니다. 예수님께서 십자가에서 돌아가신 것은 우리로 하여금 잘 먹고 잘살게 하기 위한 그것만은 아닙니다. 예수님이 나 대신 십자가에 못 박히신 목적은 내가 예수 그리스도를 닮아가게 하기 위해서입니다.

바울 사도는 빌립보교회의 성도들에게 "그리스도의 마음을 품으라."라고 당부했습니다. 바울 사도가 그리스도의 마음을 품으라고 한 이유는 겉으로 드러난 행동보다 마음이 더 중요하다고 여겼기 때문입니다. 마음은 행동의 원천입니다. 행동하는 원동력이 마음입니다. 사람은 어떤 마음을 품느냐에 따라서 행동도 달라집니다. 내 마음에 믿음이 충만하면 믿음의 행동이 나오고 내 마음이 사탄·마귀에게 사로잡혀 있으면 원망 불평과 비판과 정죄만 계속됩니다 "각각 자기 일을 돌 볼 뿐더러 또한 각각 다른 사람들의 일을 돌보아 나의 기쁨을 충만케 하라"라고 성경은 증거 합니다. 예수님의 마음을 가졌다는 것은 다른 사람들을 돌보는 마음을 가진 것을 말합니다. 모든 위대함은 돌봄에서 비롯됩니다. 교우들을 섬길 수 있는 사람이 훌륭한 신앙인 입니다. 예수님도 섬기러 왔다고 말씀하셨습니다. 이웃을 돌보는 길은 결코 쉬운 길이 아닙니다. 그 길은 넓은 길이 아니고 좁은 길입니다. 그러나 새사람이 되면, 새로운 피조물이 되면 그 일을 하게 됩니다. 아무쪼록 우리가 모두 예수 그리스도 안에서 아담이 죽어서 없어지고 성령의 지배와 장악과 인도를 받으면서 예수님께서 원하시는 새사람이 되어서 예수님이 사용하실 수 있는 참 제자가 되어 예수님이 자신을 통하여 나타나는 성도로 변화되시기를 바랍니다.

첫째, 예수님을 더 사랑해야 한다고 하십니다. 예수님이 원하시는 참 제자가 되려면 그 무엇보다 예수님을 더 사랑해야 한다고 하십니다. "무릇 내게 오는 자가 자기 부모와 처자와 형제와 자매와 더욱이 자기 목숨까지 미워하지 아니하면 능히 내 제자가 되지 못하고"(눅 14:26). 본문 말씀을 마태복음에서는 이렇게 하고 있습니다. "아버지나 어머니를 나보다 더 사랑하는 자는 내게 합당하지 아니하고 아들이나 딸을 나보다 더 사랑하는 자도 내게 합당하지 아니하며"(마 10:37).

그렇다면 누가복음과 마태복음의 말씀을 비교해 보면 14장에서 '미워한다.'는 말의 의미는 미워하라는 의미가 아니고 부모, 처자, 형제, 자매, 더 나아가 자기 목숨까지도 덜 사랑해야 한다는 것입니다. 이는 예수님께서 말씀하시는 참 제자 됨에 대해서 그 누구보다도, 그 어느 것보다도, 그 무엇보다도 예수님을 더 사랑해야 한다는 말씀입니다. 그렇습니다. 우리가 정말 예수님께서 원하시는 참 제자가 되기 위해서는 이 세상 그 누구보다도, 이 세상 그 무엇보다도 정말로 예수님을 더 사랑하는 사람이 되어야 합니다.

예수님을 전심으로 사랑하지 않고는 예수님을 따라갈 수도, 예수님을 닮을 수도, 예수님을 위해 헌신할 수도 없는 것입니다. 마태복음 22장에 어떤 율법사가 예수님께 어느 계명이 제일 큰 계명입니까? 물었을 때 예수님은 그에게 이렇게 가르쳐 주셨습니다. "예수께서 이르시되 네 마음을 다하고 목숨을 다하고 뜻을 다하여 주 너의 하나님을 사랑하라 하셨으니, 이것이 크고 첫째 되는 계명이요"(마 22:37-38). 요한복음 21장에 보면 부활하신 예수님께서는 자신을 버리고 바닷가로 나가서 고기 잡는 제자들에게 찾아오셨습니다. 실망스러운 제자들을 참 제자로 만드시고 회복시키기 위해서 예수님은 베드로에게 세 번씩이나 다른 것을 묻지 아니하시고 "네가 나를 정말로 사랑하느냐?"고 물으셨습니다.

왜 예수님은 베드로에게 네가 이 사람들보다 나를 더 사랑하느냐고 물으셨을까요? 그것은 예수님이 원하시는 참 제자는 그 무엇보다도 예수님에 대한 사랑이 있어야 하기 때문입니다. 정말로 주님을 사랑하는 사람이 되어야 주님을 위해서 헌신도 할 수 있고, 주님을 따라갈 수도 있으며, 주님을 닮아갈 수 있고, 주님의 가르침을 받을 수 있고, 주님을 위해 죽을 수 있습니다. 참 제자 됨의 생명은 이 세상의 그 무엇보다도 예수님 사랑에 대한 분명함이 있어야 합니다.

한번 생각해 보시기를 바랍니다. 예수님의 제자가 되기 위해서 나섰는데 무엇을 지금 사랑하고 계십니까? 이 세상의 명예나, 재물이나 권력이나 향락이나 자녀를 더 사랑하고 있지는 않으십니까? 예수님께서 원하시는 참 제자가 되기 위해서 이 세상에 그 무엇보다도 예수님을 더 많이, 더 뜨겁게 사랑하는 참 제자가 되기를 주님의 이름으로 축복합니다.

둘째, 십자가를 지고 따르는 자가 되어야 한다고 하십니다. 예수님이 원하시는 참 제자가 되려면 자기 십자가를 지고 따르는 자가 되어야 한다고 하십니다. "누구든지 자기 십자가를 지고 나를 따르지 않는 자도 능히 내 제자가 되지 못하리라"(눅 14:27). 예수님께서는 예수님께서 원하시는 참 제자가 되기 위해서는 십자가를 지고 나를 나르는 자가 되어야 한다고 하십니다. 만일 누구든지 자기 십자가 지는 일을 거부하고 주님을 따르려고 한다면 그 어떤 누구도 예수님의 제자가 될 수 없으므로 분명하게 말씀하셨습니다.

그렇다면 예수님 당시 십자가를 지라는 의미는 어떤 의미였을까요? 그냥 고생이나 조금하고, 희생이나 조금하는 정도, 핍박이나 조금 받는 정도를 의미했을까요? 예수님 당시 십자가를 진다는 것은 사형의 형장으로, 죽음의 장소를 가는 것을 의미했습니다. 당시 사람들에게는 로마 군인들이 무거운 십자가를 진 사람을 처형장으로 가는 모습을 목격하곤 했습니다. 그들은 그 사람이 죽으러 간다는 것을 즉각적으로 알았습니다. 그 당시 십자가에 처형당하는 것은 대단한 수치로 여겼으며, 가장 극악무도한 범죄자를 위해 준비된 오랜 시간의 고통스러운 죽음이었습니다. 이것이 바로 당시에 예수님의 이 말씀을 들은 사람들이 상상했을 모습인데 많은 사람에게 십자가를 진다는 상상은 몸서리쳐지는 것이었습니다. 그런데 예수님은 나를 따라오려거든 십자가를 지고 따라오라고 합니다. 여기서 십자가를 지라는 것은 바로 "기꺼이 죽을 각오를 하라"는 것입니다. 십자가는 죽고 다시 태어나는 것을 말하는 것입니다. 모든 근심 걱정을 가지고 와서 예수로 다시 태어나라는 말씀입니다.

물론 예수님은 우리가 십자가에 매달려 죽으라고 하시는 것은 아닙니다. 그러나 예수님을 따르기 위해서는 기꺼이 주를 위해 고난을 받을 각오 하라, 나아가 우리의 생명을 드릴 각오가 되어있어야 한다는 말입니다. 예수님께서는 베드로의 "주는 그리스도시오. 살아계신 하나님의 아들이십니다."라는 신앙고백을 들으신 후에도 제자들에게 십자가를 져야 함을 동일하게 이미 말씀하셨습니다. "또 무리에게 이르시되 아무든지 나를 따라오려거든 자기를 부인하고 날마다 제 십자가를 지고 나를 따를 것이니라."(눅 9:23).

우리가 부르는 찬송가 341장 '십자가를 내가 지고'라는 찬송이 있습니다. 1절, 십자가를 내가 지고 주를 따라갑니다. 이제부터 예수로만 나의 보배 삼겠네, 세상에서 부귀영화 모두 잃어버려도 주의 평안 내가 받고 영생 복을 받겠네.

3절, 내가 핍박당할 때에 주의 품에 안기고 세상고초 당할수록 많은 위로 받겠네, 주가 주신 기쁨 외에 기뻐할 것 무어냐 주가 나를 사랑하니 기뻐할 것뿐일세. 아멘.

이 찬송의 가사는 헨리 프랜시스 라이트 목사에 의해 1824년에 만들어져, 같은 해 "보라, 우리는 모든 것을 버리고 주를 좇았노라"는 제목으로 발표됐습니다. 이 시가 지어지게 된 배경은 라이트 목사가 1823년 데본셔로워 브릭스햄의 분교구에서 시무할 때로 알려져 있습니다. 그의 사역자는 영국의 해변 도시로 많은 어부들이 살고 있었습니다. 말과 행동이 난폭하고 거칠고 무질서하고 몰상식하고 부도덕한 어부들을 상대로 구령사업을 하는 것은 감당하기 어려운 십자가였습니다.

라이트 목사는 모든 어려움을 주께 맡기고 어부들을 따뜻한 사랑과 희생적인 봉사로 그들을 섬겼습니다. 그 결과 어부들의 마음이 변화되기 시작했습니다. 교회는 주일 학교 어린이들만도 800명이나 됐고, 이들을 돌볼 교사를 70명이나 배출시킬 만큼 부흥했습니다. 라이트 목사가 찬송 시에 담아낸 감사의 고백은 시공을 넘어 오늘을 살아가는 성도들에게 십자가의 의미를 전하고 있습니다.

우리는 지금 예수님께서 원하시는 참 제자가 되기 위해서 내가 져야 할 내 십자가를 지고 주님을 따르고 있는지요? 내가 감당하고 져야 할 그 십자가 때문에 불평하고 힘들어하고 있지는 않는지요? 귀하는 예수님의 참 제자가 되기 위해서 주님을 위해 죽을 각오와 준비가 되어있는지요? 우리는 예수님의 제자가 되기 위해서 지금 주님의 믿고 주님의 뒤를 따르고 있습니다. 이제 예수님이 원하시는 참 제자가 되기 위하여 십자가를 지고, 예수님을 위해 죽을 각오를 하고 목숨을 아까워하지 말고 목숨 걸고 주님의 길을 가는 참 제자가 되기를 바랍니다.

셋째, 과감하게 소유를 예수님께 양도할 각오가 있어야 한다고 하십니다. 예수님이 원하시는 참 제자가 되려면 자기의 모든 소유를 버릴 각오가 있어야 한다고 하십니다. “이처럼 너희 중의 누구든지 자기의 모든 소유를 버리지 아니하면 능히 내 제자가 되지 못하리라”(눅 14:33). 예수님이 원하시는 참 제자가 되는 조건 가운데 사람들이 실질적으로 현실과 피부에 와 닿는 가장 어려운 관문은 바로 이 세 번째입니다. 아주 버리기가 쉽지 않기 때문입니다. 여기에서 모든 비합리가 나오기 때문입니다. 그런데 조금만 기도하면 쉽게 이해하고 순종할 수가 있습니다. 소유권을 양도하면 되는 것이기 때문입니다. 하나님은 분명하게 이렇게 말씀하셨습니다. “그리스도의 사랑이 우리를 강권하시는 도다. 우리가 생각하건대 한 사람이 모든 사람을 대신하여 죽었은즉 모든 사람이 죽은 것이라. 그가 모든 사람을 대신하여 죽으심은 살아 있는 자들로 하여금 다시는 그들 자신을 위하여 살지 않고 오직 그들을 대신하여 죽었다가 다시 살아나신 이를 위하여 살게 하려 함이라”(고후 5:14-15). 예수를 주인으로 영접한 성도들은 모두가 예수를 믿을 때 죽었습니다. 그리고 순간 예수님으로 태어났습니다. 이제 예수님이 자신을 통하여 살고 계시는 것입니다. 따라서 자신의 모든 소유 역시 예수님의 소유가 되는 것입니다. 예수 믿을 때 죽은 사람이 소유권을 주장할 수가 없는 것입니다. 세상에서도 부모가 죽으면 자녀들에게 재산이 상속되는 것을 잘 알고 계실 것입니다.

그런데 하나님을 더 사랑한다는 것 십자가를 진다는 것은 너무

크고 엄청나기 때문에 사람들이 실감을 잘 못 느끼지마는 내가 가지고 있는 소유를 버리라는 것은 실질적인 문제요 현실의 문제요 내 삶과 피부에 와닿는 눈앞에 문제이기 때문에 더 크게 보이는 것입니다. 성경에는 소유에 대한 문제를 많이 다루고 있습니다. 소유와 영적인 문제, 소유와 제자 됨의 문제, 소유와 천국의 문제, 소유와 영생의 문제 등 다양한 소유의 문제를 다루고 있음을 볼 수 있습니다. 마태복음 19장 16~22절에 말씀에 보면 재물이 많은 청년이 영생을 어떻게 얻을 수 있는지에 대하여 예수님께 질문을 합니다. 그런데 예수님께서 그 질문을 받으시고 이렇게 말씀하십니다. “네가 생명에 들어가려면 계명들을 지키라”고 하십니다. 이때 청년이 어떤 계명을 지켜야 하는지를 물으니 예수님 말씀하기를 ‘살인하지 말라, 간음하지 말라, 도둑질하지 말라, 거짓으로 증언하지 말라, 네 부모를 공경하라. 네 이웃을 네 몸과 같이 사랑하라’고 하십니다.

그랬더니 청년이 예수님께 이렇게 대답합니다. ‘이 모든 계명을 내가 지키었는데 아직도 무엇이 부족합니까?’라고, 묻습니다. 이때 예수님께서 이 청년에게 소유에 대한 말씀을 이렇게 하십니다. ‘네 소유를 팔아 가난한 자들에게 주라. 그리고 와서 나를 따르라’ 이 예수님의 말씀을 듣고 청년은 재물이 많으므로 근심하며 돌아갔다고 하십니다.

이 청년은 재물을, 소유를 버릴 각오가 되어있지 않았기 때문에 주님을 따르지 못하고 근심하며 돌아갔습니다. 그렇다면 예수님의 참 제자가 되기 위해서 소유를 버릴 각오가 되어있어야 한다고 하시는데 소유를 버린다는 것은 과연 어떤 의미일까요? 이는 자기 소유를 내 것이라고 주장하지 말라는 것입니다. 여기서 바르게 이해해야 할 것은 자신의 소유를 팔아서 예배당에 바치라는 것이 아닙니다. 자신의 모든 소유를 하나님의 소유로 돌리라는 것입니다. 하나님의 승인을 받고 소유를 사용하라는 것입니다. 이유는 자신이 하나님의 전 성전이기 때문입니다. 하늘이신 하나님께서 지금 어디에 계십니까? 하나님은 고린도전서 3장 16-17절에서 "너희는 너희가 하나님의 성전인 것과 하나님의 성령이 너희 안에 계시는 것을 알지 못하느냐? 누구든지 하나님의 성전을 더럽히면 하나님이 그 사람을 멸하시리라 하나님의 성전은 거룩하니 너희도 그러하니라." 분명하게 하나님께서 계시는 성전이 성도라고 말씀하시고 계십니다.

우리가 예수님이 원하시는 참 제자로서의 삶을 살아가는 데 있어서 필수적인 조건은 바로 소유권을 하나님께만 있다는 것을 인정하는 것입니다. 나의 모든 소유는 내 것이 아니고 하나님의 것입니다. 하나님께 소유권을 양도하면 되는 것입니다. 다윗은 역대상 29장에서 성전 건축에 쓸모든 예물을 드리고 난 후 너무 기뻐서 하나님께 감사의 기도를 합니다. 그런데 그 내용이 모든 소유와 재물은 하나님일 것이고 하나님이 주셨다는 것입니다.

역대상 29장을 요약하면 이렇습니다. "천지에 있는 것이 다 주의 것이로소이다(11). 부와 귀가 주께로 말미암고 또 주는 만물의 주재가 되사 손에 권세와 능력이 있사오니 모든 사람을 크게 하심과 강하게 하심이 주의 손에 있나이다(12). 모든 것이 주께로 말미암았사오니 우리가 주의 손에서 받은 것으로 주께 드렸을 뿐이니이다(14). 이 모든 물건이 다 주의 손에서 왔사오니 다 주의 것이니이다(16).”

다윗의 신앙고백을 보십시오. 나의 것은 본래부터 없습니다. 모두가 주님의 것입니다. 주님이 우리에게 맡겨 주신 것입니다. 내 모든 소유가 내 것이 아닌 하나님의 것, 하나님의 소유임을 인정할 때 내가 가지고 있는 모든 재물과 소유를 주님의 뜻을 위해, 하나님의 영광을 위해 기쁨으로 사용할 수 있는 것입니다.

그리고 실제로 예수님의 제자들은 주님의 제자가 되기 위해서 자기의 모든 소유를 버리고 주님을 좇았고 주님의 제자가 되었습니다(마4:18-22). 베드로와 안드레는 예수님의 부름에 즉시 그물을 버려두고 예수를 따라갔습니다. 야고보와 요한은 예수님의 부름에 배와 아버지를 버려두고 예수를 따라갔습니다. 그리하여 저들은 예수님의 제자가 되었습니다.

예수님의 처음 제자들은 예수님의 제자가 되기 위해 자기의 생계 수단이며 자기의 소유인 배와 그물을, 그리고 배와 아버지를 버려두고 예수님을 따르므로 예수님의 제자가 되었습니다. 예수님이 원하시는 참 제자가 되기 위해서 우리의 모든 소유를 포기할 수 있습니까? 예수님이 원하시는 참 제자가 되기 위해서 하나님께서 나에게 주신 재물을 주님을 위해서 쓸 준비는 되어있는지요? 혹시 재물에 대한 애착과 아까운 마음, 내 것이라는 생각은 없으십니까? 내가 가진 모든 소유, 모든 재물은 내 것이 아니라 하나님의 것이며 하나님의 소유입니다. 내 것이라고 더 이상 욕심부리지 말고 주님을 위해 포기하고 주님을 위해 아름답게 쓸 수 있는 예수님의 참 제자가 되기를 축복합니다. 오늘 하나님께서는 우리게 예수님이 원하시는 참 제자가 되려면 어떻게 해야 하는지 세 가지로 생명의 말씀을 주셨습니다. 그 말씀이 무엇인지요? 기억하고 계시지요? 첫째로 예수님이 원하시는 참 제자가 되려면 그 무엇보다 예수님을 더 사랑해야 한다고 하셨습니다. 둘째로 예수님이 원하시는 참 제자가 되려면 자기 십자가를 지고 따르는 자가 되어야 한다고 하셨습니다. 셋째로 예수님이 원하시는 참 제자가 되려면 자기의 모든 소유를 버릴 각오가 있어야 한다고 하셨습니다.

바로 우리도 이제부터 예수님이 원하시는 참 제자가 되기 위해 이 세상 그 무엇보다도 예수님을 온 마음과 목숨과 힘을 다해 더 사랑하며, 내게 맡겨 주신 십자가를 잘 지고 그 주님을 위해서 죽을 각오를 하며 목숨을 아까워하지 말고 죽어도 주를 위하여 살아도 주를 위하여 이 목숨을 드리며, 하나님께서 우리에게 주신 모든 소유는 내 것이 아니고 주님의 것인데 주님을 위해서 멋있게 사용할 각오를 하는 참 예수님의 제자가 되기를 주님의 이름으로 축복합니다.

16장 꼬인 인생 풀려면 이곳 가서 이 분을 만나면 풀리지요

꼬인 인생을 풀려면 자신이 바뀌어야 합니다. 자신이 바뀌는 것은 자기 능력으로 불가능합니다. 반드시 예수님을 믿고 성령으로 세례를 받고 성령의 인도를 받으며 예수님의 인생을 살아야만 꼬인 인생이 풀릴 수가 있습니다. 예수님께서 사람의 몸을 입고 이 세상에 오셔서 하신 일이 있습니다. 따라서 읽겠습니다. "우리 주님께서 우리의 모든 세상 죄를 다 짊어지고 가셨습니다."(요1:29). "우리 주님께서 우리 모든 병의 저주를 다 짊어지셨습니다."(마8:17). "우리 주님께서 이 땅에서 가난케 됨은 우리를 부요케 하시려고……."(고후8:9). 예수님은 이 땅에 오셔서 이 3가지를 다 이루시고 해결하셨는데, 모든 죄의 문제를 다 해결하셨고, 모든 질병의 저주를 해결하셨으며, 모든 가난의 저주를 다 해결하셨습니다. 예수님이 꼬인 인생의 문제를 다해결하셨습니다.

하나님께서 에덴동산에서 아담과 하와에게 영생의 복과 풍요의 복을 주셨는데 마귀가 죄를 가지고 들어옴으로 인해서 그 영생의 자리, 수고의 땀을 흘리지 않아도, 일용할 양식을 걱정하지 않던 그 자리가 마귀의 말을 들음으로 인하여 가난이 찾아왔고, 질병이 찾아왔고, 저주가 찾아왔습니다. 이것을 우리 예수님께서 해결해 주셨음을 믿으시기 바랍니다. 요1서 3장 8절 말씀에는 "하나님의 아들이 나타나심은 마귀의 일을 멸하려 하심이니라." 하셨습니다. 2000년 전에 우리 주님이 이 땅에 오셔서 이미 이 3가지를 다 해결해 주셨습니다.

우리가 알고 믿어야 할 것은 “말씀을 갖고 있으면 성령 받습니다.”(갈3:2). “믿음으로 능력 받습니다.”(갈3:2). “믿음이 있는 자는 믿음으로 말미암아 아브라함과 같은 복을 받았느니라.”(갈3:9). 하나님을 믿고 순종하면 말씀대로 변화를 체험하게 됩니다.

실제로 믿음의 조상 아브라함은 하나님을 믿고 순종함으로 5가지 축복을 받습니다. ①장수의 복을 받았습니다. 아브라함은 병들어 죽지 않습니다. 157세까지 건강하게 살다가 건강한 몸으로 떠납니다. ②재물의 복을 받았습니다. 성경은 그가 빈 몸으로 갈대아 우르를 75살의 나이로 나왔지만 그는 318명의 하인을 거느리고 있는 사람입니다. 이 사람은 엄청난 재물의 축복을 받았습니다. ③자녀의 복을 받았습니다. 이삭 같은 순종의 자녀의 복을 받습니다. ④ 부부의 복을 받았습니다. 사라 보고 오빠라 하면 오빠, 주라! 하면 주라고 남편을 불렀습니다. 부부의 금실이 참으로 좋았습니다. ⑤믿음의 조상이라는 칭호를 받습니다. 오늘 이 복이 어디로 옵니까? 예수님을 믿음으로 믿음에서 옵니다. 예수로 죽고 예수로 살아야 복이 옵니다.

따라서 읽어보세요. “믿음만 가지고 있으면, 무엇이든지 응답됩니다.” 예수님은 요한복음 12장 32절에서 이렇게 말씀하십니다. “내가 땅에서 들리면 세상 임금 마귀가 심판 받고 쫓겨 나리라.” “그리고 너희를 내게로 이끌리라” 우리 주님이 이 땅에 오셔서 2가지 사역을 하셨는데 ① 사탄을 심판하시고, ② 죄의 종노릇하는 백성을 구원하여 하늘나라가 되게 하셨습니다. 우리는 이 두가지 사역을 하신 것을 믿습니다. 오늘 귀하가 자유한 자가 되게 하신 것을 믿으시면 아멘! 하시기를 바랍니다.

교회 안에는 3종류의 사람이 있습니다. ① 양파 같은 교인. ② 사과 같은 교인. ③ 홍당무 같은 성도…. 원래 뿌리 열매이든 나무 열매이든 다 같은 열매이지만 다릅니다.

① 양파는 모양은 가지고 있지만 껍질을 벗기도 또 벗기고 벗기니까 알맹이가 없습니다. 껍데기 신앙입니다. 양파 같은 장로, 권사, 집사, 성도가 없기를 바랍니다. 믿음의 모양은 있습니다. 그런데 껍질을 까고 또 까니까 남는 것이 하나도 없는 껍데기입니다.

② 사과 같은 교인이 있는데 성도와 교인은 다릅니다. 교인은 교회만 문턱이 닳도록 열심히 드나드는 사람이고, 성도라는 것은 예수 믿고 죽고 다시 태어나 성령으로 거듭난 사람입니다. 사과는 노란색, 파란색, 빨강색, 여러 가지 색깔을 가지고 있는데 공통점이 껍질을 벗기면 하얗게 들어납니다. 따라서 읽어보세요. "겉 다르고 속 다른 사람!" 옆 사람에게 물어보세요. 혹시 당신 아니요? 라고 말입니다.

③ 홍당무 같은 성도가 있습니다. 이 사람이 진짜배기입니다. 오늘 책을 읽는 분들은 모두 홍당무 같은 성도, 집사님, 권사님, 장로님이 많이 계신 줄 믿습니다. 홍당무는 겉 색깔이나 속 색깔이나 똑같습니다. 이 사람은 겉으로 하는 모습이나 교회에서의 모습이나 똑같습니다.

오늘 본문의 말씀은 사도 바울의 이야기인데 이 말씀을 통해서 나의 모습을 조명해 보고 "주여! 내가 이 시대의 바울이 되기를 원합니다! 저도 바울과 같은 사람으로 변화되기를 원합니다!" 고백하시고 예수님이 원하시는 성도로 바뀌시기를 바랍니다. 하나님께서는 예배의 횟수에 관심을 가지지 않습니다. 단 한 번의 예배를 드리더라도 하나님께서 감동하시는 예배를 드리시기를 바랍니다. 하나님께서 열 납 하시는 예배를 드림이 목적입니다. 수백 번 예배를 드리면 무엇 합니까? 하나님께서 받지 않는 예배는 소용이 없습니다. 단 한 번 드리더라도 하나님께서 영과 진리로 산 제물이 되어 드리는 예배는 하나님께서 열납 하시고, 감동하시면, 나의 모든 기도 문제가 응답 될 줄로 믿습니다.

오늘 봉독한 사도행전 22장 3절 말씀에 바울이 자기 자신을 4가지로 고백하고 있는데 ①나는 유대인입니다. ②길르기아 다소에서 태어났습니다. ③가말리엘 문하에서 율법의 엄한 교훈을 받은 율법 학자로 613가지 율법에 관해서 연구했습니다. ④하나님에 대해서 열심 있는 자라 하였습니다. 시대와 연대, 그리고 사람은 달라도 이 말씀을 영적으로 조명해 보면? 첫째로 "나는 유대인입니다." 유대인은 누구입니까? 그 당시 유대인들은 자기들만 하나님께서 택한 백성인 선민이고 자기들만 천국 가는 줄 알았습니다. 이 말씀을 적용한다면 우리는 영적인 유대인입니다. 우리는 예수 그리스도로 구원을 받고, 하나님께 부름을 받아서 자녀가 된 하나님의 백성, 선민입니다. 시기는 달라도 영적으로 똑같습니다.

두 번째로 "나는 가말리엘 문하에서 율법의 엄한 교훈을 받았습니다." 율법은 하나님의 말씀입니다. 바울은 사울 되었을 때 율법 학자이었는데 우리 또한 많은 성경 공부를 하였습니다. 어떤 집사님은 성경을 100 독을 하신 분이 계십니다. 성경을 많이 알고 있습니다. 바울은 율법에 대하여서 학자였습니다. 그런데 예수님을 만나지 못했습니다. 오늘날에도 성경을 많이 알고 계신 분이 지금 책을 읽는 분 중에도 예수님을 만나지 못한 분이 있습니다. 그런데 예수님을 체험적으로 만나지 못한 분이 있습니다. 시대는 달라도 똑같습니다. 그리고 하나님에 대하여 대단히 열심히 있는 성도가 있습니다. 바울은 하나님에 대하여 대단히 열심이었습니다. 바울이 예수님을 어디서 만났습니까?

다메섹에서 만났습니다. 다메섹에서 예수님을 만나기 전의 사울의 모습을 보면 "나는 유대인이며, 율법 학자이며, 하나님에 대하여 대단히 열심 있는 자라"고 자랑하던 사울이 사도행전 7장 57절에서는 말씀을 증가하는 스데반을 돌로 쳐 죽이는 주동자요, 장본인이 됩니다. 잘 들으세요. "나는 유대인이며 하나님께서 택한 백성입니다. 나는 모태 신앙이며 성경 말씀에 대해서는 대단히 많이 알고 있는 하나님에 대하여 열심 있는 자입니다."라고 했던 이 바울이 다소에 있을 때는 말씀 전하는 주의 종을 돌로 쳐 죽이는 자였습니다.

이것은 무엇을 말합니까? 예수 만나지 못한 사람은 다소 사람인데 이 사람은 다메섹 가야 예수 만납니다. 예수 만나기 전의 사울의 모습은 아무리 내가 유대인이라고 말하면 뭐 합니까? 아무리 성경을 많이 알면 뭐하고, 하나님에 대하여 열심이면 뭐 합니까? 예수님을 못 만나면 예수님을 믿는 사람들을 치는 자입니다. '맞습니까?' 예수님을 만나지 못한 교회의 교인들은 예수 믿는 신실한 사람들을 대적한다는 사실! 깨달으시기를 바랍니다.

다메섹에 와야 예수 만나는 것입니다. 예수 만나야 구원이 있습니다. 예수 만나야 믿음 생활하는 것이고, 예수 만나야 영원한 천국에 들어가는 것입니다. 그런데 아무리 성경을 많이 읽으면 무엇 합니까? 아무리 모태 신앙이면 뭐 합니까? 이 사람은 "못해 신앙!"입니다. 뭘 못해! 십일조 못해! 기도 못 해! 순종 못 해! 못해! 못해! 못해! 그래서 예수님을 신실하게 믿는 사람들을 괴롭히고, 건드리고, 치는 자가 되는데 이런 사람은 예수를 만나지 못한 사람입니다.

말씀의 거울에 비추어 보시기 바랍니다. 사도행전 8장 1절 말씀을 보면 "사울이 스데반을 죽인 것을 마땅히 여기더라" 무슨 말입니까? 양심이 화인 맞아 영적으로 깨닫지 못합니다. 스데반 죽인 것이 잘했다는 것입니다. 전혀 자기 잘못을 모릅니다. 예수 만나지 못한 사람은 회개할 줄을 모릅니다. 잘못을 모릅니다. 이 사울이 다메섹 가기 직전에 사도행전 9장 1절 말씀을 보면 "사울이 위협과 살기가 등등하여…." 예수 만나기 전 사울의 눈에는 살기가 있고 위협합니다.

교회에 가서 어떤 사람은 만나면 가까이하기가 머쓱하고 불안한 사람이 있습니다. 왜냐하면 사울과 같은 사람이기 때문입니다. 위협이 있고, 공갈하고, 협박하고, 불안하게 만들고, 두렵게 만드는 사람이 있습니다. 그런데 어떤 분은 가까이 가기만 해도 은혜가 됩니다. 마음이 슬프고, 괴롭다가도 어떤 분만 만나면 마음이 평안해지고, 위로를 받습니다. 예수님을 만나서 십자가에서 죽었다가 다시 예수님으로 살아났기 때문입니다.

그런데 어떤 사람은 내 마음이 기쁘고 즐겁다가도 그 사람이 와서 한마디만 하면 은혜가 떨어져 버립니다. 그런 사람이 있지요? 여기는 없어도 저기는 많습니다. 예수 만난 사람은 은혜가 있지만, 예수 만나지 못한 사람은 불안하게 만들고, 근신과 염려를 줍니다. 아멘! 이십니까? 사울은 예수 만나기 전에 예수 믿는 자들을 잡아 감옥에 가두는 자였습니다. 따라서 읽어보세요. "주여! 오늘 이 자리가 다메섹이 되게 하옵소서! 다메섹의 축복을 내게 주옵소서!" 사울이 다메섹에 왔습니다. 사도행전 9장 3절에 "사울이 다메섹에 가까이 가더니 홀연히 급하고 강한 빛이 사울을 비춥니다."

갑자기 비추는 빛 앞에 사울은 땅에 떨어지며 엎드려집니다. 이 빛은 요한복음 1장 1~14에 보니까 빛 되신 예수 그리스도, 다시 말해서 사울은 이 빛을 강권 적으로 영접합니다. 빛 되시는 예수를 강권 적으로 영접하는 모두가 되시기를 바랍니다. 영접하는 순간에, 예수를 만난 사람에게 가장 먼저 나타나는 현상이 무엇인가 하면? 빛을 영접하는 순간에 땅에 꼬꾸라집니다. 땅에 엎드려집니다. 예수 만난 첫 번째 현상은 교회에서 엎드립니다. 아멘 이십니까? "주여! 내가 교회에서 예수 만난 사람이 되기를 원합니다." 예수님을 만났더니 땅에 엎드려집니다. 예수 만나서 교회에 들어와 예배와 기도로 엎드려지기를 바랍니다. 봉사하기 위해 엎드려집니다. 섬기기 위해 엎드려집니다. 예수 믿고 변화가 무엇인지 깨달아지기 시작합니다. 이런 성도가 예수 만난 다메섹 성도입니다.

따라서 읽어보세요. "빛을 영접하고 땅에 엎드려지고, 땅에 엎드려질 때 말씀의 귀가 열리더라." 사울이 빛을 영접하는 순간에, 땅에 엎드려지면서, 땅에 엎드려지는 순간에 하늘에서 소리가 들립니다. 이 소리는 땅에서 오는 소리가 아니라 하나님의 음성이 들립니다. 이 말씀을 정리하면 "내가 예수를 만났더니 예수 만나는 즉시 내가 엎드려지고, 엎드려졌더니 말씀의 귀가 열리는데 하늘 소리가 들리더라."라는 것입니다.

오늘 우리 모두 다메섹 신앙을 회복하시기를 바랍니다. 빛을 영접하는 순간에 땅에 엎드려지고, 땅에 엎드려졌더니 말씀의 귀가 열리더란 말입니다. 말씀의 귀가 열리니까 행9장 6절 말씀에 따라서 읽어보세요. "너 일어나 성으로 들어가라" 무슨 얘기입니까? 내가 빛 되신 예수를 영접하고, 영접하는 순간에 땅에 엎드려졌더니 땅에 엎드려지는 순간에 하나님의 말씀(음성)이 들려옵니다. 들려오니까 주님이 음성으로 지시하시더란 말입니다.

주님이 지시하십니다. 주님의 지시를 받으시기를 바랍니다. 주님이 간섭하십니다. "너 일어라, 성으로! 들어가라"이 사실을 믿습니까? "너 일어나 성으로 들어가라!"라고 사울의 귀에는 생생히 들리는데 같이 가던 사람들은 강한 빛은 보았으나 소리는 듣지 못하더라고 9절에 증언하고 계십니다. 따라서 읽어보세요. "많은 사람 중에 내가 구별되었다!" 맞습니까?

책을 읽는 분들도 어떻게 하든지 다메섹에 오셔야 합니다. 오늘 영적인 다메섹으로 귀하를 초대하심을 믿으시기를 바랍니다. 성경을 보면 사람이 세운 직분 자와 하나님이 세운 직분 자가 다름을 압니다. 가룟 유다를 대신해서 사도들이 누구를 세웠느냐 하면 사도행전 1장 26절에 "맛디아"를 세웠습니다. 맛디아가 사도로 부름을 받은 기록은 성경에 있는데 그의 사역에 대해서는 성경은 전혀 침묵하고 있습니다.

왜 그렇습니까? 하나님의 일을 한 것이 전혀 없고 성경은 전혀 언급하지 않습니다. 다시 말해서 사람이 세운 직분 자는 직분만 받고 일을 안 한다는 것입니다. 그런데 가룟 유다 대신에 또 한 사람을 예수님께서 직접 세우시는데 바로 바울입니다. 이 사람은 생명 바쳐서 주를 위해서 죽기까지 충성합니다. 교회에서 직분 받고 일하지 않는 사람, 사람이 세운 직분 자입니다.

마태복음 1장 1~17절까지 아브라함과 다윗의 자손 예수 그리스도의 세계라고 하면서 히스기야 왕 솔로몬 왕 다윗 왕이 나오는데 성경에 왕이라고 붙여준 사람은 오직 다윗 왕뿐입니다. 하나님께서 인정하시는 왕은 오직 다윗밖에 없습니다. 왜 그렇습니까? 하나님께서 직접 세우신 왕은 다윗밖에 없습니다. 나머지는 다 세습 왕입니다. 아버지가 왕이니까 대를 이어 왕 된 그것밖에 없습니다. 오늘 우리들은 교회 안에서 다윗같이 하나님이 세운 성도가 되시기를 바랍니다. 이런 사람은 어디를 가든지 하나님이 항상 함께하시기 때문에 그가 사망의 음침한 골짜기를 다닐지라도 해를 두려워하지 않습니다.

로마서 10장 17절 말씀에 "믿음은 들음에서 난다"고 했습니다. 또 "들음은 하나님의 말씀에서 나는데" 하나님께서 아브라함에게 찾아오시는데 말씀으로 오셨습니다. 창세기 12장 1~4절 말씀에 "내가 너를 축복하는 자 축복하고, 너를 저주하는 자 저주하리니 너는 복의 근원이 될지라"고 하셨습니다. "복의 근원"이라는 말은 어느 곳에 가든지 복의 시작이라는 말입니다. 갈 3장 9절 말씀에 "너희가 아브라함과 같은 믿음을 가지고 있으면 아브라함과 함께 복을 받는다"라고 하십니다.

창세기 12장 4절 아브라함은 말씀을 좇아갔다고 했습니다. 아브라함의 믿음은 환상을 보고 간 것이 아니고, 꿈 보고 간 것이 아니라 말씀을 좇아간 믿음이었습니다. 이 아브라함 같은 믿음을 내가 가지고 있으면 나도 아브라함과 같은 복을 받을 수 있다는 것입니다. 그렇다면 수천 년 전에 아브라함이 받았던 그 복을 내가 어떻게 받을 수 있습니까? 성경 요한복음 6장 63절에 주님께서 말씀하시기를 "내 말은 영이며 생명이라" 하셨습니다. 맞습니까? 말씀, 즉 영의 세계에는 시간제한이 없습니다. 내가 하나님의 말씀을 믿고 내가 영의 세계, 말씀의 세계에 들어가는 것입니다.

들어가서 창세기 12장 1~4절에 아브라함에게 주셨던 그 말씀을 내가 믿음으로 가져오는 것입니다. 가져와서 내가 믿음으로 품는 것입니다. 나는 어느 곳에 가든지 나는 복의 근원이야! 믿음 가지면 불가능이 없습니다. 무슨 일이든 할 수 있습니다. "할 수 있거든 이 무슨 말이냐? 믿는 자에게는 능치 못할 일이 없느니라" "너희가 믿고 구한 것은 받은 줄로 믿어라!"라고 하셨습니다. 오늘, 이 말씀 가지시고 사시기 바랍니다. 사울이 눈을 떴습니다. 그러나 아무것도 보이지 않습니다. 무슨 얘기입니까? 예수 만난 사람은 세상눈은 뜨지만, 세상 것이 보이지 않습니다. 세상 것이 아무리 좋다고 그래도 예수 만난 사람은 세상 것 좋은지 모르고 귀한지 모릅니다. 오직 예수만이 귀합니다. 이 사람이 예수 만난 사람입니다.

따라서 읽어보세요. “빛을 영접하면, 땅에 엎드려집니다. 땅에 엎드려지면 하늘의 소리가 들립니다.” 하나님의 음성을! 하나님 말씀의 귀가 열립니다.! 따라서 읽어보세요. “말씀의 귀가 열리면, 주님이 직접 지시하시고, 내가 구별되고, 내가 눈은 떴으나 세상 것이 안 보입니다!” 이것이 다메섹 사람입니다. 그리고 다메섹에서 이 사울이 사람의 손에 이끌리어 성(직가)으로 들어갑니다. 자기주장이 강하고, 고집과 자아가 강했던 이 사울이 눈 어두워지니까 다른 사람의 손에 자기를 맡깁니다. 우리가 세상 것이 안 보이면, 주님이 나를 붙잡아서 나를 데리고 가십니다. 그분이 나와 함께 하심을 믿으시기를 바랍니다. 따라서 큰 소리로 읽어보세요. “다소에서 다메섹으로, 다메섹에서 직가로 가라!” “직가에 가서 성령으로 충만한 아나니아로부터 안수를 받아 영적인 눈을 떠라.”

“직가” 신앙 되는 우리들이 되시기를 바랍니다. 다메섹에서 눈 어두워지고, 예수 만나고 난 후에 그가 눈을 뜬 곳이 어디입니까? 직가에서 영적인 눈을 뜹니다. “직가 사람”은 누구입니까? 성령으로 세례받고 성령으로 기도하는 사람입니다. 예수님을 체험적으로 아는 성도입니다. 꼬인 인생을 풀고 성령 하나님과 동행하는 사람으로 성령의 지배와 장악 이끌림을 받습니다. 오늘 기도하다가 성령의 불세례를 받기를 바랍니다. 성령 받는 우리들이 되시기를 바랍니다. 성령의 불을 받지 못하겠거든 충만한 교회로 오시기를 바랍니다. 성령님이 함께해야 기도할 수 있습니다. 육의 기도는 3분을 넘기지 못합니다. 그러나 성령님이 함께 하시면 오래 동안 많은 기도를 할 수 있습니다.

우리들은 성령으로 기도하기 위하여 택하신 그릇이기를 바랍니다. 사울이 눈을 뜨게 될 때 주님께서 직접 눈을 뜨게 하시지 않고 '아나니아'라고 하는 무명의 종을 통하여 눈을 뜨게 하십니다. 주님께서는 '아나니아'에게 사울에게 가서 안수하라고 하십니다. 그때 '아나니아'는 사울이 하도 악명이 높은지라, 스데반을 죽였던 자이기에 가기가 싫었습니다. 그런데 주님은 가라 하시니까 가서 안수합니다. 안수하니 사울은 바로 무릎을 꿇습니다. 다소의 사울과 직가의 사울이 전혀 다릅니다.

여기서 깨달을 것은 직가에서 최고로 영적인 사람이 누구입니까? 성령의 음성에 무조건 순종하는 이런 사람이 직가의 사람입니다. 사람의 말에 순종하는 것이 아니고 성령의 음성에 순종하는 성도입니다. 가장 미련한 사람은 세상 것을 가지고 교회 예배당으로 들어오는 사람입니다. 담임 목사님이 설혹 자신보다 못 배웠다고 하더라도 그분이 누구입니까? 하나님께서 기름 부은 종입니다. 하나님께서 기름 부어 세웠기 때문에 절대 순종해야 합니다.

창세기 6장 14절 이하 말씀의 노아 방주 이야기 중에서 "간을 막아라!"고 했습니다. 같은 방주인데 간을 막으라는 것입니다. 칸을 치라는 것입니다. 무슨 말씀입니까? 내가 들어갈 자리가 설 자리가 따로 있다는 겁니다. 절대 옆의 칸을 보지 마십시오. 내 칸,

내 위치를 지키십시오. 목사의 자리, 집사의 자리가 있습니다. 가정도 마찬가지입니다. 남편의 자리가 있고, 아내의 자리가 있습니다. 남편이 남편 자리를 이탈할 때 이 가정에 문제가 생기는 것입니다.

'아나니아'가 안수하면서 "주께서 너로 성령으로 충만케 하신다"라고 합니다. 따라서 읽어보세요. "성령세례 받아 성령의 음성에 순종하는 성령으로 충만 받은 예수님의 종이 인수할 때 성령 충만 임합니다." 맞습니까? 출애굽기 12장 8절 말씀에 "유월절 양고기를 먹을 때에 머리, 내장, 정강이를 다 불에 구워 먹으라!"라고 했습니다. "유월절 양"은 고전 5장 7절에 예수 그리스도라고 말씀하십니다. 상징적으로 말씀합니다. 모형입니다. 노예 생활을 청산하는 마지막 밤에 하나님께서 유월절 양고기를 먹으라 하는 것은 예수 그리스도와 내가 하나 되라는 것입니다. 예수님과 하나 될 때 지, 정, 의, 머리, 내장, 가슴을 말합니다. 정강이 행동하는 믿음을 말합니다.

"불에 구워 먹으라!" 불은 성령을 말씀합니다. 성령의 불을 받으라는 것입니다. 예수 그리스도를 성령으로 믿으라는 것입니다. 성령으로 세례를 받은 다음 부터 노예 생활 청산할 수 있습니다. "직가에 왔더니 주의 종 알아보고, 성령 충만 받고, 눈이 열렸다." 성령 충만 받고 눈 열리는 사람은 "보이는 것은 예수밖에 보이지 않습니다." 사울이 바울 되어서 눈 열리자마자 한 일은 예수를 전하기 시작합니다. 성령 충만 받은 사람은 예수만 전합니다. 그리고 보이는 것은 오직 예수만 보입니다.

교회 생활에 승부를 거세요. 예수 전하는 것에 승부를 거세요. 주님은 귀하의 입을 통해서 주님을 증거 하기를 예수 증인 되기를 원하십니다. 주님만 전하고, 주님만 바라보십시오. 교회 안에는 염소 교인이 있습니다. 염소는 주인이 끄는 대로 어디든 잘 따라갑니다. 그런데 물가만 가면 질색을 합니다. 염소 교인은 좋은 날씨에는 교회에 잘 나옵니다. 비만 왔다. 하면 교회에 안 와요! 염소 교인입니다. 개구리 교인이 있습니다. 개구리는 7~8월이 한 철입니다. 울지 말라고 해도 잘 울어요. 그런데 날씨만 추워졌다. 하면 어디 갔는지 없어요. 소쿠리 교인이 있습니다. 소쿠리는 물에 담가두면 물이 가득 들어 있어요. 건져 올리면 물이 싹 빠져버려요. 은혜는 혼자 다 받는데 나가면서 다 쏟아버리고 나갑니다. 냄비 교인이 있습니다. 불에 올려놓으면 제일 먼저 달아오르는 것이 냄비입니다. 제일 빨리 식는 것도 냄비입니다. 금방 은혜받고는 금방 식어 버립니다.

두더지 교인이 있습니다. 멀쩡한 땅 두더지가 지나가면 쑥대밭 됩니다. 신앙생활 잘하는 성도 이리 쑤시고 저리 쑤셔서 시험 들게 만듭니다. 인력거 교인이 있습니다. 인력거는 남이 끌어 주어야만 갑니다. 신앙생활 10년, 20년을 했건만 맨 날 나 교회 안가! 꼭 끌어 주어야만 교회에 나옵니다. 이런 분이 한 분도 안 계실 줄 믿습니다. 미꾸라지 교인이 있습니다. 좋은 일 얼굴이 드러나는 일은 혼자 다 나서다가 교회에 어려운 일이 있으면 요리조리 다 빠져버립니다.

“주여! 다메섹 성도로 머물지 말고! 직가 성도 되게 하옵소서!

직가에서 '아나니아'에게 안수받으며 성령세례 받아 성령의 지배와 장악과 인도받는 성도 되게 하옵소서!" 불행히도 이 땅에는 다소 교인들이 많습니다. 예수님을 신실하게 믿는 성도와 치고받고 싸우는 이런 다소 교인은 예수님 만나지 못한 교인입니다. 예수님 만난 사람 다메섹 사람입니다. 다소에 있던 사울의 모습을 봅니다. 위협과 살기가 등등했으며 사울이 스데반 죽이는 일이 마땅하다고 여겼습니다. 하나 같이 성령으로 눈이 열리지 않았기 때문입니다.

이러한 모습이 내게서 떠나가게 하여 주시고, 주의 종들과 친밀하게 지내게 하여 주시고, 성도 간에 위협과 살기가 없게 하려 주시고, 마음의 양심이 화인 받지 않게 하옵시며, 다메섹에 와서 빛을 영접하기를 원합니다. 그날에 엎드려지기를 원합니다. 말씀의 귀가 알려지기를 원합니다. 주님의 지시 받기 원합니다. 내가 구별되기를 원합니다. 세상 것이 보이지 아니한 "가르치는 우리 성도 되게 하여 주옵소서!" "예수님을 체험적으로 만나게 하여 주옵소서!" "예수님 손에 잡혀서 다메섹에서 직가로 들어가서 '아나니아'에게 안수받아 성령으로 세례를 받고 변화되는 성도 되게 하옵소서! 택한 그릇 되게 하옵소서!" 이렇게 기도하고 성령의 인도를 받기를 바랍니다.

17장 꼬인 인생을 바꾸려면 이렇게 해보세요.

꼬인 인생을 풀려면 반드시 꼬인 인생을 살던 자신이 예수님과 함께 죽고 예수님으로 다시 태어나 성령의 지배와 장악과 인도를 받으면서 성령으로 진리를 깨달으며 예수님의 인생을 살면서 새 출발을 해야 합니다. 예수님을 만나고 새 생명으로 바뀌고 변화되어야 합니다. 내가 예수 믿고 영적으로 변화되어야 합니다. 우리가 예수 믿고 삶이 바뀌는 것이 예수 믿는 것입니다. 예수를 믿으면 이제 성령의 인도를 받으며 하나님과 교통하는 하늘나라 시민으로 살아갈 수가 있기 때문입니다. 교회에 가는데, 내 마음에 기쁨도 없고 실제도 없으면 변화가 되지 않습니다. 환경이 바뀌는 것이 아니라 내가 바뀌는 것입니다. 하나님의 소원은 우리가 바뀌는 것입니다. 우리 가족이 바뀌는 것입니다. 하나님은 오늘도 우리를 한없이 사랑하시지만, 우리가 예수를 믿고 아무것도 변화되지 않으면서 하나님의 축복을 받고 싶고 사랑을 받고 싶은 것이 억지입니다. 하나님께 복을 달라고 예배를 열심히 드리지만, 하나님의 대답이 없을 수도 있습니다. 오늘 우리의 문제가 무엇인가? 나는 조금도 변화되지 않으면서 그릇은 준비되지 않고 하나님 앞에 떼를 쓴다고 축복하실 수 있는가? 하나님의 자녀인 우리는 축복의 그릇을 준비해 두면 하늘에서 넘치도록 주십니다. 하나님은 우리가 변화되길 원하십니다.

만약 변화되지 않고 축복을 받으면 더 죄를 짓게 됩니다. 내가 신앙생활 하면서 껍데기만 바뀌면 안 됩니다. 내 마음은 갈수록 미움과 판단과 정죄하는 마음으로 가득한데 계급장만 달고 올라간다고 영적으로 뛰어나지 않습니다. 열심히 하다 보니 사람들이 인정하는 것입니다. 남들은 내가 예수 잘 믿는다는데 이중적인 삶을 살면서 양심의 가책이 느껴질 수 있습니다. 우리 모든 성도가 예수를 믿을수록 예수 인격으로 바뀌고 변화를 받아서 달라지는 역사가 일어나길 주님의 이름으로 축원합니다.

어떻게 변화를 받을 수 있을까요? 신앙은 내려가야 합니다. 예수를 오래 믿을수록 내려가야 바뀝니다. 예수님은 하늘 영광 버리고 내려오셨습니다. 그런데 우리는 교회 가면 올라가려고 합니다. 내려가야 변화가 되고 삶이 바뀌게 됩니다. 자꾸 교회 생활하면서 자꾸 인정받고 칭찬받고 계급장을 달려고 합니다. 왜 오늘날 수많은 성도가 피리를 불어도 춤을 안 추고 왜곡을 하여도 눈물을 흘리지 않습니다. 그 이유는 교만입니다. 우리는 낮아져야 하고 낮아진 마음으로 순종하고 나아가면 내 인생이 자꾸 변합니다.

절대 포기하면 안 됩니다. 누가 뭐래도 예수 믿는 것은 바뀌는 것이지, 안 바뀌면 안 믿는 사람보다 더 강퍅해집니다. 우리는 포기하지 말고 내가 변화되어야 한다는 절박한 마음을 가지고 달려들면 하나님이 변화시켜 주십니다. 예수 믿는 이 기쁨은 말로 표현할 수 없습니다. 우리가 바뀌어야 합니다. 예수님을 믿고 바뀌고 변화를 체험하려면 이렇게 하시기를 바랍니다.

첫째, 마음 중심으로 예수님을 믿어라. 많은 크리스천이 예수님을 믿는 것을 형식으로 믿고 행하는 분들이 있습니다. 귀하가 예수님을 중심으로 살고 있다면 귀하는 크리스천입니다. 그러나 예수님을 중심으로 살지 않고 나를 중심으로 살고 있다면 그 사람은 이기주의자요 인본주의자입니다. 만약 예수님을 믿는다고 하면서 예수님 중심으로 살고 있지 않다면 참 크리스천이 아닐 것입니다. 참 크리스천은 예수님 때문에 내가 이 땅에 태어나고, 예수님을 위해 살다가, 예수님께로 가는 사람입니다.

그러기 위해서 우리는 예수님을 알아야 합니다. 예수님을 안다는 것은 이론적이 아니고 관념적이지도 아니고 실제적이고 체험적인 것을 말하는 것입니다. 예수님을 실제적으로 만나야 합니다. 예수님의 은혜 깊이와 넓이와 높이가 어떠한지 깨닫고 감사해야 합니다. 예수님이 나의 삶의 중심이 되기에 합당하신 분인 것을 인식해야 합니다. 성령으로 진리를 깨달음으로 예수님을 깨닫고, 성령으로 기도함을 통하여 예수님을 느끼며, 성령으로 예수님을 체험해야 합니다. 그래서 예수님을 나의 삶의 중심에 모시어 들이고, 예수님을 위하여 살 때 참다운 크리스천이 될 수 있습니다.

교회의 목적도 예수님을 높이는 것이요, 교회의 모든 기관도 예수님을 중심으로 움직여야 하고, 모든 모임도 예수님이 중심이 되어야 하고, 예수님이 기뻐하시는 모습으로 이루어져야 합니다. 예수님은 우리의 주인이요 중심입니다. 예수님은 단지 왔다가 가는 나그네가 아니요. 역사의 주인공이요, 모든 인생의 중심입니다.

주일날 교회에 와서 예배를 드리는 것도 예수님 중심으로 살기 위함이요, 헌금을 하는 것도 예수님 중심으로 물질을 쓰기 위함이요, 성경 공부를 하는 것도 예수님을 바르게 알기 위함이요, 봉사하는 것도 예수님 중심으로 살기 위함이요, 성령으로 기도를 열심히 하는 것도 예수님이 명령하신 바이기에 그렇게 하는 것입니다.

세상 말로 우리는 예수쟁이입니다. 나쁜 뜻으로 듣지 마십시오. 예수로 죽고 예수로 살고 있으니 먹어도 예수님을 위해 먹고, 굶어도 예수님을 위해서 굶고, 살아도 예수님을 위해 살고, 죽어도 예수님을 위해서 죽는 예수님 중심으로 사는 사람들이라는 뜻입니다. 어떤 사람들은 자기중심으로 삽니다. 어떤 사람들은 쾌락 중심으로 삽니다. 어떤 사람들은 물질 중심으로 삽니다. 어떤 사람들은 명예 중심으로 삽니다. 그러나 우리의 삶의 중심은 물질, 명예, 쾌락이 아니라 예수님이십니다. 예수님은 우리의 마음 변두리에서 사시는 분이 아니라 우리 마음의 중심에서 사시는 분이십니다.

이 세상에 누가 보내서 왔습니까? 내가 오고 싶어서 온 것이 아니라 예수님이 보내서 왔습니다. 이곳에 무엇 하러 오셨습니까? 나의 만족을 위하여 온 것이 아니라 예수님을 높이고, 예수님의 뜻을 이루기 위하여 왔습니다. 이곳에 와서 누구의 말에 귀를 기울이십니까? 예수님의 말씀입니다. 도대체 누구를 보고 신앙생활을 합니까? 예수님 보고 합니다. 예수님이 없다면 우리가 이곳에 와야 할 아무런 이유가 없습니다. 예수님의 뜻이 아니라면 우리는 지금쯤 이곳이 아닌 내가 원하는 곳에서, 내가 원하는 일을, 나를 위해서 하고 있을 것입니다.

우리는 생각해도 예수님 중심으로 생각합니다. 우리는 행동해도 예수님 중심으로 행동하는 사람입니다. 공부해도 예수님을 바라보고 하고, 빨래해도 예수님을 바라보고 하고, 청소해도 예수님을 바라보고 합니다. 왜냐하면 예수님이 없으면 이 모든 일이 재미가 없고 보람이 없기 때문입니다. 우리는 잠을 자도 예수님 안에서 자고, 깨어도 예수님 안에서 깨고, 먹어도 마셔도 예수님과 함께 먹고 마십니다.

우리의 미래는 예수님이 보장하시고 있고, 예수님 때문에 우리는 외국에서도 축복 가운데 행복하게 살 수가 있습니다. 예수님이 우리의 중심에 계시기만 하면 우리는 담대합니다. 우리의 삶의 보람을 느낍니다. 예수님이 우리의 마음 중심에 오시면 우리의 마음은 즐겁습니다. 예수님이 우리의 생활 중심에 오시면 우리의 생활은 윤택해집니다. 예수님이 우리의 육체를 꽉 붙잡고 계시면 우리는 건강합니다.

묻고 싶습니다. 자기 마음의 중심에 예수님이 자리 잡고 있습니까? 예수님을 마음의 중심에 확실히 모시어 들였습니까? 혹시 예수님을 저쪽 가장자리에 따돌리지는 않으셨습니까? 예수님을 단지 액세서리나 부속물로 여기고 있지는 않습니까? 혹시 예수님의 나를 귀찮게 하는 분으로 생각하고 있지는 않습니까? 혹시 예수님을 믿는다고 하면서 예수님과 따로 놀고 있지는 않습니까?

그러나 초대 교회 성도들은 예수님이 자신의 생명보다, 자기 가족보다, 자신의 물질보다, 자신의 명예보다 더 중심에 있었습니다. 그리고 마음 중심에 계신 그 예수님을 지키기 위하여 생명도 포기하고 극한 고난의 길을 선택하기도 했습니다. 그리고 그 고난의 길을 가면서도 중심에 계신 예수님을 묵묵히 바라보았습니다. 그러나 어느덧 좀 살만하고 주변이 좋아지다 보니 중심에 자리를 잡아야 할 예수님을 나도 모르게 찬밥 취급을 했습니다. 마음을 섭섭하게 해드렸습니다.

우리는 오늘 다시 한번 예수님이 어디 계시는가 체크를 해보아야 합니다. 과연 예수님은 당신의 어디에 자리를 잡고 있습니까? 변두리입니까? 혹은 예수님을 너무나 멀리 떨어뜨려 나서 보이지 않습니까? 아니면 아예 예수님의 자취도 없어지고 말았습니까? 오늘 예수님은 이 자리에 계십니다. 예수님은 말씀하셨습니다. "볼지어다 내가 세상 끝날 것까지 너희와 항상 함께 있으리라."(마 28:20). 세상이 끝나는 날까지 영원하게 함께 하시는 예수님을 마음 중심에 모시고 사시기를 바랍니다.

둘째, 성령으로 체험적인 세례를 받아라. 성도들은 물세례 받는 것으로 만족하면 안 됩니다. 반드시 성령으로 세례를 받아야 합니다. 그래야 잠재의식이 정리되기 때문입니다. 그런데 성령세례는 알고 보면 단회적인 사건입니다. 교회는 성도들을 성령으로 세례를 받게 하는 곳입니다. 성령세례는 성령세례 받은 사람(담임목사)을 통하여 전이 됩니다. 필자는 성령세례에는 관념적인 성령세례와 체험적이고 실제적인 성령세례가 있다고 생각합니다. 예수를 믿을 때 성령님께서 믿게 하셨기 때문에 믿을 때 성령세례를 받았다고 하는 것은 관념적인 성령세례입니다. 우리는 체험적이고 실제적인 성령세례를 받아야 합니다. 예수님을 믿을 때 우리 안에 오신 성령께서 전인격을 장악하시는 것을 실제적 체험적인 성령세례라고 하는 것입니다. 성령세례를 받은 사람은 자기가 성령세례를 받았다는 것을 압니다. 다른 사람도 자신이 성령으로 세례를 받는 것을 볼 수가 있습니다. 성령세례는 우리가 의식할 수 있는 의식적 체험입니다.

오순절 성령강림이 있을 때 성령이 제자들 각 사람 위에 임하였습니다. 그리고 제자들은 나가서 복음을 증언하기 시작했습니다. 제자들에게 '여러분들은 언제 성령세례를 받았습니까?'라고, 물으면 '오순절입니다.'라고, 분명히 대답할 것입니다. 사도바울이 갈라디아교회에 편지를 씁니다. "너희가 성령을 받은 것이 율법의 행위로냐 혹은 듣고 믿음으로냐?"(갈 3:2). 사도 바울이 이 질문을 하는 것은 갈라디아교회가 성령 받은 것을 알고 있었다는 것입니다.

성경은 성령 받은 것에 대해서 많은 기록을 남기고 있습니다. 빌립이 전도했던 사마리아교회, 고넬료의 가정, 에베소교회 등 성령 받은 교회나 가정들은 성령을 받은 것을 정확히 알고 있습니다. 성령세례는 우리가 알 수 있는 분명한 체험입니다. "당신은 성령을 받았습니까?"라는 질문에 대해서 딱 부러지게 "예" "아니오"로 대답할 수 있는 체험입니다. 아울러 성령세례는 하나님과 그리스도에 대한 감사와 사랑을 불러일으킵니다.

성령세례는 예수를 믿을 때 영 안에 임재하신 성령께서 순간 전인격을 장악하는 것입니다. 성령으로 세례를 받을 때 하나님의 영광과 그분의 존재 실상을 전인격이 자각하는 것을 의미합니다. 살아계신 성령의 역사를 몸으로 느끼고 눈으로 볼 수 있는 현상이 일어나는 것입니다. 물론 다른 사람도 자신이 성령으로 세례를 받는 것을 눈으로 볼 수가 있는 것입니다. 그래서 성령세례 받은 사람들은 이렇게 말합니다. "(벧전 1:8)예수를 너희가 보지 못하였으나 사랑하는 도다. 이 제도 보지 못하나 믿고 말할 수 없는 영광스러운 즐거움으로 기뻐하니" 교회는 성도들이 성령으로 세례받아 권능 있는 삶을 살게 하는 곳입니다. 성령으로 세례를 받아야 성도가 진정한 하늘의 사람으로 바뀌고 변화되기 시작합니다. 성령세례는 참으로 중요한 체험입니다. 그러나 자신이 성령세례를 받았다면 그것으로 만족하지 말고 이제 성령과 불로 세례를 받아 성령의 지배와 장악을 받아야 합니다.

셋째, 성령과 불로 충만 받아라. 마태복음 3장 11절에 보면 "나는 너희로 회개하게 하도록 물로 세례를 베풀거니와 내 뒤에 오시는 이는 나보다 능력이 많으시니 나는 그의 신을 들기도 감당하지 못하겠노라 그는 성령과 불로 너희에게 세례를 베푸실 것이요"라고 말씀하고 계십니다. 예수님은 "성령과 불로 너희에게 세례를 베푸실 것이라"라고 합니다. 예수님은 지금 어디에 계십니까? 예수를 믿는 성도 마음 안에 주인으로 계십니다. 마음 안에 주인으로 계시는 예수님이 성령과 불로 세례를 하신다는 말입니다. 쉽게 말해서 성령으로 충만하게 하신다는 말입니다. 더 나아가 성령의 지배와 장악이 되게 하신다는 것입니다.

예수를 믿고 영적으로 변화가 되려면 자신 안에 주인으로 계시는 예수님으로부터 성령과 불로 세례를 받으면서 성령의 지배와 장악을 받아야 합니다. 하나님은 모든 성도가 성령의 지배를 받기를 소원하십니다. 성도는 영혼에 만족을 누려야 합니다. 영혼의 만족은 성령의 지배를 받아야 가능합니다. 왜 예수를 믿으면서 영혼의 만족을 누리지 못하는가? 자신의 전인격이 성령의 지배를 받지 못하기 때문입니다. 한마디로 세상 것이 섞여 있기 때문입니다. 세상 것이 섞여서 방해함으로 영혼의 만족을 누릴 수가 없는 것입니다. 이것은 아주 심각하게 받아들여야 합니다. 그래야 성령의 역사에 관심을 가져서 성령의 지배를 받는 성도가 될 수 있기 때문입니다. 전인격이 성령의 지배를 받지 않고는 영혼이 만족을 누릴 수가 없기 때문입니다. 자연스럽게 예수를 30년을 믿어도 변화되지 않습니다. 우리 예수 믿는 사람들의, 삶의 특징이 있다면, 그것이 무엇이라고 생각하십니까? 입으로만 예수를 믿는다고 시인하는 그런 보통의 신앙의 삶이 아니라, 예수를 믿고 난 다음에 변화된 삶을 살아가는 성도들의 특징을 말하는 것입니다. 이러한 성도들의 삶의 특징이 무엇이겠습니까? 그것은, "영-혼-육 전인격이 성령의 지배와 장악을 받는 삶"이라, 그렇게 말할 수 있습니다.

그러면, 성령의 지배와 장악을 받는 삶이란, 또 무엇을 말하는 것입니까? 전인격이 성령께 사로잡혀 사는 것을 말하는 것입니다. 성령을 주인으로 모시고 세상을 살아가는 것입니다. 매사를 성령님과 의논하고 성령의 뜻을 따라 사는 것을 성령의 지배를 받는 삶이라고 말할 수 있습니다. 성령의 인도함을 받아, 성령의 능력에 의해서 살아가는 삶을 말하는 것인 줄로 믿습니다. 성령님이 나를 지배하고 다스리는 삶, 이전에 우리의 삶이, 육체의 본능이 지배하는 삶이었고, 죄가 지배하는 삶이었다면, 이제 예수를 믿고, 변화를 받고 난 다음에 나타나는 삶은, 성령에 의해서 지배를 받는 삶이 되어야 합니다.

넷째, 현대판 아나니아를 만나라. 성도가 예수를 믿고 변화되려면 사도행전에 9장에 기록된 대로 바울을 안수하여 눈을 뜨게 한 아나니아와 같은 하나님이 사용하시는 목회자를 만나야 합니다. 성령님이 만나게 하십니다. 사도행전 9장 17-19절에 보면 "아나니아가 떠나 그 집에 들어가서 그에게 안수하여 이르되 형제 사울아 주 곧 네가 오는 길에서 나타나셨던 예수께서 나를 보내어 너로 다시 보게 하시고 성령으로 충만하게 하신다 하니 (18) 즉시 사울의 눈에서 비늘 같은 것이 벗어져 다시 보게 된지라 일어나 세례를 받고 (19) 음식을 먹으매 강건하여지니라" 하셨습니다.

사울이 예수 인들을 잡아 가두기 위해 쉬지 않고 말을 몰아 국경선을 넘어 이웃 나라의 도시 다메섹으로 가고 있습니다. 그런데 정오쯤 되어 갑자기 하늘에 해보다 더 강한 빛이 하늘에서 사울의 일행 위로 내리비쳤습니다. 말들은 이 강렬한 빛에 그만 놀라 날뛰고 그 바람에 말 탄 사람들은 땅으로 떨어졌습니다. 그렇게 정신이 없는 가운데 사울은 하늘에서 들려오는 큰 음성을 들었습니다.

"사울아, 사울아, 어찌하여 네가 나를 박해하느냐?"(행 26:14). 그것은 하늘로서 들려오는 거룩하고 위엄 있는 신적인 음성이었습니다. 사울은 당황하여 그 음성에 대답합니다. '주님, 누구십니까?' 사람의 언어로 표현하기 어려운 위엄을 가진 그 목소리는 이렇게 대답합니다. "나는 네가 핍박하는 예수다!" 사울은 놀라서 할 말을 잃었습니다.

내가 하나님을 박해하다니. 예수님이 바로 하나님의 아들이셨다니. 그렇다면 지금껏 나는 하나님의 아들을 섬기는 사람들을 잡아 가두고 죽였단 말인가? 내가 일생 최대의 목표로 여기고 '예수 이단'을 척결하려고 했던 삶이 잘못된 것이란 말인가? 내가 하나님의 뜻을 모르고 이렇게 그릇된 길을 걸어가고 있었단 말인가? 나는 무엇을 알고 있었던가? 나는 제대로 볼 수 없는 영적 소경이었구나!

사울은 태어나서 처음으로 하나님의 음성을 직접 들었습니다. 하나님은 예수님을 통하여 사울에게 말씀하셨습니다. 그 순간 사울은 이 예수님이 바로 승천하셔서 하나님의 대권을 받으시고 온 세상을 지금 통치하시는 주님이시라는 사실을 알았습니다. 자기가 박해하고 땅에서 없애버리려고 했던 그 이름 '예수'는 실제로는 온 세상의 주인이요 왕이셨습니다. 그 사실을 지금 사울은 막 깨닫고 발견했습니다. 주님은 사울에게 새로운 사명을 주셨습니다.

"일어나 너의 발로 서라 내가 네게 나타난 것은 곧 네가 나를 본 일과 장차 내가 네게 나타날 일에 너로 종과 증인을 삼으려 함이니, 이스라엘과 이방인들에게서 내가 너를 구원하여 그들에게 보내어, 그 눈을 뜨게 하여 어둠에서 빛으로, 사탄의 권세에서 하나님께로 돌아오게 하고 죄 사함과 나를 믿어 거룩하게 된 무리 가운데서 기업을 얻게 하리라"(사도행전 26:16~18).

예수 그리스도를 통하여 사울은 구원받았습니다. 그가 구원받았을 때, 자신의 사명을 깨달았습니다. 그가 해야 할 일을 알았습니다. 그가 잘못된 길로 가고 있다는 사실을 알았습니다. 그는 영적인 소경이었습니다. 그는 어둠 속에서 살면서 사람들을 죽이고 잡아 가두는 일에 앞장서면서 살아왔습니다. 그는 예수님의 교회를 핍박하던 사람입니다. 그렇게 계속 살면 그는 하나님의 원수가 되고 자기가 정말 원하는 삶과는 정반대의 삶을 살 수밖에 없었습니다. 그런 삶은 생각만 해도 끔찍한 것입니다. 자기가 정말 하나님을 위해 살고 싶었는데 그처럼 열심을 냈는데, 실상은 자기가 하나님께 원수가 되는 일을 하면서 살아왔다는 것이 얼마나 가련합니까? 다메섹으로 가는 길에서 부활하신 예수님을 만난 사울은 자기가 진정으로 해야 할 일을 알았습니다.

예수님을 만나던 날, 사울은 말을 타고 다메섹으로 가던 길에 하늘로서 강렬한 빛을 보고 눈이 멀어버렸습니다. 그는 사흘 동안 앞을 볼 수 없었습니다. 예수님을 만났지만 여전하게 사울은 영적인 소경이었습니다. 예수님을 만나면 즉시 변화되지 못한다는 증거입니다. 많은 크리스천이 예수님만 만나면 영적으로 변화되는 줄로 압니다. 그러나 그렇게 되지 못합니다. 사람들이 그의 손을 잡고 다메섹으로 데리고 갔습니다. 거기서 성령님의 인도로 그리스도의 제자 중에 '아나니아'라는 사람을 만났는데, 그 사람은 시력을 잃은 사울의 머리에 손을 얹고 기도해 주었습니다. 그러자 그는 마침내 눈을 뜨고 다시 시력(영적인 눈)을 회복했습니다. 그는 다시 볼 수 있었습니다. 그는 새로운 사람이 되었습니다. 그는 새로운 삶을 살아야 한다고 결심했습니다. 그에게는 새로운 목적이 생겼습니다. 그는 구원받았습니다. 그때로부터 사울은 예수의 제자들을 박해하는 사람이 아니라 예수 그리스도를 전하는 사람이 되었습니다. 사람들은 모두 놀랐습니다. 사울에게 체포영장을 준 관리들도 놀랐고, 동료 유대인들도 놀랐습니다. 어떤 사람들은 사울이 미친 것 아닌가 하는 생각도 했을 것입니다. 더 놀란 것은 예수님의 제자들입니다.

사울이 이제 예수님을 전하는 사람이 되었다고 하니 쉽게 믿어지지 않았습니다. 그러나 사람들이 뭐라고 생각하든지 아랑곳하지 않고 사울은 예수님이 정말 하나님의 아들이시며, 죽은 자 가운데서 부활하셔서 지금은 하나님 우편에 앉아 계셔서 만물을 통치하신다고 외치고 가르쳤습니다. 성도들은 처음에는 사울의 기만작전이라고 여기고 그에게 다가가지 않으려고 했으며, 그를 교회로 맞이하려고 하지도 않았습니다. 그러나 한 사람 두 사람 그를 개인적으로 만나보니 사울의 마음에 예수님을 향한 감사와 어둠에서 건져주신 주님에 대한 사랑이 가득한 것을 보았습니다. 점차 제자들은 사울을 조금씩 인정하고 받아들이기 시작했습니다. 그리고 교회에서 그가 받은 은사와 재능으로 성경 교사로 일할 수 있도록 배려해 주었습니다. 성도들은 사울이라는 청년 안에서 하신 하나님의 놀라운 일을 보고 주님께 영광을 돌렸습니다.

가장 크게 교회를 위태롭게 하던 사람이 이제는 가장 강력하게 복음을 전하는 사람이 되었습니다. 그는 자기가 받은 사명대로 사방에 다니며 복음을 전하고 사람들을 세워 그리스도의 제자가 되게 하고 지도자들도 많이 양성했습니다. 그가 세운 교회들과 교회 지도자들의 수는 점점 늘어가고 그의 선교활동은 그 영향력을 점점 확대해 나갔습니다. 그는 자신의 인생을 그리스도께 드릴 수 있음에 감사하면서 자신을 구원해 주신 주님께 전적으로 헌신했습니다다. 그의 삶은 새롭게 되었고 그는 구원받았습니다. 바울은 예수님을 직접 만났지만 여전하게 눈이 멀어 앞을 보지 못했고, 아나니아를 만나 성령 받아 눈이 열리니 변화가 되었습니다. 우리도 아나니아를 만나 성령으로 세례를 받아야 비로소 영적인 눈이 열리기 시작하는 것입니다.

다섯째, 자신의 전인격이 하나님의 성전으로 살아라. 하나님은 고린도전서 3장 16절에서 "너희는 너희가 하나님의 성전인 것과 하나님의 성령이 너희 안에 계시는 것을 알지 못하느냐?" 하시면서 성도들의 몸이 성전인 것을 강조하십니다. 자신이 살아계신 하나님의 성전으로 살아가는 것은 25장에 세부적으로 설명됩니다.

여섯째, 성령의 인도를 받아라. 성령님의 인도를 받아야 합니다. 성령님은 우리를 가르치면서 함께 하십니다. 아무리 함께하셔도 지식이 없는 동행은 의미가 없습니다. 서로를 알고, 서로의 필요를 알고, 그 가르침이 따르는 것은 말할 수 없는 도움입니다. 성령님은 결코 우리가 무지 속에 있기를 원하시지 않는 분이십니다. 성령님은 가르쳐 주시면서 우리와 함께하시는 것입니다. 성령님은 지혜와 지식 그리고 모략의 신이신 것입니다. 성령님이 가르쳐 주시는 대로 나아가는 사람은 초자연적인 위대한 삶을 살아가게 됩니다. 이런 사람을 기뻐하시기에 하나님은 세상 끝날 까지 영원히 함께하시는 것입니다. 성령의 인도를 받으시기를 바랍니다.

4부 꼬인 인생을 풀고 새롭게 사는 사람들

18장 우리 남편 꼬인 사주팔자 운명이 바뀌었어요.

예수님은 사람의 근본적인 문제를 해결하기 위하여 예수님이 마리아의 몸을 빌려 성령으로 잉태되어 사람의 몸으로 태어나신 것입니다. 모든 사람이 가지고 고통당하는 꼬인 인생의 문제를 바꾸기 위해서입니다. 이 꼬인 인생의 문제의 문제는 죄와 관계가 되기 때문에 죄가 사해지려면 죽어야 가능한 것입니다. 죽지 않으면 죄 문제는 해결할 도리가 없습니다. 예수님께서 세상 사람들의 죄악을 해결하기 위하여 아담의 혈통을 타고 내려오는 사주팔자를 바꾸기 위하여 십자가에 올라가 피를 흘리시고 죽으신 것입니다. 성경은 이렇게 말합니다. "내가 그리스도와 함께 십자가에 못 박혔나니 그런즉 이제는 내가 사는 것이 아니요 오직 내 안에 그리스도께서 사시는 것이라 이제 내가 육체 가운데 사는 것은 나를 사랑하사 나를 위하여 자기 자신을 버리신 하나님의 아들을 믿는 믿음 안에서 사는 것이라."(갈 2:20).

예수님을 믿는 순간 예수님과 함께 죽은 것입니다. 다시 사신 예수님으로 살아나 자연스럽게 사주팔자가 바뀐 것입니다. 이제 예수님의 사주팔자로 살아가는 것입니다. 이 책을 읽는 분들의 사주팔자는 바뀌었습니다. 예수님의 사주팔자로 살아가는 것입니다.

육체를 가진 인간이 육체 외에는 어떤 것도 알 수 없었는데, 예수 그리스도를 알고 난 후 부터 눈으로 볼 수 없고 손으로 만질 수 없는 영적인 것들을 알게 되고 보게 되었습니다. 피조물인 인간이 창조주의 세계를 알고 느끼고 보고 간다는 것이 얼마나 아름답고 행복한지를 경험한 자만이 알 수 있습니다.

젊은 시절에 역술을 7년을 한 후에 인생이 꼬여서 고통당하는 육십 대 중반의 목사님이 저를 찾아왔습니다. 목사님의 아버지는 저를 만날 때까지 역술을 하고 계신다고 말했습니다. 그런데 30대 초반에 영적인 세계를 알게 되어 역술을 포기하고 예수를 믿었다고 합니다. 예수 믿고 은혜를 받아 신학을 하면서 ○○에서 목회를 시작했다고 합니다. 그런데 젊은 나이에 역술을 했던 영향으로 성도들의 심령을 읽고 예언을 잘해준 덕분에 교회가 부흥했습니다. 그래서 교회를 건축하고 800여 명이 되기까지 교회가 부흥했다고 합니다. 그런데 문제는 목사님이 그때까지 역술의 죄악을 통해 역사하는 귀신을 쫓아내기 위한 영적인 활동을 전혀 하지 않은 것입니다. 목사님은 그냥 목사가 되어 목회하면 자동으로 역술을 했던 모든 죄악이 사해지는 줄로 믿고 알고 있었다고 합니다.

그러므로 제가 평상시에 항상 강조하는 말은 세상을 살아가다가 어느 계기를 통하여 예수를 믿었으면 믿기 전의 영적인 문제를 해결하는 적극적인 영적 조치를 해야 한다는 것입니다. 영적인 조치란 이런 것입니다. 먼저 자신에게 영적인 문제가 있다는 것을 인정해야 합니다. 이 영적인 문제는 성령 하나님 많이 해결하실 수 있다는 것을 알고 믿는 것입니다. 그래서 본인이 마음을 열고 영적인 문제를 해결하려는 마음의 결단을 해야 합니다. 영적인 문제를 치유하려면 첫째, 본인의 의지를 발동시켜야 합니다.

의지란 본인의 영적인 문제를 해결하겠다는 마음입니다. 그리하여 본인의 의지를 발동하게 하여 성령세례를 받는 것이 제1의 원리입니다. 그 다음에 말씀과 성령으로 내적 치유하는 것이 제2의 원리요, 귀신을 축사하는 것이 제3의 원리입니다. 그리하여 생각이 바뀌고 마음이 감동되는 가운데 믿음이 생기고, 본인의 의지가 발동되어서, 몸이 움직여지고 행동으로 옮겨지는 과정을 거쳐야 합니다. 이 영적 원리는 모든 것에 적용됩니다.

그런데 이 영적인 면에 둔하였던 목사님이 영적인 치유를 받지 않고 계속 목회를 한 것입니다. 그러다가 50대 후반이 지나면서 서서히 스트레스와 과로로 인하여 체력이 약해지니 귀신의 역사가 일어나기 시작하더니 급기야는 강단에서 말씀을 전하다가 간질 증상으로 쓰러진 것입니다. 그런 모습을 본 성도들이 모두 교회를 떠나 버렸습니다. 더는 목회를 할 수 없게 된 목사님은 교회를 매매하고 나서 신도시에 상가를 분양하여 목회를 다시 시작하려 했지만, 이번에도 목사님의 영적인 문제로 인하여 성도가 모이지를 않게 되어 결국 목회를 포기하고 말았습니다. 대전과 서울에 있는 치유 장소를 각각 1년간 다녀보았지만 치유되지 않아서 고통당하다가 국민일보 광고를 보고 우리 교회로 저를 찾아오신 것입니다. 그리하여 한 8개월 정도 영적인 말씀과 성령의 역사를 체험한 후 드디어 치유된 것입니다.

그때 목사님이 오신 첫날부터 정말 성령의 역사에 따라 귀신들이 소리를 지르면서 말도 못 하게 많이 떠나갔습니다. 노인 목사님이 막 악을 쓰고 발작하고 토해내고 하면서 귀신들이 떠나갔습니다.

자신이 치유되는 것을 체험적으로 느낀 목사님은 사모님까지 모셔다가 치유를 받게 했습니다. 영적인 문제가 치유되고 마음에 평안이 찾아오자, 목사님은 저에게 이렇게 간증하셨습니다. 강요셉 목사님 처럼 영적인 분야에 전문적인 지식이 있는 사역자를 좀 더 젊어서 만났더라면 정말 큰 목회를 했을 것이라고 말입니다. 그러므로 방심은 금물입니다. 분명히 예수를 믿으면 모든 것이 해결됩니다. 그런데 자동으로 해결되지는 않습니다. 앞에서도 설명한 것 같이 본인이 인정하고 말씀과 성령으로 찾아내어 회개하고 끊어내고 축사한 후 지속해서 성령 충만한 생활을 해야 과거에 본인이나 조상들이 범한 영적인 죄악들이 해결되는 것입니다.

왜냐하면 사람은 육이 있기 때문입니다. 예수를 믿으면 영은 살아나지만 육은 아직 거듭나지 못한 상태이기 때문입니다. 육이 거듭나지 못한 상태이기 때문에 그 육에서 옛사람의 주인이던 마귀가 역사하는 것입니다. 지금도 교회에는 앞에 말씀드린 목사님과 같이 영적인 면에 무지하여 이유를 모르고 환란과 풍파를 당하며 꼬인 인생을 살아가는성도들이 많이 있습니다. 이른 시일 안에 자기 문제의 원인을 찾아 치유하는 여러분 모두가 되시기를 바랍니다. 절대로 요행은 금물입니다.

다윗이 왕을 할 때 이스라엘 나라에 3년 기근이 찾아왔습니다(삼하 21:1-6). 다윗이 하나님에게 기도하니 사울과 기브온 사람들과의 앙금으로 기근의 문제가 발생했다고 알려주셨습니다. 그래서 다윗이 기브온 사람들을 찾아서 사울의 집안과 기브온 사람과의 앙금을 풀어지자, 비가 왔다는 것을 명심하시기를 바랍니다(삼하21:9-

14). 하나님만이 인생의 꼬인 원인을 아시는 것입니다. 이는 그냥 예수 믿고 기도만 한다고 문제가 해결되지 않는다는 것을 직접적으로 보여 준 결과입니다. 이처럼 적극적인 방법으로 속히 해결하여 하나님의 복을 받으시기를 바랍니다. 무당과 역술인들의 자녀 중에서 교도소에 가 있는 사람들도 많습니다.

이것은 제가 근거 없이 말하는 것이 아닙니다. 실제 사역하면서 무당과 역술인의 자녀를 만나보았습니다. 모두 정신적인 문제나 질병으로 고통을 당합니다. 그런가 하면 이상한 사고를 치고 음란 비디오와 마약에 빠진 자녀들도 있습니다. 우울증과 정신병에 걸려서 집안에서 소리를 고래고래 지르면서 사는 자녀도 있습니다.

첫째, 무속인과 역술인들이 같이 사용하는 단어들이 있습니다.

1) 사주(四柱): 생년, 월, 일, 시. 이 네 가지가 사주입니다. 무당들과 역술인들은 이 사주를 자료로 해서 점을 칩니다. 사실 무당들은 사주를 물어보면 안 됩니다. 왜 귀신의 힘으로 점을 치는 사람들이 사주를 물어볼 필요가 없는 것입니다. 그런데 사주를 물어보는 무당들이 많다고 합니다. 조금 이상하게 생각할 부분입니다. 무당도 귀신이 알려주는 것을 전폭적으로 믿지를 못하겠다는 것입니다. 그런 귀신의 말을 듣고 행동에 옮기는 사람은 정말 귀신에 접신된 사람들입니다. 무속의 영에 사로잡혀서 종이 되어 끌려다니는 것입니다.

2) 팔자(八字): 연, 월, 일, 시에 두 개의 팔자가 있다고 해서 팔자라고 합니다. 좋은 팔자도 있고 나쁜 팔자도 있다는 것입니다. 이것이 그 사람의 평생 운수로 따라다닌다는 것입니다. 그래서 이 팔자

를 바꾸어 주기 위해서 굿도 해주어야 하고, 부적을 가지고 다녀야 한다고 말하면서 돈을 요구하는 무당과 역술인들도 많습니다. 그러나 예수를 믿으면 새사람이 됩니다. 예수를 믿으며 자신의 운명과 팔자와 관계없이 예수님의 팔자 따라 사는 것입니다. (고후5:17)"그런즉 누구든지 그리스도 안에 있으면 새로운 피조물이라 이전 것은 지나갔으니 보라 새것이 되었도다."

3) 운수(運數): 숙명론적으로 이미 정하여져서 사람의 힘으로 어떻게 할 수 없는 길흉(吉凶)과 화복(禍福)을 말입니다. 예수를 믿으면 예수님의 사주팔자로 살아가는 하늘의 사람이 되므로 땅의 사람의 운수와는 관련이 없는 사람이 됩니다.

4)운명(運命): 사람에게 닥쳐오는 화복과 길흉, 사람의 힘을 지배한다는 큰 힘을 말합니다. 그리고 하늘에서 타고난 것을 말합니다. 그런데 운명은 귀신이 주장하는 것이 아니라. 하나님이 주장하시는 것입니다. 바르게 알아야 합니다. 바르게 알고 있으면 하나님에게 소망을 두고 사는 사람이 됩니다. 그런데 이걸 모르고 귀신을 섬기고 오행(五行)을 믿으니 할 말이 없는 것입니다. 정말 한심한 사람들입니다. 한심하니 귀신에게 속아서 고통당하며 사는 것입니다.

5)궁합(宮合): 혼인할 때 신랑, 신부의 사주를 오행(五行)에 맞추어 잘 살 수 있겠는가를 보는 것입니다. 또는 "극과 극"이 되는 것이 없는가를 보고, 어려움이 오면 잘 이길 수 있는가를 보기도 합니다. 무속인과 역술인들은 차이점도 있습니다. 무속인들은 굿을 많이 하지만, 역술인들은 굿은 하지 않습니다. 그 대신 부적을 많이 써줍니다. 그래서 도시 사람들의 70% 정도가 집에 부적을

가지고 있다는 설문조사의 결과도 나왔습니다. 그러나 부적을 붙여놓으면 귀신이 더 잘 들어옵니다. 내가 전도하면서 실제로 체험한 바로는 부적을 붙여놓고 귀신이여 들어오시오 하는 표시이기도 합니다. 제가 전도하러 다니는 데 부적을 붙여놓은 집에 들어가면 분명히 문제가 있었습니다. 당신도 전도 대상을 부적 붙여놓은 집을 하시기를 바랍니다.

둘째, 꼬인 사주팔자에서 해방되는 그 길이 바로 예수 그리스도를 주인으로 믿는 것입니다. 그러므로 사람이 어디에 속하느냐가 중요합니다. 우리는 하나님의 자녀입니다.

1) 우리가 하나님에게 속하면 사주, 팔자, 운명에서 완전 해방입니다. (롬8:1)"그러므로 이제 그리스도 예수 안에 있는 자에게는 결코 정죄함이 없나니 이는 그리스도 예수 안에 있는 생명의 성령의 법이 죄와 사망의 법에서 너를 해방하였음이라"

①예수 그리스도께서 우리를 사주팔자, 운명에서 해방하셨습니다.

②그러므로 예수 그리스도를 믿고 영접하는 자는 하나님의 자녀가 되므로 사주팔자, 운명과 관계없이 살아갑니다. 그러니 하루하루가 즐겁고 신나는 것입니다. 즐겁고 평안하게 사시기를 축원합니다.

2) 그러나 사람들이 마귀에게 속한다면 결국은 사주팔자, 운명에 묶여 망합니다. 마귀가 우리를 종으로 만들어서 마음대로 끌고 다닙니다. 꼭 기억하세요.

①좋은 사주는 없습니다.

②좋은 팔자도 없습니다.

똑같은 날 태어났어도 어떤 사람은 인생이 꼬이는 삶을 살고 어떤 사람은 풀리는 형통한 삶을 살아갑니다. 그러니 모두 자신의 문제입니다. 원죄 가운데 태어난 사람에게 무슨 좋은 사주가 있겠습니까? 죄를 지으며 살아가는 사람들에게 무슨 좋은 팔자가 있겠습니까? 사단의 종노릇 하며 사는 사람에게 무슨 좋은 사주가 있으며 팔자가 있겠습니까? 잠시는 좋을 수는 있으나 결국은 망하는 것입니다. 그래서 "팔자 더럽다." "팔자 사납다." "팔자가 그러니 어떻게 하느냐?"는 말을 사용하는 것입니다. 그러나 예수 안에 참 평안이 있다는 것을 명심해야 합니다.

3) 그러므로 선택이 중요합니다. 내가 예수를 믿고 성령으로 인침을 당하여 하나님 안에 속하면 모든 사주팔자, 운명에서 해방입니다. 믿는 사람의 모든 죄를 사하시며, 사단의 모든 일을 멸하신 예수 그리스도를 믿기만 한다면 새로운 인생, 새로운 축복, 새로운 역사를 경험하게 될 것입니다. 하나님의 은혜로 새로운 축복을 받으면서 영생 천국을 누리게 됩니다.

셋째, 꼭 예수를 믿어야 할 사람들이 있습니다.

1) 무당 될 팔자라고 무당에게 말을 들은 사람은 꼭 예수를 믿어야 합니다. 그러면 무당이 되지 않아도 됩니다. 무당이 이것을 알았으면 무당이 안 됩니다. 무당에게 복음을 전하여 마귀의 종이 되어 저주받는 인생에서 해결되게 해야 합니다.

2) 혹시 지금 귀신의 역사에 시달리는 사람이 있습니까? 이상한 것이 보이고, 이상한 목소리가 들리고, 불면증과 악몽으로 고통받는 자들이 있습니까? 예수를 믿고 예수를 누리면 그 문제 끝나는 줄

믿으시기를 바랍니다. 예수를 믿고 마음에 예수님을 주인으로 모시고 성령으로 세례를 받고 성령으로 충만하여 생명의 말씀에 은혜를 누리면 귀신은 떠나갑니다. 어떤 여자 청년이 저에게 "아버지의 자살"이라는 제목으로 상담을 요청했습니다. 내용을 읽어보니 아버지가 사업의 실패로 빚 독촉을 이기지 못하여 방에서 목매달아 자살했다는 것이었습니다. 그런데 문제는 어머니가 얼마 전부터 죽은 아버지가 왔다고 하면서 대화를 나눈다는 것입니다.

어머니의 귀에 아버지가 "여보! 나왔어"라는 말이 들린다는 것입니다. 그리고 눈에 보이기도 한다고 하면서 그게 정말 아버지의 영인지를 말해 달라는 것이었습니다. 그래서 제가 타락한 천사 귀신의 영이라고 분명히 말했습니다. 절대로 속지 말며, 가정에 역사하는 타락한 천사의 하수인 귀신의 세력을 몰아내라고 답장을 해주었습니다. 그런데 얼마 후에 또 편지가 왔는데 읽어보니 예수 이름으로 대적 기도하고 있으며 영적인 승리를 거두고 있다는 내용이었습니다. 귀신에 시달리는 사람들은 꼭 예수를 믿어야 합니다. 다른 이름으로서는 그 귀신을 이길 수가 없기 때문입니다.

3) 몇 년 동안 정신적으로 영적으로 고통당하는 사람들도 꼭 예수를 믿어야 합니다. 정신병원을 그렇게 드나들고, 정신과 약을 그렇게 먹었음에도 치료가 안 되는 것이 정신적인 문제입니다. 우울증이나 조울증이나 불면증이나 다 마찬가지입니다. 이 모두가 정신적인 문제입니다. 이런 사람들은 예수 믿지 않으면 그 정신적인 문제는 죽을 때까지 갑니다. 대물림되어 자자손손 고통을 당하게 됩니다. 예수를 믿고 전문적인 치유를 하는 목회자로부터 영적 치유

를 받아야 합니다.

4) 계속되는 실패와 저주 속에서 고통받는 사람도 꼭 예수를 믿어야만 합니다. 예수를 믿고 실패 저주의 영을 잘라내고 몰아내야 합니다.

5) 마음의 평안이 없고, 늘 불안하고 우울증으로, 두려움과 공포로 불면증으로 시달리는 사람이 있습니까? 이런 사람들은 꼭 예수를 믿어야 합니다. 예수 믿고 성령 체험하면 하나님의 평안히 내게 임하고, 예수님을 믿으면 기쁨이 생기고 예수님을 믿으면 하나님이 잠을 주십니다. 그래서 그리스도만이 인생의 모든 문제 해결자가 되는 것입니다. 예수는 믿는 우리는 사주팔자, 운명에서 해방된 사람들입니다. 이사를 한다고 날짜를 잡거나 결혼한다고 궁합을 보지 말기를 바랍니다. 그래야 잘삽니다.

왜 그러는지 아십니까? 인간의 생사화복을 주장하시는 하나님이 나와 함께 하시기 때문입니다. 그래서 마음에 평안히 넘치게 됩니다. 내일 일을 모른다고 염려할 이유도 없습니다. 하나님이 나를 지키시고 보호하시고 인도하시기 때문입니다.

혹시 지금까지 사주팔자, 운명 때문에 눌리는 분들이 있습니까? 아니면 사주팔자, 운명의 문제를 어찌할 수 없어서 고통 중에 신음하고 계시는 분들이 있습니까? 하나님의 자녀가 되면 모든 사주팔자, 운명에서 해방되는 줄 믿으시기를 바랍니다. 그리스도 안에 평안이 있고, 그리스도 안에 행복이 있고 그리스도 안에 축복이 있습니다. 하나님의 평안과 행복, 하나님이 주시는 축복을 받으시기를 바랍니다.

넷째, 예수님의 이름과 성령의 권세로 우상숭배할 때 나에게 틈탄 마귀의 괘계를 끊어냅시다.

1) 나와 조상의 영적인 음란을 찾아 회개하라.

① 선조들의 종교는, 특히 이단 종교에 참여한 죄

② 무당이나 점쟁이, 사주팔자 보는 사람, 지관을 하며 지은 죄. 이런 사람들을 자주 찾아간 죄를 성령의 임재 하에 회계 하라. '하나님, 저는 이 시간 저의 선조 부모의 불의를 회개하고 용서를 빕니다. 조상들의 죄가 삼사 대까지 이르도록 저주를 초래하게 한 저 스스로와 조상들의 모든 죄를 회개합니다.'

모든 손금, 점성술, 부적, 오늘의 운수, 귀신 놀이, 점쟁이를 찾아다니고, 무당굿, 마술, 심령술, 사주팔자, 토정비결, 신수 택일, 컴퓨터 점, 점성술, 점과 우상에게 복을 빌은 죄, 무당에게 굿을 한 죄를 회개합니다. 저와 부모들의 불의를 용서하여 주시옵소서.

2) 회개한 후에 나에게 임한 사단의 영적인 음란의 저주를 끊어라.

① 갈라디아서 3장 13절에 의하여 나는 예수의 희생으로 저주에서 속량 되었다. 나는 예수의 이름으로 믿음을 실천하여 나와 나의 자손들을 모든 저주의 줄은 끊어질지어다.

② 예수의 피로 말미암아 조상들의 죄와 나의 모든 죄는 사함을 받았고 하나님의 말씀에 대한 불순종과 반항의 결과로 내린 저주에서 나와 가족을 저주하는 줄은 끊어질지어다.

③ 나는 예수의 이름으로 나와 가족 위에 내린 모든 저주의 줄은 모두 끊어질지어다! 영적인 음란과 가난, 궁핍, 정신 문제의 모든 저주는 끊어질지어다.

④ 나의 경제 상태, 대인관계에 영향을 주는 저주의 줄은 끊어질지어다. 음란, 우울, 가난, 궁핍, 부채, 환난과 우울의 영의 줄은 끊어질지어다.

⑤ 나의 경제 상태, 대인관계에 영향을 주는 저주를 끊노라! 음란, 가난, 궁핍, 부채, 환난과 우울의 영은 예수의 이름으로 명하노니 내게서 떠나갈지어다!

⑥ 저주하던 악한 마귀 귀신이 떠나간 자리에 축복의 영이 임할지어다. 절대로 비워두지 말라, 비워두면 마귀가 다시 들어와 집을 짓는다.

3) 나와 우리 가정에 들어와 저주하는 귀신을 쫓아내야 합니다.

①성령의 권능으로 악한 영의 저주를 끊으면 드디어 이 시점으로 마귀와의 영적 전쟁을 시작할 수 있게 됩니다. 우리는 단호하게 마귀를 향하여 꾸짖어야 하며, 그 권세가 우리에게 있습니다. 마귀는 우리의 힘으로 어찌할 수 없는 영적 존재입니다. 그러나 사망 권세를 이기신 예수 그리스도의 이름 앞에는 무력한 존재이며, 그 이름을 힘입어 믿음으로 마귀를 꾸짖고 명할 때 마귀는 물러갑니다. 악한 영에게 명령하세요. 악한 더러운 영아 내가 나사렛 예수 이름으로 명하노니 우리 가정에서 영원히 떠나갈지어다.

4) 저주가 끊어지고 귀신이 떠나감을 믿고 그곳에 축복을 채우고 감사하라. 축복을 담대하게 선포하라

① 나는 믿음을 실천하며 또 입으로 시인하여 구원에 이름을 알고 있다. 나는 아브라함의 축복이 나의 것임을 시인한다. 나는 저주 아래 있지 않고 축복을 받았다. 나는 꼬리가 아니고 머리다. 나는 밑

에 있지 않고 위에 있다.

② 나는 들어와도 복을 받고 나가도 복을 받는다. 나는 축복을 받았고 또 하나님께서 앞으로 더욱 축복하실 것이다. 내가 나사렛 예수 이름으로 명하노니 나의 가정에 축복이 임할지어다. 주님! 저의 인생에 작용했던 모든 저주에서 저를 자유롭게 하심을 감사드립니다.

5) 지속적인 영적 싸움을 해라. 영적인 축복이 임하도록 사후관리를 잘하라. 우리가 하나님의 영적 축복을 받기 위해 성령으로 충만하여 축복받을 그릇이 돼라.

①하나님과 가까이 지내라. 하나님 안에 축복이 있습니다.

②성령으로 장악하라. 날마다 자신을 성령님께 맡기라. 성령의 인도에 순종하고 성령 충만함으로 성령의 보호를 받아야 합니다.

③주의 말씀 안에 거하라. 말씀 안에 성령이 있고, 말씀 안에 분별력이 있습니다. ④하나님의 임재 안에 영적 음란의 영을 계속 몰아내고 성령을 채우라.

⑤영적 전쟁하며 축사하고 성령 충만을 유지하라. 예수 이름의 권위를 가지고 사탄에게 대적하기를 바랍니다. 예수 이름으로 명하노니 무당집에 점치러 갔을 때 들어온 귀신은 떠나가라. 무당이 굿하는 것 구경할 때 들어온 귀신은 떠나가라. 절에서 중에게 복 빎을 받을 때 들어온 귀신은 떠나가라.

죄악을 인정하고 주님만 섬기는 성도 가정이 되세요. 우상 숭배로 들어온 귀신의 저주를 매일 끊어내고 귀신을 축사하고 축복으로 채우세요. 성령으로 충만하여 깨어 있으라. 악한 영 귀신은 우리가 틈을 주기를 항상 대기하며 기다리고 있습니다.

19장 꼬인 내 인생을 이분의 덕분으로 바꿨어요.

예수 믿고 교회에 다닌다고 변화되고 꼬인 인생이 바뀌는 것이 아닙니다. 성령으로 세례를 받아 성령의 인도를 받으면서 자기 안에 계신 하나님과 관계(영의통로)가 열려야 성령으로 변화되고 영적으로 바뀌어야 영육의 질병에서 자유 함을 받을 수 있습니다. 영의통로라 함은 하나님과 나와의 관계를 말합니다. 영의 통로를 연다는 것은 하늘나라에 계신 하나님과 영의 통로가 열리는 것이 아니라, 내 마음 안에 와 계신 하나님과 영의 통로가 열리는 것을 말합니다. 그러면 왜 영의 통로가 막히는 가? 그것은 남아있는 아담의 죄악, 마음의 상처와 자신의 자아, 버릇, 자범죄로 막히는 것입니다. 말씀과 성령으로 자신의 심령을 치유하여 하나님과 영의 통로를 여시기를 바랍니다.

영의 통로가 열리면 말로 표현할 수 없는 은혜가 마음 안에서 올라옵니다. 정말 필자에게는 마음의 상처와 죄 성으로 영의 통로가 막혀 영육의 고통을 당하는 분들이 많이 찾아옵니다. 이분들이 성령의 세례를 체험하고 마음의 상처를 치유하니 영의 통로가 뚫립니다. 깊은 영의기도가 열립니다. 기도할 때 심령에서 불이 올라옵니다. 마음에서 평안이 올라옵니다. 성격이 유순하게 변합니다. 여러 가지 성령의 은사들이 나타납니다. 한 마디로 영의 사람으로 변한다는 것입니다. 예수님을 믿고 인생이 바뀐 분들의 간증입니다.

첫째, 예수님 믿고 가난의 저주 끊고 인생이 바뀌었어요. 예수님을 믿으면 예수님을 믿을 때 예수님께서 달리신 십자가에서 자신이 죽습니다. 다시 부활하신 예수님으로 삶을 살게 되는 것입니다. 그렇기 때문에 예수님을 믿으면 저주에서 해방이 되는 것입니다. 우리 교회가 시화에 있을 때 어느 교회 집사님이 치유 받으러 와서 저에게 한 간증을 들어보면 놀랍습니다. 가족을 저주에서 해방해 주신 주권자 하나님에 대한 간증입니다. 집사님 외가에 알 수 없는 재난이 끊이지 않았습니다. 큰 외삼촌 아들 셋 중 한 아들은 사업이 파산하고, 다른 아들은 교통사고로 장애자가 되고, 막내아들은 심장마비로 30대에 죽고, 둘째 외삼촌 아들은 교통사고로 죽고, 셋째 외삼촌은 간이 나빠 사망했습니다.

집사님은 동생은 세 명인데 한 동생은 정신 질환 환자이고 다음 동생은 사회에 적응 못해 혼자 집에서 살고 있고, 막내 동생은 정신질환으로 자살했습니다. 한번은 친지들 모임에 참석하려고 봉고차를 두 대 움직였는데 집사님 어머니와 동생이 타려고 하다가 못 타고, 먼저 출발했던 봉고차가 사고로 전복되어 아기 한명 만 살고, 일가친척 6명이 다 즉사했다는 소식을 듣고 온몸에 소름이 끼쳤습니다. 왜 우리 집안에 저주가 흐를까? 집사님은 항상 두려움에 살았습니다. 그러던 중 큰외삼촌이 돌아가셔서 고향에 가서 장례를 치르고 돌아오려 하는데 마을의 교회당 십자가를 보면서 마음이 감동되어 예수님을 믿고 예배당에 나가서 믿음생활을 하면서 하나님을 간절히 찾게 되었습니다. 그리고 하나님 저주를 끊어 달라고 기도했습니다.

그런데 한번은 극동방송을 듣다가 설교를 들었는데 십자가의 보혈만이 저주의 사슬에서 해방시킬 수 있다는 말씀을 듣고 순간 눈앞이 환해지면서 우리도 저주에서 해방을 얻을 수 있다는 신념이 들어와서 인근 능력 있다는 교회에 와서 등록을 했습니다.

그리고 어느날 주일 예배를 드렸는데 예배가 끝나고 나오는 데 어떤 성도님들이 이야기를 하는 데 조상 때부터 이어진 가계의 저주를 끊으려면 전문적인 치유를 받아야한다고 말하는 것이었습니다. 그래서 그곳이 어디냐 물어보니 시화에 있는 충만한 교회에 가라고 해서 왔다는 것입니다. 찾아와서 말씀과 성령의 역사에 은혜 받고 성령으로 세례를 받고 성령으로 충만한 상태에서 집으로 돌아와 계속 대적하며 영적전쟁을 했습니다. 그런데 어느날 마음에 감동이 오는 데 가계에 흐르는 저주가 주님의 보혈로 끊어졌다. 그렇게 성령께서 마음에 감동을 주시더랍니다. 순간 온몸이 굳어지면서 말씀으로 마음이 뜨거워졌습니다.

그런 일이 있은 후 집안의 저주가 성령의 불로 깨끗이 태워져 버리고 말았습니다. 회사가 어려워 많은 직원의 퇴사를 강요하여 1만 명 중 4천명이 회사를 그만두게 될 상황인데도 승진을 계속 했고, 장막을 두고 오래 기도했는데, 아파트를 주시고 평소에 간절히 원하던 부서로 발령도 났습니다. 어머니와 동생도 하나님을 믿기 시작해서 관절염을 고침 받고 무속을 믿던 신앙을 다 포기했습니다.

자기는 술도 끊고 온가족이 주일성수하고 열심히 봉사하고 회사에 남보다 30분 먼저 출근해서 성경 읽고 열심히 기도하고 전도하려고 노력하면서 저주에서 해방해 주시고 아브라함의 복을 주신 하나님을 찬미하면서 살게 되었다는 간증을 했습니다. 여러분 예수님을 믿으면 혈통에 대대로 내려오면서 고통을 당하게 하던 저주가 끊어지는 것입니다. 예수님을 믿고 망할 팔자를 고쳐서 하나님의 축복 속에서 살아가시기를 바랍니다.

둘째, 예수 믿고 불치병 고치고 인생이 바뀌었어요. 필자가 병원에 전도를 갔더니 41살 먹은 사람이 간경화에 걸려 복수가 차서 배가 남산만해가지고 입원해 있는 것입니다. 그래서 내가 직감적으로 느끼는 것이 혈통으로 대물림된 질병이라는 감동이 왔습니다. 그래서 본인에게 물어보았습니다. "혹시 부모님이 간경화로 고생하다가 세상을 떠나지 않았습니까?" 그랬더니 본인이 하는 말이 "정말 신기합니다. 저의 아버님이 술을 좋아하셔서 간경화로 고생을 하시다가 세상을 떠나신지 3개월이 지나니까, 나에게 간경화가 생긴 것입니다." 그래서 내가 형제가 몇 명이냐고 물으니까, 4명이라는 것입니다. 그래서 아버지하고 제일 친하게 잘 지낸 사람이 누구였느냐고 물어보니 자신이라는 것입니다. 자신이 막내이기 때문에 아버지가 제일 귀여워하고 늘 함께 지냈다는 것입니다. 혈통의 대물림은 이렇게 부모님하고 제일 친하게 지내던 사람에게 전이가 됩니다. 그래서 예수를 믿느냐고 물었더니 자기는 예수를 믿지 않고 부인이 아주 열심히 예수를 잘 믿는다는 것입니다. 그래서 내가 예수를 믿어야 간경화도 낫고 이 세상 떠나면 천국에도 간다고 예수를 믿으라고 했더니 믿지 않겠다는 것입니다. 그렇게 한두 달이 지났습니다. 어느 날 5층에 있는 일 인실 병동에 가서 문 앞에 있는 이름표를 보니까, 그 사람 이름표가 있는 것입니다. 1인실에 자리를 옮겼다는 것은 상태가 상당히 좋지 못한 상태에 온 것입니다.

그래서 내가 들어가서 예수만 영접하면 간경화도 낫고 천국도 간다고 예수를 믿으라고 권면하자, 이제 믿겠다는 것입니다. 그래서 예수를 영접시키고, 본인에게 지금까지 잘못한 것을 마음속으로 회개하라고 했습니다. 그리고 내가 예수 이름으로 간경화가 혈통으로 대물림된 악한 영의 줄을 끊고, 간경화를 짊어지고 다니는 귀신에게 명령을 했습니다. 그랬더니 막 발작을 하면서 기침을 하면서 귀신들이 떠나갔습니다. 그리고 간이 깨끗하게 치유될 것을 명령했습니다. 그리고 병이 나아서 퇴원하거든 성령이 강하게 역사하는 교회에 찾아서 등록하고 잘 다니라고 당부를 했습니다.

그리고 며 칠 있다가 병동에 가보니 이 사람이 없어진 것입니다. 그래서 담당 병동 간호사에게 물어보니 간경화가 치유되어 퇴원했다는 것입니다. 할렐루야! 정말 예수님은 살아계십니다. 그리고 한 1년이 지났습니다. 또 병원에 가서 전도를 하는데 그 사람이 입원한 것입니다. 그래서 무슨 병으로 입원을 했느냐고 했더니 독감이 걸려서 입원했다는 것입니다. 그러면서 나에게 하는 말이 "목사님 감사합니다. 그 때 목사님의 안수기도를 받고 한 시간쯤 지나면서부터 배에서 천둥소리가 나더니 복수가 소변으로 대변으로 막 빠져나가고 정상이 되어 퇴원했습니다. 정말 하나님의 살아계심을 체험했습니다." 그래서 내가 교회는 잘 다니느냐고 물었더니 아주 열심히 다닌다는 것입니다. 그래서 다시 독감이 떠나가라고 안수기도를 해주었습니다. 우리는 예방 신앙을 해야 합니다. 이와 같이 혈통으로 대물림된 불치병은 부모와 친지와 가장 가깝게 지내는 사람 순으로 전염이 됩니다. 이것을 알려면 영적인 세계가 열려야 이해가 가는 것입니다. 쫓겨난 귀신은 자신이 나온 집에 대하여 강한 집착과 미련을 가집니다. 마귀는 영적 존재이나, 제한적인 존재이기 때문입니다. 그러기에 자신이 거했던 사람의 성품과 습관에 익숙하여 있습니다. 그래서 자신이 살던 집으로 들어와야 자신의 일을 행하기에 매우 쉽고 효과적으로 죄를 짓게 만들 수 있는 것입니다. 그리고 귀신은 자신의 쉬고 거할 장소를 찾아야 하기에 다시 거했던 곳으로 다시 찾아옵니다. 그래서 부모님이나 친지하고 친하게 지낸 사람에게 찾아오는 것입니다. 그래서 제일 친하던 사람에게 찾아가니 말씀과 성령으로 충만한 믿음생활을 하면 접근하지 못하고 다음 사람에게 찾아가서 자리를 잡는 것입니다. 그러므로 혈통으로 대물림되는 불치병을 예방하려면 무엇보다 불같은 성령을 체험해야 합니다. 그리고 말씀과 성령으로 충만하여 성령의 기름부음이 심령에서 올라오는 믿음 생활을 하면 예방이 됩니다. 우리 두려워하지 말고 성령으로 충만하게 지내기를 바랍니다. 예수 믿으면 인생이 바뀌는 것입니다.

셋째, 예수님 만나 치유 받고 성품이 바뀌었어요. 저는 20년이 넘도록 악성 빈혈과 심장병, 우울증으로 고통을 당하면서 지냈습니다. 그러다 성령님의 인도로 충만한 교회 강요셉 목사님을 만나 치유 받고 새로운 삶을 살고 있는 여 목회자입니다. 제가 목회자가 된 것도 이 질병 때문에 된 것입니다. 어느 분이 예언을 하는데 목회자의 사명이 있는데 사명을 감당하지 않으니 그런 질병으로 고통을 당한다는 것입니다. 만약 순종하면 질병은 금방 치유가 된다는 말을 믿고 그분이 안내하는 신학교를 가서 신학을 하여 목회자가 된 것입니다. 그런데 목회자가 되니까 몸이 더 심하게 아픈 것입니다.

만약 이 간증을 읽는 분도 저 같은 경우라면 절대 속지 말고 내적치유를 받으시기를 바랍니다. 그리고 성령으로 세례를 받고 영의 통로를 뚫으시기 바랍니다. 저의 체험으로 목회자가 된다고 질병이 치유되는 것이 아닙니다. 또한 여러 문제도 해결되는 것이 절대로 아닙니다. 직접 치유를 받아야 해결되는 것이라는 것을 저는 뼈저리게 체험했습니다. 좌우지간 저는 국민일보 광고를 보니 제가 사는 근처에서 강요셉 목사님이 오셔서 치유집회를 한다는 광고를 보고 참석하여 첫날부터 많은 은혜를 받았습니다. 그때까지 체험하지 못한 여러 가지 체험을 했습니다.

수많은 상처들이 떠나갔습니다. 귀신들도 많이 떠나갔습니다. 점점 몸이 가벼워지고 우울한 기분이 사라지는 것을 체험적으로 느꼈습니다. 그래서 집중 치유를 받겠다는 욕심을 가지고 충만한 교회에 등록을 하여 치유를 받았습니다. 특히 충만한 교회는 주일 오후 예배에 집중 치유하는 시간이 있는데 이때 성령의 역사가 강하게 일어납니다. 그 시간에 더 많은 상처를 치유 받은 것 같습니다. 정말 말로 표현 못하는 현상을 하면서 상처가 치유되었습니다.

점점 빈혈이 없어지고 가슴이 답답한 것도 사라지는 것입니다. 제가 이렇게 몸이 건강해지니 남편도 너무나 좋아하는 것입니다. 그래서 몇 개월간 치유를 받다가 병원에 가서 검진을 받아보니 모두 정상으로 나오는 것입니다. 그래서 참 신기하기도 하다, 그렇게 많은 세월 약을 먹고, 나름대로 치유를 받겠다고 여기저기 다녔는데도 해결 받지 못했는데, 충만한 교회에 와서 집중적으로 내적치유를 받고 건강하게 되니 얼마나 감사한지 모릅니다. 그런데 제가 치유 받으면서 여러 환상을 보았습니다.

엄마가 저를 임신하고 괴로우니까, 저를 지우려고 하는 것입니다. 그때 충격으로 상처가 되어 우울증과 심장병에 혈액의 문제까지 당하고 세상을 산 것입니다. 그런데 치유를 받으면서 부모님을 용서하고, 그 때 생긴 태중의 상처를 치유하고, 두려워할 때 들어온 귀신들을 축사하고 나니, 난치의 질병들이 치유가 된 것입니다.

태중에서 상처가 있으니까, 계속 연속적으로 두려워하고 놀라는 일만 생기는 것입니다. 아버지와 어머니가 사고로 한꺼번에 돌아가셨습니다. 그때 얼마나 큰 충격을 받았는지 모릅니다. 그래서 저의 나이 스물에 소녀 가장이 된 것입니다. 그 모든 상처들을 하나님이 치유하여 주셨습니다. 앞으로 저같이 상처로 고생하는 사람들을 치유하는 사역자가 되겠습니다.

넷째, 예수 믿고 새 생명을 찾아 인생이 바뀌었어요. 남편이 심장병을 심하게 앓고 있었던 사람이 우리 교회 치유집회에 참석했습니다. 대학병원에서 1년 이상을 치료를 받는데도 차도가 없더라는 것입니다. 그래서 병원에서도 자꾸 돈만 받아먹어서 미안했는지 "더 이상 차도가 없으니 집에 가서 잘 요양이나 하십시오." 했다는 것입니다. 그래서 이것저곳을 다니다가 그 환자의 부인이 제가 출판한 "영안을 밝게 여는 비결" "내적치유 쉽게 하는 법" "가계 저주와 영원히 이별하는 법" 책을 읽고 저희 교회 치유집회에 참석한 것입니다. 집회 이튿날 상담을 요청하여 상담을 했습니다. 성령께서 감동하시기를 남편이 문제가 아니라 부인이 문제라는 것입니다.

그래서 남편이 심장병으로 고생하기 때문에 남편을 먼저 붙들고 안수하는데 아무런 역사가 안 나타나고 답답했습니다. 그 부인은 그냥 옆에서 울면서 방언을 했습니다. 그래서 이제 그 부인을 붙들고 중보안수기도를 했습니다. 부인을 대상으로 안수를 하는데 부인의 입에서 귀신이 "나는 총각 때 이 여자를 사모하고, 사랑했던 남자인데 결혼까지 하자고 했었는데 내가 갑자기 심장병으로 죽게 됐다. 결혼은 못했지만 이 여자는 내꺼야. 그래서 내가 이 남편에게 병을 줘서 이 남편을 죽이려고 하는 거야." 하고 말을 하는 것입니다. 그래서 이 더러운 심장병 귀신아! 예수 이름으로 명하노니 떠나가라. 남편의 심장을 건강하게 해놓고 떠나가라. 하고 명령을 했습니다. 그랬더니 남편이 부르르 떨더니 뒤로 넘어져서 한동안 발작을 했습니다. 그러다가 기침을 통하여 귀신들이 떠나갔습니다. 안정이 된 다음에 부부에게 좀 더 다니면서 성령을 충만하게 하고 권능을 받아서 다시는 귀신에게 당하지 말라고 했습니다. 이 부부는 순종하고 육 개월 정도 성실하게 다녔습니다. 그리고 완벽하게 심장병을 치유 받았습니다. 얼마 전에 전화가 왔습니다. 아주 건강하게 잘 지낸다는 것입니다. 예수님 믿고 교회 나가 인생이 바뀌었다는 것입니다. 앞으로 두 달에 한 번씩 와서 치유를 받겠다는 것입니다. 이렇게 문제나 질병은 생각지도 못한 이유로 생기게 됩니다. 그러므로 사역을 할 때에 성령님께 필히 물어서 사역을 해야 합니다.

다섯째, 예수 믿고 불치병 고치고 인생이 바뀌었어요. 저는 허리 디스크로 15년 이상 고생을 하다가 치유 받고 신유의 은사를 받아 인생을 바꾼 서아무개 목사입니다. 예수를 믿게 된 동기가 허리디스크를 심하게 앓고 있었는데 예수 믿으면 치유가 된다고 하여 예수를 믿었습니다. 허리 디스크로 사람노릇을 못하고 살았습니다. 어느 기도원장이 목회자가 되어야 하는데 사명을 감당하지 않아서 허리가 치유되지 않는다고 하여 신학을 시작했습니다. 그래서 목사가 되어 지금 교회를 개척하여 목회를 하고 있습니다. 우연한 기회에 인터넷에서 충만한 교회를 알게 되었습니다. 홈페이지에 기록되어있는 간증을 읽고 나도 치유를 받을 수 있다는 감동이 강하게 와서 신유집회에 참석하게 되었습니다.

신유집회에 참석하여 그동안 체험하지 못한 강한 성령의 불이 임하는 것을 체험을 했습니다. 내안에서 역사하는 악한 영들이 수 없이 떠나갔습니다. 집회 마지막 날 강 목사님이 뼈와 신경 치유에 대한 강의를 마치시고 시범을 보이셨습니다. 뼈와 신경과 근육에 있던 질병들이 그 자리에서 치유가 되었습니다. 나도 저렇게 순간 치유를 할 수 있는 은사를 주셨으면 좋겠다는 말이 저절로 나왔습니다. 허리 디스크로 고생하는 분 나오라고 해서 나갔습니다. 누우라고 하시더니 양발을 잡으시더니 오른 발이 길다는 것입니다. 그러고는 양발을 잡고 성령이여 임하소서, 하시면서 기도를 하셨습니다. 머리와 어깨에 임하시고 사로잡아 주옵소서, 그리고 허리도 사로잡아 주옵소서, 골반도 사로잡아 주시고, 온몸 약한 부위를 사로잡아 주셔서 치유하여 주옵소서, 하고 임재를 요청하셨습니다. 그다음에 허리 골반을 강하게 사로잡아 주시고 치료하여 주옵소서, 허리도 돌려주시고, 완전하게 치유하여 주옵소서, 하고 기도를 하니 내 다리가 한쪽씩 올렸다 내렸다 합니다.

골반이 나도 모르게 돌려집니다. 이제 허리를 만지시는데 목을 뒤로하여 머리가 땅에 닿게 하시는데 꼭 허리가 부러지는 것 같았습니다. 투두둑 투두둑 하며 뼈가 만져지는 소리를 요란하게 냈습니다. 저는 순간 이러다 허리 부러지면 어떡하나 하고 걱정을 하기도 했습니다. 그러다가 이제는 다리를 쭉 펴더니 손으로 발을 잡고 으으으 하면서 일어섰다, 앉아다, 하게하면서 진동을 하더니 서서히 진동이 약해졌습니다.

목사님이 다리를 잡고 허리를 돌리면서 "지금까지 괴롭혔던 허리 디스크를 일으키던 병마는 떠나갈지어다"하시는 것입니다. 내가 기침을 한동안 막 합니다. 그러더니 휴우! 휴우! 소리가 나옵니다. 목사님이 일어나서 허리한번 만져 보세요. 아픈가, 일어서서 허리에 손을 잡고 허리를 돌려보았더니 하나도 아프지 않습니다. 10년을 괴롭히던 허리디스크가 깨끗하게 치유되었습니다. 할렐루야! 주님께 영광 돌립니다. 정말 나에게도 이런 은사가 나타나게 해달라고 기도를 쉬지 않고 했습니다. 주일날이 되었습니다. 오후 예배를 마치고 성령께서 뼈와 신경과 근육이 성도를 불러내어 안수를 하라고 감동을 하십니다. 그래서 선포를 했습니다. 뼈와 신경과 근육에 질병이 있는 분들은 종이에 병명을 써놓고 앞에 나와서 기도를 하라고 했습니다. 그랬더니 7명이 나왔습니다. 그래서 목사님이 가르쳐 준대로 안수 기도를 했습니다.

막 성령의 역사가 일어나 기침을 하고 울고 했습니다. 모두 안수를 해주었습니다. 끝난 다음에 일일이 물어보았습니다. 아픈 부위에 통증이 사라지지 않고 그대로 있느냐고 질문했습니다. 그러자 신기하다는 것입니다. 조금 전만 해도 그렇게 통증이 심하다가 안수 받고 나니 모두 시원해 졌다는 것입니다. 어디서 능력을 받아 왔느냐는 것입니다. 충만한 교회에 가서 십 오년 묵은 질병을 치유받고 신유의 은사도 받은 것입니다. 하나님! 감사합니다.

여섯째, 예수 만나 혈기가 없어지니 인생이 바뀌었어요. 저는 항상 믿음 생활하기가 너무나 힘들다고 불평하며 지낸 집사입니다. 혈기와 분노가 심하여 대인관계가 엉망인 상태로 나날을 보냈습니다. 제일 힘이 드는 것이 기도였습니다. 좀처럼 기도하기가 쉽지가 않았습니다. 주여! 가 나오지를 않았습니다. 다른 성도들은 몇 시간씩 기도를 한다고 자랑을 하는데 저는 십 분을 하지 못했습니다. 집안에 일이 있어서 새벽기도에 가도 기도가 되지를 않아 그냥오기 일쑤였습니다. 기도를 하지 못하니 자연히 마음이 답답해지고 조그마한 소리에도 혈기를 잘 내는 것입니다. 남편이 한 마디 하면 저는 세 마디로 대꾸를 합니다.

남편은 교회 다니는 집사가 어떻게 그렇게 혈기가 심하냐고 할 정도입니다. 저도 혈기를 내지 말아야 하겠다고 생각은 합니다. 그러나 막상 사람과의 관계에서는 절제가 되지 않았습니다. 그래서 왜 제가 기도가 되지 않고 마음이 답답하고 혈기가 심할까! 혼자 고민을 하는데 구역 예배에 갔다가 구역장이 저의 이야기를 듣고 충만한 교회를 소개하여 주었습니다. 그래서 홈페이지에 들어가서 프로그램을 보고 집회에 참석을 했습니다. 집회에 하루 참석하여 말씀을 듣고 기도하니 조금 나아지는 것 같았습니다. 다음날 상담을 신청하여 저의 상태를 강 목사님에게 말씀을 드렸습니다. 강 목사님이 하시는 말씀이 마음의 상처로 인하여 영의 통로가 막혀서 기도도 안 되고 혈기도 심하다는 것입니다. 이런 상태로 계속 살아가다가 갱년기에 들어서면 육체의 질병과 우울증으로 고생을 할 것이라고 했습니다. 육신의 건강을 위해서라도 영의 통로를 뚫고 상처를 치유해야 한다는 것입니다. 어떻게 하면 영의 통로가 뚫리느냐고 질문을 했더니 계속 참석하면서 말씀을 듣고 기도를 하면 된다고 하시면서 기도 방법을 바꾸어 보라고 하셨습니다. 그냥 호흡을 들이쉬고 내쉬면서 배에서 나오는 소리로 주여! 주여! 주여! 를 계속하면 성령의 역사가 일어나 영의 통로가 자연스럽게 뚫리게 된다는 것입니다. 절대로 욕심을 부린다고 빨리 뚫리는 것이 아니니 성령께서 하라는 대로 따라가라는 것입니다. 그렇게 순종하고 기도하면 목사님이 돌아다니면서 안수하여 영의 통로가 뚫리도록 해준다는 것입니다. 그래서 순종하기로 했습니다. 무엇보다 두려운 것은 갱년기에 질병과 우울증으로 고통당할 수도 있다는 말이였습니다.

집회에 참석하여 전하는 말씀을 열심히 들었습니다. 말씀을 들을 때 저의 가슴이 답답해지는 것을 느꼈습니다. 그래서 나는 이상했지만 성령의 역사로 인하여 나타나는 현상이라는 것을 알았습니다. 말씀을 듣고 찬양을 부르고 기도 시간이 되었습니다. 강 목사님이 알려주신 대로 숨을 들이쉬고 내쉬면서 배에서 나오는 소리를 열심히 했습니다. 숨을 들이쉬면서 배에서 나오는 소리로 주여! 주여! 주여! 를 계속했습니다.

이렇게 기도에 몰입을 했습니다. 그러자 저에게 진동이 오기 시작을 했습니다. 손이 떨리기 시작을 하더니 온몸이 떨리는 것입니다. 그래도 기도에 몰입을 했습니다. 그러자 이제 손가락이 움추려

들고, 오그라드는 것입니다. 그러면서 제 몸이 뒤틀리는 현상이 일어나는 것입니다. 가슴이 답답해 오는 것입니다. 이제 제의지로 무엇을 할 수가 없었습니다. 성령이 역사하는 대로 따라서 기도를 했습니다. 그러니까 제 안에서 불이 올라오는 것입니다.

아주 뜨거운 불이 올라옵니다. 온몸이 뜨거워집니다. 얼굴이 뜨거워집니다. 몸은 뒤틀립니다. 아주 정신을 차릴 수가 없이 성령이 역사를 하는 것입니다. 그러기를 한 30분 한 것 같습니다. 이제 제가 잠잠해지기 시작을 했습니다. 그러자 강 목사님이 오셔서 안수해 주셨습니다. "이렇게 뒤틀리게 했던 더러운 영은 물러갈지어다." "기침을 통해서 떠나갈지어다." 하며 명령을 했습니다. 그러자 기침이 사정없이 나오는 것입니다. 그러면서 내 속에서 방언기도가 터져 나오는 것입니다.

그때 나에게 감동이 오기를 이제 성령의 불세례를 체험하고 영에서 나오는 방언을 하는 것이라는 것입니다. 영의 통로가 뚫렸다는 생각이 나를 주장했습니다. 너무나 감사했습니다. 그래서 계속 방언기도를 하니 몸이 가벼워지며 머리가 상쾌해졌습니다. 너무나 좋아서 지금 두 달째 다니고 있습니다. 말로 표현 못하는 평안을 느끼고 있습니다. 성격이 유순해졌습니다. 혈기가 없어졌습니다. 기도 시간이 즐거워집니다. 저의 남편이 이제 집사 같다는 것입니다. 제가 지금 느끼는 것은 바른 신앙지도를 받으면 좀 더 빨리 깊이 있고 변화된 성도가 될 수 있다는 것입니다. 정말 하나님의 평안을 몸으로 느끼면서 삶을 살아가고 있습니다.

20장 우리 딸 꼬인 인생이 이렇게 바뀌었어요.

우리가 꼬인 인생의 문제를 바꿔서 하나님의 복을 받으면서 살아가려면 영적인 일에 무지하지 말아야 합니다. 무지가 자신을 망가뜨리고 인생이 꼬이게 합니다. 영적이고 정신적인 진리들을 바르게 깨닫고 대처해야 합니다. 예수 믿고 예배당에 다니면서 열심히 예배드리고 철야 하면서 봉사하고 기도한다고 꼬인 인생이 바뀌지 못한다는 것입니다. 자기 열심히 아닌 성령으로 예배하고 성령으로 기도하고 성령으로 진리의 말씀을 깨닫고 성령으로 회개하며 성령으로 용서하는 수준이 되어야 변하면서 예수님이 원하시는 품성으로 바뀌게 됩니다. 세상이 복잡해지는 관계로 정신적인 문제로 고통을 당하면서 지내는 성도들이 많습니다. 그런데 정신적인 문제는 세상 의술이나 기교나 방법으로는 해결할 수 없는 불치병이라고 합니다. 그러나 예수 믿고 성령으로 세례받아 성령의 불이 나오고 성령의 지배와 장악이 되면 하나님의 나라가 됩니다. 하나님의 나라가 되고 성전이 되기 때문에 우울증이나 공황장애나 불안장애나 불면증이나 조현병이 봄에 눈이 녹는 것과 같이 사라지게 됩니다.

필자가 시화에서 목회할 때 40대 중반의 여성이 심한 우울증에 시달리는 18살 먹은 딸을 데리고 왔습니다. 사연은 아직 예수님을 영접하게 않은 상태였습니다. 집안의 혈통 중에 반 무당으로 살아가는 이모가 계셨습니다. 예수님을 잘 모르고 있으므로 무당에게 데리고 가기도 했습니다. 무당들이 하는 말이 자기 딸이 무당이 될 팔자라는 것입니다. 그 말을 듣고 고민을 하고 지내는데 잘 아는 분이 예수를 믿으면 무당이 되지 않아도 된다고 해서 능력 있다는 필자는 찾아 온 것입니다. 그 분에게 이렇게 설명해 주었습니다. 세상에 무당 될 팔자가 따로 있는 것이 아닙니다. 그렇게 본다면 누구는 반드시 무당이 되어야 한다는 것이 될 수 있는데 인류 역사상 그러한 팔자란 없습니다. 예수님을 믿으면 믿는 순간 무당될 팔자는 예수님과 함께 죽고 사망 권세 깨뜨리고 살아나신 예수님 사주팔자로 살아가기 때문에 무당이 되지 않아도 상관이 없는 것입니다. 예수를 믿으면 해결됩니다.

대게가 무당(신 내림 받으신 분) 되신 분들은 본인들은 인식하지 못하는 기의 흐름을 매우 잘 느끼고 있기 때문에 죽은 영령들 혼령들 귀기들의 느낌을 매우 잘 느낀다는 것입니다. 집안에 무당이 있거나 무속에 심취된 사람이 있습니다. 그리고 악령들이 역사를 떨쳐내지 못하고 악령이 하라는 대로 순종을 잘하기 때문에 무당이 되는 것입니다. 일반인들은 이것이 몸을 타고 흘러도 인식을 못하니 영물들도 지쳐서 그냥 떠나는 경우가 대부분입니다. "너희 자신을 종으로 내주어 누구에게 순종하든지 그 순종함을 받는 자의 종이 되는 줄을 너희가 알지 못하느냐 혹은 죄의 종으로 사망에 이르고 혹은 순종의 종으로 의에 이르느니라."(롬 6:16).

이러한 영들의 흐름을 유난히 잘 느끼는 사람들에게 이러한 영적인 기운이나 귀신의 기운이 쉽사리 떠나지 않으며 몸의 상태가 유약해 지거나 정신적인 강한 충격을 받을 때 영혼에 잠식 해들어 가는 경우가 대부분입니다. 쉽게 말씀을 한다면 평소에도 "여기 너무 으스스하다. 뭔지 르지만 한기가 느껴진다." 이런 사람들을 말하는 것입니다. 그 외에도 평소에도 가위 눌림이 심한사람… 꿈에도 귀신 꿈을 유나하게 많이 꾸시는 사람… 얼핏 뭔가가 보였어… 하는 사람들과 귀에서 무슨 소리가 들려 하시는 분들… 이런 사람들의 주위에는 언제나 영혼들이 맴돌고 있다고 보시면 됩니다.

그런다고 모두다 무당이 되는 것은 아니고 다른 이들 보다 그냥 기(영혼, 귀기, 그냥 일반적인 기 등등)를 잘 느끼고 있다고, 이렇게 보시면 됩니다. 이러신 분들은 (댁의 따님 또한 그렇다면) 몸의 냉기가 심화되어 표면적으로 나타나는 현상을 보일 수 있으니 몸을 따뜻하게 하시고 반신욕이나, 족욕 등으로 항상 몸을 따뜻하게 하시고, 햇볕을 많이 쬐고, 따뜻한 물을 항상 마시고, 차가운 물이나 음료는 될 수 있으면 피하시고, 밤을 즐겨 하지 마시고 낮에 주로 생활하며… 잠을 푹 주무시고… 아름다운 찬송을 자주 부르고 들으시고… 부모님들은 유흥업소의 출입을 자제하시고… 음행을 삼가하시고… 서늘한 기운이 감도는 산이나 계곡엔 가지 않을 것이며… 주무실 때에도 항상 소매긴 옷이나 잠옷을 입고 주무시고… 여자분들은 특히 겨울에 치마를 입는 것을 절대 삼가 하며… 내복을 입어 하체를 절대 추위에 노출되는 일어 없도록 하셔야 하며… 출 퇴근이나 학교 등하교시에도 (겨울엔) 운동화를 신어 발이 어는 일이 없도록 하여 냉기를 원천적으로 차단하는 일을 하셔야 합니다.

작으나마 스트레칭과 같은 운동을 하시어 몸의 기운의 흐름을 원활하게 하시어 병마를 없애고… 생각을 나쁘게 먹지 않는 것도 매우 좋다는 사실을 알아주시면 좋겠습니다. 그리고 생명을 함부로 해치는 일이 없도록 주의 하세요. 자살을 생각하거나 행동에 옮기지 말라는 것입니다. 이상이 신끼가 있는 사람들이 일상적인 삶을 살아가면서 주의해야 할 일입니다.

이제 따님을 예수님의 은혜로 치유 받을 수 있도록 설명하여 드리겠습니다. 먼저 부모님들이 예수를 영접해야 합니다. 물론 딸도 예수님을 주인으로 영적해야 합니다. 보통 무당 될 팔자라고 하는 분들이 신끼가 나타납니다. 신끼의 증상으로는 가위눌림이나 꿈자리 사나움, 악몽, 귀신접신현상, 현몽, 귀신 꿈, 무당 꿈, 신 내림 받는 꿈, 몽유병 등이 생기고, 신경이 예민하고 까다롭고 집착이 강하고, 별일 아닌 일에 예민하게 반응하며 짜증을 부리게 되며 이것저것 따지는 등 부정적인 성향을 나타나게 됩니다. 평소에 불평불만이 많고, 변덕이 심하고, 착각을 잘하고, 꿈인지 생시인지 눈에 귀신의 형상이 보이기도 하며, 환청이 들리기도 하며, 정신질환, 빙의 증상, 조현병, 우울증, 조울증, 정신분열증, 공황장애, 분노조절장애, 무기력증이 나타나기도 합니다.

이런 경우 예수님을 영접하고 예배당에 출석하여 예배를 열심 있게 참석하면서 말씀을 듣고 기도해야 합니다. 일반적인 예배만 참석한다고 따님이 치유되는 것이 아닙니다. 우리 충만한 교회와 같이 전문적인 성령 치유를 하는 곳을 찾아가셔서 치유 집회에 적극적으로 참석하면서 성령으로 세례를 받아야 합니다. 성령의 역사로 잠재의식의 상처를 정화하는 작업을 상당히 오랜 기간 동안 해야 합니다. 그것도 부모님과 같이 해야 합니다. 따님 혼자 치유에 참여하면 온전한 치유가 되지 않습니다. 이렇게 진리의 말씀과 성령으로 역사로 치유를 지속적으로 하면 성령으로 세례를 받게 됩니다.

성령으로 기도하면 성령의 불세례가 따님의 속에서 올아 오게 됩니다. 성령의 역사로 점점 몸이 뜨거워지면서 여러 신끼에 의하여 일어나는 현상(우울증포함)이 현저하게 줄어듭니다.

따님의 영육 정신적인 상황이 좋아졌다고 치유가 다 된 것이 아닙니다. 치유되었다고 착각하고 종전에 하는 생활로 돌아가면 몇 개월 내에 재발합니다. 그렇기 때문에 지속적인 영적활동을 해야 합니다. 따님을 치유하는 목회자가 중요하기 때문에 내면세계를 전문으로 10년 이상 치유한 목회자를 만나야 합니다. 내면세계를 잘 이해하지 못하고 축귀만 하는 목회자는 따님을 정상으로 복귀시키지 못합니다. 귀신만 축귀해서는 온전한 치유를 할 수가 없습니다. 영-혼-육을 정상으로 복귀시키는 치유를 해야 합니다. 필자는 그래서 매주 월-화-금-토요일 집중 정밀 내적 치유와 주일날 성령 치유를 지속 적으로 하는 것입니다. 어떠한 유형의 환자가 찾아와도 치유가 되게 하기 위해서입니다.

따님은 하루라도 빨리 예수를 영접하고 영적 치유를 받아야 합니다. 그러면 발병한지 얼마 되지 않았기 때문에 1년 이내 정상으로 회복이 됩니다. 어머니가 이 말을 알아듣고 딸과 함께 예수를 영접하고 지속적으로 다니면서 치유를 받았습니다. 남편도 호응을 잘해서 예수를 영접하고 주일에 예배에 참석하여 치유를 받았습니다. 6개월 정도 되니까, 영-혼-육이 정상으로 돌아왔습니다. 학교에 등교하여 정상적인 수업을 하면서 치유를 받기 시작을 했습니다. 우리 충만한 교회가 서울로 올라올 때까지 다니면서 치유를 받은 결과 정상으로 회복이 되었습니다. 무당들의 말에 속아 무당이 되지 않고 치유 받아 정상적인 삶을 살아가는 자매가 되었습니다. 예수 믿고 팔자가 바뀌고 인생이 바뀐 것입니다. 절대로 세상에 무당 될 팔자는 없고 예수님을 믿고 교회에 나오면 팔자가 바뀌니 인생이 바뀌는 것입니다.

첫째, 예수 만나 변화되고 우울증을 치유 받고 꼬인 인생이 바뀌었어요. 저는 우울증으로 5년이란 세월을 고생하며 지냈습니다. 우울증이 깊어지니 불면증까지 생겨서 세상사는 것이 지겨워질 정도로 고통을 당했습니다. 세상 사람들이 왜 자살을 하는 줄 이해가 갈 정도로 심한 고통을 당하면서 삶을 살았습니다. 예수를 믿고 교회는 나갔지만, 우울증과 불면증은 조금도 나아지지 않았습니다. 목사님 설교를 들으면 우리의 질병을 예수님이 채찍에 맞을 때 나았다고 말씀하시는데 저에게는 그냥 말로 들렸습니다. 하도 우울증으로 불면증으로 고통을 당하니 교회에 나가도 오직 나의 질병을 치유하여 달라는 기도밖에 나오지를 않았습니다.

그렇게 지내는데 하루는 제가 잘 알고 지내는 권사님에게서 전화가 왔습니다. 아주 능력이 있는 교회를 발견했다는 것입니다. 제가 거기에 가면 반드시 불면증과 우울증이 치유가 될 것이라는 것입니다. 아주 듣던 중에 아주 기쁜 소식이었습니다. 그 교회에서 내적 치유집회를 하고 있다는 것입니다. 내일 같이 가서 은혜를 받자고 하셨습니다. 아침에 만나서 그 교회에 갔습니다. 충만한 교회입니다. 목사님 말씀을 듣고 기도를 했습니다. 목사님이 안수를 하시는데 불덩어리가 머리에 떨어지는 것과 같았습니다. 마음속에서 서러움이 올라왔습니다. 울었습니다. 울기를 한 참했습니다. 그러자 속에서 오물이 올라왔습니다. 다 토했습니다. 목사님이 기침으로 나가라고 명령해도 아랑곳하지 않고 토했습니다. 한참을 토하고 나니 속이 시원해지는 것입니다. 이제 기침이 사정없이 나왔습니다. 그러면서 몸이 불덩어리가 되었습니다. 지금 생각하면 성령세례를 받고 나서 저의 영육을 치유하기 위한 성령의 불세례가 임하는 것이었습니다. 그렇게 세 번 집회를 참석하고 집에 돌아갔습니다. 저녁을 먹고 나니 잠이 오는 것입니다. 침대에 가서 잠을 잤습니다. 일어나니 아침 여섯시였습니다. 2년 만에 깊은 잠을 잤습니다. 한주가 지났습니다. 매주 화-수-목 집회가 있어서 몇 주더 다녔습니다.

점점 머리가 맑아지고 기분이 좋아졌습니다. 함께 다니는 권사님에게 이야기를 했더니 치유 받은 것을 하나하나 일지를 쓰라고 할 정도로 은혜를 많이 받았습니다. 그러던 어느 날입니다. 목사님에게 안수를 받고 기도하는데 막 추워지는 것입니다. 제 입에서 저절로 아이고 추워~ 아이고 추워~ 하는 것입니다. 그러면서 양손이 덜덜덜 떨리는 것입니다. 강요셉 목사님이 오셔서, 성령님 더 강하게 ~ 더 강하게 역사하여 주옵소서.~ 하시니까, 막 사정없이 손을 떠는 것입니다. 위로 올라갔다가 내려갔다가 하면서 덜덜덜 떠는 것입니다. 한 참을 떨다가 보니 어느 정도 안정이 되는 것 같았습니다. 강요셉 목사님이 예수 이름으로 명하노니 물속에 빠졌을 때 들어온 귀신은 떠나갈지어다.

예수 이름으로 명하노니 물속에 빠졌을 때 들어온 귀신은 떠나갈지어다. 명령을 하셨습니다. 그러자 아랫배가 칼로 자르는 것과 같이 아프면서 기침이 사정없이 나왔습니다. 강 목사님이 더 시원시원하게 기침으로 떠나가라. 명령을 하셨습니다. 기침을 한참을 했습니다. 잠잠해졌습니다. 집회가 끝나고 강 목사님이 지난날 물에 빠진 일이 있느냐는 것입니다. 물에 빠진 사람들이 성령의 임재가 되면 저와 같이 손을 떤다는 것입니다. 그래서 생각을 했습니다. 아무리 생각을 해도 생각이 나지를 않았습니다. 강 목사님에게 물속에 빠진 일이 없는 것 같다고 했습니다. 강 목사님이 분명이 물에 빠진 일이 있습니다. 집에 돌아가셔서 어른들에게 질문하여 보세요. 집에 돌아와 친정어머니에게 전화를 했습니다. 내가 어려서 물에 빠진 일이 있었느냐고 질문을 했습니다. 그러니까, 너는 물에 빠진 일이 없고, 외할머니가 우울증으로 고생을 하시다가 물에 빠져서 돌아 가셨다는 것입니다.

강 목사님에게 말씀을 드렸더니 외할머니를 우울증으로 물에 빠져 죽게 한 세대의 영이 저에게 와서 역사하여 우울증으로 불면증으로 고생하게 했다는 것입니다. 치유하지 않고 지냈더라면 영락없이 저도 물에 빠져서 죽었다는 것입니다. 그러나 성령의 역사로 정체를 폭로하고 떠나갔다는 것입니다. 저는 외할머니를 물속에 빠져 죽게 한 귀신을 축사하고 이렇게 우울증과 불면증을 치유 받았습니다. 너무너무 편안합니다. 세상 살아가는 재미를 느끼면서 살아갑니다. 제 인생이 바뀌었습니다. 하나님에게 영광을 돌립니다.

둘째, 예수 만나 내가 바뀌고 변화됐어요. 경북에서 사는 여성도가 "영안 열리면 귀신들이 보이나요." 책을 읽고 치유를 받기 위하여 찾아왔습니다. 2일 동안 은혜를 받더니 상담을 신청하여 상담한 내용입니다. 목사님 저는 지금까지 귀신에게 속으면서 살았습니다. 영적으로 잘 못 알고 있는 지식으로 너무나 많은 사람들에게 상처를 주었습니다. 우리 외할머니는 무당을 했다고 합니다. 어머니는 제 기억에 하루도 평안하게 살지를 못했습니다. 늘 머리가 어지럽다가 아파서 진통제를 달고 살았습니다. 거기다가 온몸이 근육통으로 고생을 하셨습니다. 등이 아프다가 허리가 아프고, 다시 무릎의 통증으로 걸어 다니지 못할 정도로 고생을 하시기도 했습니다.

좌우지간하루도 평안한 삶을 사시는 것을 보지를 못했습니다. 그렇게 고생을 하시다가 오 년 전에 예수를 영접하고 천국에 가셨습니다. 그렇게 예수를 믿어야 한다고 해도 거부하시다가 돌아가시기 3개월 전에 예수를 영접하고 돌아가셨습니다. 제가 예수를 믿은 동기는 저도 어머니와 비슷한 증상이 있어서 한약방, 병원 할 것 없이 다니면서 치유를 받으려고 했지만 치유가 되지를 않았습니다. 그러다가 병원에서 어떤 분을 만나서 예수님을 믿으면 치유가 된다는 이야기를 듣고 예수를 믿었습니다. 예수를 믿고 부흥집회에 참석하여 성령체험을 했습니다. 그러고 나니 몸이 좀 가벼워지는 것 같았습니다.

그런데 문제는 성령을 체험한 이후부터 내 눈에 영물들이 보인다는 것입니다. 시도 때도 없이 영물들이 보입니다. 집안에 들어가도 귀신이 보이고, 교회 가는 길에서도 보이고, 교회 안에서도 보입니다. 정말 말로 표현 할 수 없는 이상한 형체의 영물들이 보이는 것입니다. 밤에 잠을 자다가 화장실에 가려고 일어서면 방문 앞에 귀신이 서있는 것입니다. 소스라치게 놀라기를 셀 수가 없을 정도로 했습니다. 문제는 악몽이 말도 못하게 꾸어지는 것입니다. 자연스럽게 밤에 잠을 깊게 자지를 못한다는 것입니다. 늘 피곤한 상태로 지냅니다. 머리가 멍하고 어떤 때는 어지럽기도 합니다. 너무나 힘이 들어서 우리 교회에 신령하다는 권사님에게 물어보았습니다. 권사님이 하시는 말씀이 제가 영안이 열렸다는 것입니다. 하나님에게 감사하라는 것입니다.

그래서 나는 영안이 열린 줄로 알았습니다. 순식간에 교회에 소문이 났습니다. 내가 영안이 열렸다고 말입니다. 담임목사님도 나를 특별한 사람으로 취급을 할 정도가 되었습니다. 내가 지나가는 말로 어떤 성도가 귀신으로 보이더라고 하면 신령하다는 권사님은 그 성도에게 귀신이 역사하니 금식을 하고 기도를 하라고 합니다.

또 한 가지는 누가 방언으로 기도를 하면 내속에서 무엇이 저사람 귀신 방언을 하는 것이니 담임목사에게 이야기하여 못하게 해라! 그래서 권사님에게 이야기하면 당장 목사님에게 이야기를 하여 귀신방언을 하니 방언으로 기도하지 말라고 합니다. 그런데 저는 그럴 때마다 무엇인가 내가 잘못되었다는 생각이 늘 마음을 사로잡았습니다. 내가 진짜로 영안이 열리고 방언을 통역하는 것일까 항상 의구심을 가졌습니다.

교회 사람들에게 나의 상태를 이야기해도 영안이 열렸다는 말뿐, 명쾌한 대답을 해주지를 못했습니다. 계속 답답한 세월을 살아가다가 우연하게 기독교 서점에 갔습니다. 진열장에서 "영안을 밝게 여는 비결" "영안이 열리면 귀신들이 보이나요" 책을 발견하였습니다. 사다가 하루 만에 다 읽었습니다. 읽으면서 느낀 것은 내가 잘못되었다는 것입니다. 우리 교회 성도들이 영안에 대하여 잘못알고 있다는 것입니다. 그래서 만일을 제쳐놓고 충만한 교회에 온 것입니다. 목사님 어찌하면 좋습니까? 내가 이렇게 대답을 해주었습니다. 성도님은 무속의 영들의 영향으로 그러한 현상이 일어나는 것입니다. 성도님이 잘못 되었다는 것을 알았으니 치유는 쉽습니다. 될 수 있는 한 지속적으로 오셔서 말씀과 성령으로 치유를 받아야 합니다. 강한 성령의 역사로 대물림되는 무속의 영들을 몰아내야 합니다. 집에 돌아가서도 계속 영성을 유지할 수 있도록 치유 집회 실황 녹음 CD를 듣는 것이 좋습니다. 제가 하라는 대로 순종하면 몇 개월 내로 정상으로 회복이 될 것입니다. 그리고 그런 영물들도 꼭 필요한 때 외에는 보이지 않을 것입니다. 그랬더니 이렇게 대답을 하는 것입니다.

목사님 감사합니다. 어찌하든지 와서 치유 받아 저의 친정어머니 같은 생활에서 해방을 받겠습니다. 이분이 다행이도 친척집이 서울에 있어서 거기서 숙박을 하면서 몇 주 동안 치유를 받았습니다. 점점 얼굴이 환해지고 안정을 찾았습니다. 내가 지나가면서 물어보면 영물들도 잘 보이지를 않는다는 것입니다. 밤에 잠도 깊은 잠을 자고 있다는 것입니다. 몇 주 더 치유 받고 CD를 사서 가지고 고향에 내려갔습니다. 얼마 전에 집회에 참석을 했습니다. 물어보니 이제 안정을 찾아 바르게 믿음 생활을 하고 있다는 것입니다. 무엇보다도 밤에 잠을 깊게 자니 마음이 평안해서 좋다는 것입니다. 또 눈에 이상한 것들이 보이지 않으니 살 것 같다는 것입니다. 목사님의 설교 말씀이 잘 들리니 좋다는 것입니다. 가정환경도 많이 좋아졌다는 것입니다. 이렇게 바른 복음으로 치유를 받으면 전인적인 복이 따릅니다. 그래서 저는 영안이 열렸느니, 은사가 나타나느니, 하는 성도들의 열매를 보아야 정확하게 알 수가 있다고 합니다.

셋째, 예수 믿고 우리 딸이 바뀌었어요. 정이라는 자매의 영적인 상태와 이야기입니다. 이 자매는 우리 교회에 오기 전에 영적인 세력들의 영향으로 정신적인 문제가 발생하여 치유를 받으러 온 것입니다. 그러면서 저에게 이렇게 말했습니다. 목사님 저는 영적인 문제에 시달리다가 충만한 교회에 오게 되었습니다. 영적인 문제는 다름이 아니고 자꾸 눈에 악한 영들이 보이고, 밤에는 아예 잠을 자지 못할 정도로 불면증과 악한영의 괴롭힘에 일 년 반을 시달렸습니다. 그리고 심한 우울증으로 일 년을 고생을 하였습니다. 이곳저곳 능력이 있다는 곳에 다 다녔어도 치유 받지 못했습니다. 그래서 제가 이렇게 말했습니다. 자매님 하나님은 못하시는 것이 없으신 권능의 하나님이십니다. 제가 말하는 것을 믿고 매일 저희 교회에 치유집회에 참석하세요. 그러면 본명하게 치유가 될 것입니다. 그러니까. 이 자매의 얼굴에 화색이 생기면서 알았습니다. 감사합니다. 그러면서 지속적으로 다니면서 치유를 받았습니다. 이분의 아버지가 저에게 하는 말이 아파트 문을 열고 들어가면 아빠 여기 귀신이 있어요, 하고 놀라고, 또 저기도 귀신이 있어요, 하며 놀라고, 자다가도 귀신이 나타났다고 소리를 질렀다는 것입니다.

그러면서 저에게 하는 말이 목사님 한번 생각해 보세요. 잘 길러서 미국 유학을 7년이나 다녀와 영어를 그렇게 잘하던 딸이 연속적으로 스트레스를 많이 받다가 그만 스트레스가 쌓여서 저렇게 순간적으로 변해 버리니 아버지의 마음이 찢어집니다. 지난 일 년 반 동안 못 해본 것 없이 다해보았습니다. 목사님 저희 딸을 예수 이름으로 치유하여 종전같이 회복 되도록 도와주세요. 그래서 제가 이렇게 대답을 했습니다. 예수님은 못하시는 것이 없습니다. 의지를 가지고 제가 하라는 대로 순종하고 연속적으로 집회에 참석하여 말씀듣고 불같은 성령을 체험하고 안수기도 받으면 정상으로 회복이 됩니다. 하고 안심을 시켰습니다.

본인의 말로는 무당 옷을 입은 귀신은 밤에 많이 나타나고, 흉측하게 생긴 귀신은 낮에도 아파트 문을 열면 나타나 놀라게 했다는 것입니다. 그래서 이곳저곳을 헤매며 돌아다니면서 치유 받으려고 하다가 도저히 해결 받지 못하고 어느 분의 소개를 받고 충만한 교회에 다니면서 치유를 받게 된 것입니다. 아버지와 어머니 모두 등록을 하고, 매주 마다 영적인 말씀을 듣고 영성 훈련을 하며, 매시간 목사님의 안수를 받으면서 악한 영들이 때로는 울면서 떠나가고, 어떤 때는 악을 쓰면서 떠나가고, 어떤 때는 얼굴과 몸이 뒤틀리다가 떠나가고, 그리고 떠나가면서 각각 형상으로 보여주면서 떠나갔습니다. 그렇게 한 달 정도 치유를 받으니까, 나를 놀라게 하고 괴롭히던 악한 영들이 서서히 보이지를 않았습니다. 영적인 깊은 말씀을 듣는 중에도 하품을 통해서 말도 못하게 떠나갔습니다. 하루에 화장지 한통이 들어갈 정도로 많은 더러운 것들과 상처들이 치유되었습니다. 한 두 달이 지나니까, 잠이 잘 오고 불면증도 서서히 사라졌습니다. 그리고 악한 것들도 보이지 않고 밤에도 조용하게 잠을 잘 수 있었습니다. 그러나 우울증의 현상은 완전히 없어지지 아니하고 여전히 남아서 저를 괴롭혔습니다. 그래서 끝까지 치유 받아 정상적인 생활을 하려고 계속 다녔습니다. 4개월이 지나고 5개월 중간쯤 되니까, 마음이 상쾌해지고 삶에 생기가 돌고 우울증이 사라지는 것이었습니다.

그리고 목사님의 말씀이 꿀같이 달게 들려 졌습니다. 성경을 읽으면 옛날에는 하나도 보이지 않았는데, 눈에 쏙쏙 들어오는 것을 보니 영안도 열린 것이 분명합니다. 그래서 저는 이렇게 생각합니다. 하나님이 못 고칠 질병이 없고 못 떠나보낼 악한 영이 없다, 그리고 눈에 악한 영이 보인다고 자랑하는 사람들은 정신적으로 영적으로 조금 문제가 다는 것을 체험적으로 알게 되었습니다. 왜냐하면 그렇게 낮이나 밤이나 눈에 보이면서 괴롭히던 귀신들이 이제 봄 햇살에 하얀 눈이 녹아 없어지듯이 없어졌기 때문입니다. 저에게 이렇게 간증하는 것입니다. 예수를 믿으면서도 이런 고통을 당하는 분들이여, 쓸 데 없는 고통당하지 말고 시간여유를 가지고 저같이 치유를 받고 참 평안과 주님의 은혜를 체험하시기를 바랍니다. 우리가 잘못 알면 이렇게 고통을 당하기도 합니다.

21장 꼬인 사업이 풀려서 돈을 벌며 사업을 하고 있어요.

많은 성도가 사업을 하는데 꼬여서 고통을 당하는 분들이 많습니다. 사업이 꼬이면 사람들은 사주팔자가 나빠서 사업이 꼬인다. 불경제라 사업이 안된다. 운이 좋지 않아서 사업이 안 된다. 등등 외적인 문제라고 치부합니다. 하나님은 하나님의 자녀인 우리를 축복하시기를 원하십니다. 왜냐하면 하나님은 하나님의 자녀들을 통하여 이 땅에 하나님의 나라를 세워야 하므로 하나님의 자녀가 모두 복을 받고 잘되기를 소원하시는 것입니다(빌 2:13).

하나님은 "우리 주 예수 그리스도의 은혜를 너희가 알거니와 부요하신 이로서 너희를 위하여 가난하게 되심은 그의 가난함으로 말미암아 너희를 부요하게 하려 하심이라"(고린도후서 8:9). 말씀하셨습니다. 하나님의 뜻은 우리가 부요하게 되는 것입니다.

경제가 어렵고 힘든 시기에 직면하고 있는 우리가 이 격동의 시기를 어떻게 극복하겠습니까? 하나님의 말씀을 의지하고 하나님의 원칙에 입각한 신앙 자세로 나아가야 극복할 수 있을 것입니다. 하나님의 말씀 안에 경제 위기를 극복할 수 있는 해답이 있습니다. 이는 창세기 26장에 나오는 이삭을 보면 알 수가 있는 것입니다. 그런데 우리는 힘들수록 변칙을 기대합니다. 성경 말씀이 외에 혹 다른 길이 있지 않을까 생각하면서 미혹에 빠집니다. 어려울 때 혹시나 하는 생각으로 잘못된 길을 따라가는 어리석은 자가 나타납니다. 우리는 하나님을 절대 의지하여 성경에서 불황을 이기고 성공할 수 있는 길을 찾아야 제대로 된 믿음의 길을 갈 수 있습니다. 지금은 눈물을 흘리며 씨앗을 뿌리는 때입니다. 어떻게 거두는 것입니까? 그 문제를 모두 함께 풀어봅시다. 하나님은 우리를 축복하시는 하나님이십니다. 하나님은 성도들에게 소원을 두시고 일을 행하시는 하나님이십니다. "너희 안에서 행하시는 이는 하나님이시니 자기의 기쁘신 뜻을 위하여 너희에게 소원을 두고 행하게 하시나니" (빌립보서 2:13). 하나님은 이 천지 만물을 초자연적으로 다스리시는 하나님이십니다. 지금도 하나님은 불꽃 같은 눈으로 하나님의 마음에 합한 자를 찾고 계십니다. 하나님은 권세가 있으신 하나님이십니다. 고로 하나님은 지금 당하고 있는 꼬이는 인생의 문제와 우리의 고통을 청산하여 주시고도 남는 권세가 있는 분이십니다. 지금 우리가 당하고 있는 세계적인 경제의 고통은 누구도 해결할 수가 없습니다. 하나님만이 꼬인 인생의 고통을 청산할 수가 있습니다. 꼬인 인생의 고통을 하나님에게 가지고 나와 해결 받으시기를 바랍니다. 오직 천지를 주관하시는 하나님만이 해결하실 수 있습니다. 지금 경제적인 고통을 당하고 계십니까? 고통을 가지고 하나님에게 나오시기를 바랍니다. 나와서 하나님을 만나 말씀과 성령으로 해결 방책을 받아 믿음으로 행하면 하나님이 해결하여 주십니다. 성경에는 이런 불경기 속에서도 하나님의 말씀을 듣고 믿어 순종하여 복을 받은 교훈들이 많이 기록되어 있습니다. 구약에 나오는 믿음의 선진들처럼 하나님의 음성을 듣고 순종하여 세계적인 꼬인 인생의 광풍을 물리치시기를 바랍니다. 우리가 믿은 하나님은 이런 경제의 광풍을 물리치시고도 남을 만한 힘과 권세가 있으십니다. 믿음을 가지시기를 바랍니다.

하나님은 우리를 축복하시는 하나님이십니다. 하나님은 우리에게 소원을 두고 하나님의 일을 이루어 가십니다. 그런데도 우리는 왜 예수를 믿는다고 하면서도 꼬이는 것인가? 어려운 것은 과연 좋은 것인가? 꼬인 인생을 사는 것이 하나님의 뜻인가? 마귀의 저주인가? 이와 같은 의문들이 저의 머리를 복잡하게 해주었습니다. 그래서 신약과 구약의 성경을 보니 성경에 기근이나 물질적 궁핍이나 절망 상태에 빠진 사람들이 하나님의 은혜로 기적적인 도움을 받은 사건들이 여러 곳에 기록되어 있었습니다. 그래서 오늘 저는 여러분과 함께 인생이 꼬이는 것은 하나님의 뜻인가? 그렇지 않은가? 를 확실히 살펴보고 꼬이는 인생의 문제에 대한 우리의 분명한 뜻을 결정하고자 하는 것입니다.

예수를 잘 믿던 성도가 사업이 꼬여서 고난이 닥치다가 하나님의 은혜로 창업하여 빈곤에서 탈출한 간증입니다. 우리 교회에 오기 전에 상황은 일정한 직장이 없어 전에 다니던 교회 목사님이 기도원 사찰을 하라고 했는데 하지 않는다고 거부 했습니다. 교회에서 부인 집사에게 하나님의 말씀을 어겨서 하늘 문이 막혀 재정문제가 풀리지 않는다고 공공연하게 말하여 마음을 상하게 했다고 합니다. 그래서 내가 절대로 기도원 사찰하지 않았다고 하나님이 하늘 문을 막는 분이 아니라고 안심을 시키고 열심히 치유 받을 것을 권했습니다. 삼 년 전에도 일자리를 두서너 군데 옮기면서 일을 했다고 했습니다. 일자리를 잡아도 그곳에서 4~6달을 넘기지를 못했다고 합니다. 그러다가 일자리가 없어서 삼 년 전 10월부터 본 교회에 와서 치유를 받으면서 하나님의 뜻을 구했습니다.

기도하던 중에 식당을 해보겠다는 감동이 와서 놓고 기도하는 중에 웰빙 시대이니 먹을거리로 건강에 특별한 것을 하면 잘 될 수 있을 것 같은 성령의 감동이 와서 계속 기도하는 중에 새해 1월 말경 시장에서 가게가 하나 나왔습니다. 왜냐하면 부인 집사가 요리사 자격증이 있으므로 할 수가 있고, 또 자신은 지금까지 채소가게 배달을 해왔기 때문에 배달은 자신이 있었습니다. 그 가게는 조그마한 가게인데 앞사람이 장사하다가 세 식구가 모두 허리가 아파서 장사하지 못하고 내놓았다고 합니다. 권리금 없이 보증금 천만 원만 주면 넘기고 간다고 했습니다. 그래서 감동이 와서 계약했습니다. 그러나 막상 가게를 준비하는데 재정에 문제가 되었습니다. 약 이천만 원이 부족하였습니다. 그래서 본가의 형제들과 처가의 형제들에게 빌려달라고 했으나 모두 거절을 당했습니다. 왜냐하면 지금까지 무엇 하나 제대로 하는 것이 없었으므로 당연한 결과이었습니다. 또 불경기에 식당을 한다고 하니 망할까, 봐 그랬을 것입니다. 그래서 제가 조언을 했습니다. 사람은 다 그런 것이니 절대로 원망이나 앙심을 품지 말고 하나님에게 기도하라고 했습니다. 땅에서 매이면 하늘에서도 매이는 법이니 마음에 절대 응어리가 없게 해야 성령의 역사로 문제가 잘 풀린다고 당부했습니다. 기도하는 중에 하나님이 지혜를 주셔서 살고 있던 집을 월세로 돌리고 부족한 것은 사업 대출을 받아 해결하여 가게를 열었습니다.

하나님에게 기도하여 가게를 준비하니 기도할 때마다 응답이 잘 되었습니다. 집이 나가야 돈을 돌려서 사용하는데 심방 가서 기도하니 그날로 집이 나가고, 대출 등 여러 가지 일이 술술 잘 풀렸습니다. 가게를 열자마자 장사가 아주 잘되었습니다. 한 달 두 달 지나니 물질도 풀리고 마음먹은 대로 잘되었다고 합니다. 그래서 06년 말에는 여 집사님의 소원이 아파트에서 사는 것이었다고 하는데 하나님이 소원을 들어주시어 아파트를 사서 지난 2007년 1월에 입주하였습니다. 이는 창업을 한 후 2년 만의 축복입니다. 그래서 필자가 항상 입버릇처럼 하는 말이 사람 팔자 시간문제다. 성령님의 음성을 듣고, 성령의 인도만 받으면 아무리 불경기가 찾아와도 하나님의 말씀에는 불경기란 없다. 고로 예수를 믿는 자에게는 불경기란 없다, 불경기는 마귀가 일으키는 것이다, 라고, 힘주어 설교하고 있습니다. 이렇게 하나님은 성도를 축복하시는 분입니다. 이 말씀을 믿으시고 꼬인 인생의 문제를 물리치고 아브라함의 복을 다 받으시기를 바랍니다. 나도 할 수 있다는 희망을 품으시기를 바랍니다.

우리가 깨달아 알아야 할 것은 하나님께서는 우리의 현실 문제의 해답이 되신다는 것을 알아야 하는 것입니다. 어떤 사람들은 말하기를 하나님은 우리의 물질적인 현실 생활에 관하는 무관심하시다고 가르칩니다. 그것은 크게 잘못된 것입니다. 왜냐하면 현재 우리가 살고 있는 이 물질적인 우주와 만물은 하나님이 직접 지으셨습니다. 물질 그 자체가 악이요 죄라면 왜 하나님이 왜 악이요 죄를 지으셨겠습니까? 물질 그 자체는 악도 아니고 죄도 아닙니다. 그 물질을 쓰는 사람이 나쁜 사람이면 나쁘게 쓰고 악하게 쓰면 악하게 쓰고 선한 사람이면 선하게 쓰는 것이지 물질 자체가 죄도 아니고 악도 아닙니다. 물질은 하나님이 지으신 좋은 것입니다. 우리 하나님께서는 이 만유를 옷 입고 있습니다. 만유 안에 계시고 하나님은 만유를 초월해서 계십니다. 그러므로 하나님께서 물질세계를 떠나 있다고 생각하면 대단한 오해입니다. 하나님이 이 시간 내 안에 계시고 이 공간 안에 계시고 이 물질 안에 계십니다. 그러면서도 또 이 물질을 초월해서 하나님은 계시는 것입니다. 그리고 하나님은 이 물질세계를 운영하고 계시기 때문에 물질세계에 관해서 무관심하다고 생각하는 것은 대단히 잘못된 오해입니다. 그리고 하나님은 우리들의 삶의 흥망성쇠의 열쇠를 친히 손에 쥐고 계십니다.

성경 신명기 28장 1절로 8절에 기록된 말씀을 한번 들어보십시오. "네가 네 하나님 여호와의 말씀을 삼가 듣고 내가 오늘날 네게 명하는 그 모든 명령을 지켜 행하면 네 하나님 여호와께서 너를 세계 모든 민족 위에 뛰어나게 하실 것이라 네가 네 하나님 여호와의 말씀을 순종하면 이 모든 복이 네게 임하며 네게 미치리니 성읍에서도 복을 받고 들에서도 복을 받을 것이며 네 몸의 소생과 네 토지의 소산과 네 짐승의 새끼와 우양의 새끼가 복을 받을 것이며 네 광주리와 떡 반죽 그릇이 복을 받을 것이며 네가 들어와도 복을 받고 나가도 복을 받을 것이니라. 네 대적들이 일어나 너를 치료하면 여호와께서 그들을 네 앞에서 패하게 하시리니 그들이 한 길로 너를 치러 들어왔으나 네 앞에서 일곱 길로 도망하리라 여호와께서 명하사 네 창고와 네 손으로 하는 모든 일에 복을 내리시고 네 하나님 여호와께서 네게 주시는 땅에서 네게 복을 주실 것이며" 이 말씀의 하나님은 복의 근원이 되시고 하나님께서는 당신을 순종하는 백성들에게 복을 주는 하나님이라고 분명히 성경에 기록하고 있는 것입니다. 그러므로 우리가 복을 받으려면 하나님을 찾아가야 하며 하나님께서는 만복의 근원이 되신다는 사실을 우리는 마음속에 깊이 깨달아 알아야만 되는 것입니다. 신명기 8장 18절에 "네 하나님 여호와를 기억하라 그가 네게 재물 얻을 능을 주셨음이라 이같이 하심은 네 열조에게 맹세하신 언약을 오늘과 같이 이루려 하심이니라"라고 말한 것입니다. 우리 하나님께서는 우리에게 재물 얻을 능을 주시겠다고 말씀하신 것입니다. 이러므로 하나님께서 물질적인 것에 관해서 관심이 없다고 생각하는 것은 대단히 잘못된 생각입니다.

그러면 우리가 오늘 물질적으로 경제적으로 꼬여서 고통과 좌절과 절망에 처했을 때 어떻게 해야 할 것입니까? 이것은 우리 하나님을 먼저 찾아야만 되는 것입니다. 우리가 하나님 앞에 잘못 했기 때문에 오늘 이런 일이 생겼으므로 우리가 다른 데 가서 방황하지 말고 하나님을 찾아야만 합니다.

요엘서 1장 14절로 20절에 "너희는 금식 일을 정하고 성회를 소집하여 장로들과 이 땅의 모든 주민을 너희 하나님 여호와의 성전으로 모으고 여호와께 부르짖을지어다. 슬프다 그날이여 여호와의 날이 가까웠냐니 곧 멸망같이 전능자에게서부터 이르리로다. 먹을 것이 우리 눈앞에 끊어지지 아니하였느냐 기쁨과 즐거움이 우리 하나님의 성전에서 끊어지지 아니하였느냐, 씨가 흙덩이 아래에서 썩어졌고 창고가 비었고 곳간이 무너졌으니 이는 곡식이 시들었음이로다. 가축이 울부짖고 소 떼가 소란하니 이는 꼴이 없음이라 양 떼도 피곤하도다. 여호와여 내가 주께 부르짖으오니 불이 목장의 풀을 살랐고 불꽃이 들의 모든 나무를 살랐음이니이다. 들짐승도 주를 향하여 헐떡거리오니 시내가 다 말랐고 들의 풀이 불에 탔음이니이다." 이처럼 우리가 경제적으로 물질적으로 어려운 궁핍한 시대에 도달했을 때는 하나님께 나와서 부르짖어 회개하고 통회하며 기도하라고 성경은 말하고 있는 것입니다. 온 교회가 온 나라가 다 금식하며 회개하고 주님께 나와서 부르짖고 복의 근원 되시는 주님을 간절히 찾으라고 성경은 말하고 있습니다.

그렇게 하나님을 찾으면 어떤 결과가 생길까요? 요엘서 2장 21절로 26절에 "땅이여 두려워하지 말고 기뻐하며 즐거워할지어다. 여호와께서 큰일을 행하셨음이로다. 들짐승들아, 두려워하지 말지어다. 들의 풀이 싹이 나며 나무가 열매를 맺으며 무화과나무와 포도나무가 모두 힘을 내는 도다. 시온의 자녀들아, 너희는 너희 하나님 여호와로 말미암아 기뻐하며 즐거워할지어다. 그가 너희를 위하여 비를 내리시되 이른 비를 너희에게 적당하게 주시리니 이른 비와 늦은 비가 예전과 같을 것이라. 마당에는 밀이 가득하고 독에는 새 포도주와 기름이 넘치리로다. 내가 전에 너희에게 보낸 큰 군대 곧 메뚜기와 느치와 황충과 팥종이가 먹은 햇수대로 너희에게 갚아 주리니 너희는 먹되 풍족히 먹고 너희에게 놀라운 일을 행하신 너희 하나님 여호와의 이름을 찬송할 것이라 내 백성이 영원히 수치를 당하지 아니하리로다" 우리가 회개하고 주님께 부르짖고 주의 얼굴을 간절히 찾으면 주님께서 다시 복을 내리 시사 인생이 꼬이지 않고 수치와 곤욕을 당하지 않고 영혼이 잘 되고 범사가 잘 되며 강건하게 만들어 주시는 하나님이라고 성경은 말하고 있습니다.

이러므로 우리가 인생이 꼬여서 곤고 하고 어려울 때 하나님을 찾아야 하는 것입니다. 하나님께 부르짖어야 합니다. 교회마다 성도들이 모여서 주여! 우리를 불쌍히 여기소서. 주여 어떻게 해야 이 인생의 꼬임과 곤고와 빈곤에서 탈출할 수 있겠습니까? 알려주시옵소서. 깨닫게 해주시옵소서. 라고 외치면서 기도해야 하는 것입니다. 하나님이 능치 못할 일이 어디에 있습니까? 하나님은 죽은 자를 살리시며 없는 것을 있게 만드신 하나님이신 것입니다. 이러므로 오늘 우리가 인생이 꼬여서 심한 경제적인 고통과 괴로움에 처하고 있을 때 하나님을 찾고 복의 근원 되시는 하나님 앞에 나오면 하나님이 우리의 기도를 들어주시고 그 전능의 손을 펼쳐서 우리를 위해서 역사하시면 흑암은 변하여 광명이 되고 무질서는 변화하여 질서가 되고 죽음은 생명으로 빈곤은 부요로 추는 아름다움으로 변화되고 말 것입니다.

우리가 어려움에 부닥칠 때 성령 안에서 기도하며 하나님의 음성에 귀를 기울여야 하는 것입니다. 하나님께서 우리에게 묻는 것은 네 집에 무엇이 있는지 내게 고하라고 주님께서 물으시는 것입니다. 너희 나라에 무엇이 있는가, 그것을 내게 고하라. 하나님의 도우심은 내게 없는 것을 다른 곳에서 빌려 와서 도우심이 아닙니다. 지난 IMF 때를 뒤돌아보면 우리나라가 외국에서 너무나 많은 돈을 빌려 왔습니다. 한국의 기업들이 겁 없이 해외에서 돈을 잔뜩 빌려왔습니다. 은행이나 종금사가 턱도 없이 많은 돈을 빌려와서 다 탕진해 버리고 그 빚은 국민에게 덮어씌웠습니다. 남의 것을 빌려와서 돈벌이하려고 하다가 자기도 망하고 나라도 망친 것입니다.

자영업이 되지 않아서 필자에게 찾아와 상담하는 분들의 이야기를 빌리자면 장사는 잘되는데 빌린 부채가 너무나 많아서 자영업을 포기 했다는 것입니다.

하나님께서 우리에게 복을 주실 때에는 남에게 빌려온 것을 가지고 복을 주겠다고 말씀하지 아니하셨습니다. 네 집에 무엇이 있는지 내게 고하라고 말씀하신 것입니다. 자기에게 있는 자본을 가지고 시작하라는 것입니다. 하나님의 물질 축복의 원리는 "네 시작은 미약하였으나 네 나중은 심히 창대하리라"(욥 8:7)입니다. 우리가 한국과 대만을 비교해 보십시오. 대만은 98%가 중소기업입니다. 대만 사람들은 그 부채율을 보면 85.7%밖에 되지 않습니다. 자기 자본의 85.7%밖에 부채가 없습니다. 한국의 기업들은 자기 자본의 평균 270% 이상의 남의 돈을 빌려서 하고 있습니다. 대만 사람은 외국의 돈을 빌리지 아니하고 자기가 있는 것을 가지고 올 막 졸 막 좁은 중소기업을 가지고 장사를 해도 오늘날 세계에서 가장 우등 경제국 중의 하나인 것입니다. 그런데 우리나라는 외국에서 산더미 같은 돈을 빌려와서 나라를 경영한 우리나라는 오늘 빚더미에 올라앉고 세계적인 채무 국가로 전락하고 말았던 것입니다. 채무가 너무 많으니 결국 IMF를 만나고 말았던 것입니다. 우리는 이를 교훈으로 생각하여 과거와 같은 고통을 당하지 말아야 합니다.

하나님이 우리에게 묻는 것은 네 집에 무엇이 있는지 말씀했지? 얼마나 많은 것을 외국에서 빌려 왔느냐? 거기에 복을 주겠다. 그렇게 말씀하시지 않았습니다. 많든 적든 우리에게 있는 것으로 복을 주시겠다고 말씀한 것입니다. 자기에게 있는 자본을 가지고 작게 시작하여 나중에 창대하게 하시는 하나님이십니다.

하나님은 네가 가지고 있는 것이 무엇이냐 물으십니다. 그것을 통하여 축복하시기 위해서입니다. 절대 하나님은 남의 것을 빌려서 사업을 하라고 하지 않으십니다. 성경에 보면 선지자 생도의 과부도 집에 있는 기름 한 병으로 하나님께서 복을 주셨습니다. 그 과부에게 가서 돈을 많이 빌려라. 이웃의 빚을 많이 내어서 살아라. 그렇게 말하지 않았습니다. 네 집에 무엇이 있는 것을 고하라. 기름 한 병이 있습니다. 그것으로 주님이 축복해 주셔서 빚을 다 갚고 먹고 살게 해 주셨습니다.

사르밧 과부도 집에 있는 밀가루 한 윰큼과 조금 남는 기름으로 3년 6개월 동안 흉년을 지내게 했습니다. 다른 부자가 사는 집에 가서 금이나 은이나 빌려 온 것도 아니고 돈을 빌려 온 것도 아닙니다. 집에 있는 밀가루 한 움큼과 조금 남은 기름 그것에 하나님이 복을 주어서 기근을 면할 수가 있었습니다. 뱃세다 광야에서도 남자가 5천 명 부녀자가 기만 명이었는데 주님께서 저 다른 동네에 가서 쌀을 빌려 오라 밀을 빌려 오라 기름을 빌려 오라 그렇게 말씀하셨습니까? 너희 가운데에 무엇이 있는지 내놓아라. 어린 소년이 보리떡 다섯 개와 물고기 두 마리를 가져오니 이것에 복을 주어서 기만 명을 먹이고 12 바구니에 남게 한 것입니다.

소년 다윗을 기억하시지요. 다윗이 골리앗과 싸우러 갈 때 사울이 자기의 번쩍번쩍 빛나는 투구를 씌워주고 어마어마한 갑옷과 날카로운 검을 빌려주었습니다. 다윗은 그 투구를 쓰고 그 갑옷을 입고 검을 차고 왔다 갔다. 하더니 도로 투구를 벗어 놓았습니다. 이제 갑옷을 벗어 놓고 칼도 주었습니다. 그리고 그는 왕의 투구나 갑옷이나 칼을 빌려서 내가 골리앗과 싸우지 않고 내가 가지고 있는 목자의 옷과 목자의 도구 그대로 가지고 가겠다고 했습니다.

다윗과 골리앗과 싸우러 나갈 때에 빌려서 싸우러 간 것이 아니라 자기가 가지고 있는 것을 가지고 싸우러 나갔습니다. 하나님이 다윗이 입고 있는 목자의 도구와 그 물매와 물맷돌에 같이 계심으로 사울이 그 금 투구와 그 어마어마한 갑옷과 칼로써 죽이지 못한 골리앗을 돌멩이 하나로 죽였습니다.

문제는 얼마나 많이 빌려 오는가가 문제가 아닙니다. 하나님은 나에게 있는 것 그것을 가지고 복을 주시는 것입니다. 다윗이 얼마든지 사울의 투구와 갑옷과 칼을 빌려 갈 수 있습니다. 그러나 하나님께서는 사울이 가지고 있는 투구나 갑옷이나 칼을 다윗이 빌려 가기를 원치 않았습니다. 다윗에게 있는 그것으로 가라고 했습니다. 어림도 없는 소리 같지만, 목자의 도구에 그는 물맷돌을 가지고서 어마어마한 골리앗을 대결해 나가서 골리앗을 쳐서 이긴 것입니다.

이러므로 오늘 하나님께서 우리에게 묻는 말에 우리는 귀 기울여 들어야 합니다. 네 집에 무엇이 있는지 내게 고하라. 우리는 우리의 집에 있는 그것으로써 복을 받아야 합니다. 우리나라에 있는 그것으로써 우리가 사업하고 복을 받아야 하는 것입니다. 지금도 자꾸 남의 돈을 빌리려고 눈에 혈안이 되어있는데 빌려 오면 빌려 올수록 채무는 많아지고 이자도 많아지는 것입니다. 저는 사업이 잘되었는데 채무가 많아서 도산하고 만 사업가들을 많이 만났습니다. 이분이 하는 말이 장사는 잘되었습니다. 그러나 채무가 많아서 망했습니다. 채무가 많아서 망했다는 것입니다.

하나님께서는 그 빌려 오는 것에 복을 주겠다고 하지 않았습니다. 네 집에 무엇이 있느냐? 기름 한 병이 있어도 좋다, 밀가루 한 움큼이 있어도 좋다, 보리떡 다섯 개와 물고기 두 마리가 있어도 좋다. 네게 있는 것으로 내가 복을 주겠다. 빌려 온 것에 내가 복을 주지 않는다는 것입니다. 그러므로 빌려서 장사하고 빌려서 사업하고 빌려서 먹고살려고 하지 마십시오. 없는 것은 없는 대로 있는 것으로부터 하나님의 축복을 받아서 사는 우리가 되시기를 바랍니다.

경제적으로 안정되게 살던 한 남자가 있었습니다. 그런네 삽자기 망하게 되었습니다. 집을 저당 잡히고 친구의 보증을 섰는데, 친구의 사업이 잘못되는 바람에, 자기 집까지 날리는 신세가 되었습니다. 처음에는 가깝게 지내던 친구로 인해 망하게 되어 낙심되었습니다. 그러나 계속 낙심하고 있을 수만은 없었습니다. 그는 "어떻게 하면 잃어버린 것을 되찾을 수 있을까, 어떻게 하면 새롭게 재기할 수 있을까?" 하고 생각했습니다. 그러다 자기를 도울 수 있는 분은 하나님밖에 없다는 결론을 내렸습니다. 이 남자는 하나님, 하나님만을 의지하기로 결심했습니다. 평소에는 새벽 기도도 한 번도 안 나가던 사람이 매일 새벽 기도를 나갔습니다.

철야 기도도 안 나가던 사람이 철야 기도도 나갔습니다. 밤새도록 하나님 앞에 기도했습니다. "하나님, 나를 도와주시옵소서. 저는 하나님밖에 의지할 곳이 없습니다. 앞으로 하나님 나라 부흥을 위하여 살겠사오니 기적을 베풀어 주시옵소서." 그렇다고 이미 나간 돈이 어떻게 다시 들어오겠습니까? 그러나 그 남자는 열심히 기도했습니다. 그 남자의 주변 사람들도 "만약 이 상태에서 저 사람이 다시 일어설 수 있다면, 진짜 하나님은 살아계시는 거야." 이렇게 말할 정도로 열심히 기도했습니다.

그렇게 기도한 지 한 1년쯤 되는 어느 날이었습니다. 자본 없이 할 수 있는 일이 없을까 생각하고 있는데, 하나님께서 그에게 좋은 지혜 아이디어를 주셨습니다. 평소에는 생각조차 해보지 않은, 장난감을 만드는 일이었습니다. 자기 집의 방 한 칸을 장난감 가게로 개조했습니다. 두 평도 안 되는 조그만 가게에서 "배추 머리 인형" 이라는 아주 못생긴 인형을 만들기 시작했습니다.

대개 인형이라고 하면 예쁘게 생긴 인형을 생각하지만, 그는 아주 못생긴 인형을 만들었습니다. 그런데 그 못생긴 인형을 사러 동네 아이들이 몰려들었습니다. 못생긴 인형을 보고 그래도 자기는 잘 생겼다는 위안을 받으려는 심리 때문인지 아이들은 배추머리인형을 많이 사갔습니다. 그래서 그 남자는 인형의 총 판권을 따냈습니다. 가게가 점점 자리가 잡히고 일어서기 시작했습니다.

이 남자 성도는 모든 것이 부족한 상태에서, 연약한 상태에서 하나님 앞에 간절히 기도만 했습니다. 그랬더니 하나님께서 아이디어를 주시고 용기를 주시고 믿음을 주시고 다시 사업을 일으켜 주셨습니다. 다시 재물을 주시고 하나님 나라 부흥을 이루며, 영광 돌리며, 살도록 축복해 주셨습니다.

지금 사업을 하다가 꼬여서 어렵습니까? 하나님께 기도하여 지혜를 구하시기를 바랍니다. 주신 지혜대로 순종하면 꼬인 사업이 풀릴 것입니다.

22장 꼬인 우리 가정 생활과 환경이 바뀌었어요.

예수님을 믿고 예배당에 출석하면서 예배드리고 기도하면서 성령으로 세례를 받고 성령의 지배와 장악이 되어 성령의 인도를 받는 성도가 됩니다. 성령의 인도를 받는 성도가 되면 하나님의 나라가 됩니다. 하나님의 나라가 되면 삶을 하나님께서 주관하시기 때문에 가정이 하늘나라가 되어 행복해지는 것입니다. 가정이 하늘나라가 되니 덩달아서 꼬인 인생의 문제가 해결이 되고 가난을 청산하고 부자가 되는 것입니다. 성경은 우리가 예수를 믿는 순간에 죽고, 다시 예수님으로 태어났다는 것입니다. 하나님께서 분명하게 말씀하셨습니다. "그리스도의 사랑이 우리를 강권하시는 도다. 우리가 생각하건대 한 사람이 모든 사람을 대신하여 죽었은즉 모든 사람이 죽은 것이라. 그가 모든 사람을 대신하여 죽으심은 살아 있는 자들로 하여금 다시는 그들 자신을 위하여 살지 않고 오직 그들을 대신하여 죽었다가 다시 살아나신 이를 위하여 살게 하려 함이라(고후 5:14-15)" 분명하게 "자신을 위하여 살지 않고 오직 그들을 대신하여 죽었다가 다시 살아나신 이를 위하여 살게 하려 함이라고" 하셨습니다. 예수님을 위하여 살게 하려고 부르신 것입니다. 예수님께서 하신 일을 하게 하려고 부르신 것입니다. 살아계신 하나님을 증명하게 하려고 부르신 것입니다. 예수님은 영이십니다. 육체가 죽지 않고 예수님을 위하여 살아갈 수가 없습니다.

그래서 죽었다가 다시 살아나 예수님으로 살도록 하시는 것입니다. 예수님의 사주팔자로 살게 됩니다. 그렇기 때문에 자기 열심 가지고 노력 가지고 변화되려고 하는 것이 아니라 성령으로 변화가 되어야 합니다. 성령의 지배와 장악이 되어 성령의 인도를 받아야 한다는 말입니다. 성령의 인도를 받기 때문에 하나님의 나라 살아계신 하나님의 성전이 되니 아브라함이 복을 받는 것입니다.

예수 믿고 아브라함의 복을 받는 분들은 믿음을 지킨 사람입니다. 믿음을 지키는 성도는 예수 믿고 변화된 자입니다. 믿음을 지키기 위하여 피 흘리기까지 싸워야 합니다. 이것이 예수 믿고 변화된 성도가 마땅히 행할 바입니다 “너희가 죄와 싸우되 아직 피 흘리기까지는 대항하지 아니하고”(히 12:4). 자신의 믿음을 지키지 못하게 방해하는 세력과는 예수 이름의 권능을 가지고 피 흘리기까지는 대항하고 싸워서 믿음을 지켜야 합니다. 예수 믿고 변화가 되었다는 것은 자신의 믿음생활을 방해하는 세력에게도 성인군자와 같이 대하라는 것이 절대로 아닙니다. 믿음을 지키기 위하여 싸워야 합니다. 하나님은 가나안을 앞둔 여호수아에게 강하고 담대하라고 했습니다. 강하고 담대하게 하나님의 뜻을 좇아가라는 말씀입니다. 예수 믿고 가난을 청산한 간증입니다.

첫째, 예수 믿고 행복한 가정으로 바뀌었어요. 저는 강동구에 사는 최수영 안수집사입니다. 제가 간증을 하는 것은 저같이 영적인 무지 가운데 살면서 고통을 당하는 분들이 없기를 바라고 간증합니다. 저의 형제는 육남매입니다. 육남매 중에 저만 예수를 믿습니다. 총각때 지금 집사람을 만나 예수를 믿게 되었습니다. 그런데 저만 가난하게 사는 것입니다. 그것뿐만이 아니고 허리디스크수술을 세 번이나 받았습니다. 이것도 별문제가 되지 않습니다. 이제 사업이 되지를 않았습니다. 칼국수 집을 경영했는데 매달 적자라 보증금을 거의 다 까먹어갔습니다. 너무 고통스러워 기도원에 갔다가 충만한 교회에서 문제를 해결 받은 성도를 만나게 되었습니다. 서로 대화를 하다가 알게 되어 충만한 교회 집회에 참석을 했습니다. 너무나 갈급하여 상담을 요청했습니다. 다행히 첫날 강 목사님이 상담을 해주셨습니다. 저의 이야기를 듣더니 목사님이 이렇게 질문을 하시는 것입니다. 집사님! 지금까지 신앙생활을 어떻게 하셨습니까? 그래서 예! 말씀중심의 신앙생활을 했습니다. 그랬더니 이렇게 말씀을 하셨습니다. 물론 말씀중심의 신앙생활을 해야 맞습니다.

그러나 성령의 역사를 체험하면서 말씀중심의 신앙생활을 하면 더욱 좋습니다. 나는 무슨 말인지 이해가 되지를 않았습니다. 그래서 목사님의 얼굴을 물끄러미 바라보았습니다. 목사님이 이렇게 말씀을 하셨습니다. 원래 세상에 살다가 예수를 믿으면 교회에 들어옵니다. 교회에 들어와서 말씀을 듣습니다. 말씀을 듣고 기도를 하다가 보면 성령의 세례를 받게 됩니다. 성령의 세례를 받은 후에 세상에서 받은 상처와 자신의 자아와 혈통으로 타고 내려오는 악한 영의 영향을 치유 받아야 온전하게 하나님의 복을 받으면서 살아갈 수가 있습니다. 그러면서 집사님 성령체험은 했습니까? 질문하는 것입니다.

그래서 그런 체험은 없이 그저 말씀중심의 신앙생활을 했다고 대답을 했습니다. 목사님이 말씀하시기를 성령을 체험해야 합니다. 성령을 체험하고 치유를 받아야 집사님 같이 예수를 믿으면서도 불필요한 고생을 하지 않습니다. 그래서 내가 목사님에게 이렇게 말했습니다. 목사님 예수만 믿으면 구원을 받고 만사형통하게 지내다가 천국 가는 것 아닙니까? 저는 지금까지 목사님들에게 이렇게 듣고 배웠습니다. 그랬더니 구원은 예수만 믿으면 되지만 성화는 말씀과 성령으로 치유 받으며 노력을 해야 되는 것입니다.

집사님 몇 주 다니면서 말씀을 듣고 성령으로 깨달아서 영적으로 사고를 하시기를 바랍니다. 순종하는 마음으로 2주를 다녔습니다. 두주동안 내가 지금까지 30년을 믿음 생활하면서 체험하지 못한 성령의 뜨거운 불세례도 받았습니다. 방언 기도가 열렸습니다. 말씀을 듣다가 내가 우상숭배를 한 것이 생각이 났습니다. 무엇인가하면 내가 어렸을 때 몸이 아프면 어머니가 무당에게 데리고 갔습니다. 가서 머리에 이상한 물건도 쓰게 했습니다. 무당에게 이름도 올렸습니다.

그것이 그때야 생각이 나는 것입니다. 무려 45년이 지난 일이 말입니다. 그래서 목사님에게 이야기를 했습니다. 목사님이 성령의 임재 가운데 그때 그 상황을 눈으로 보면서 회개를 하라고 하셨습니다. 목사님이 머리에 안수를 하셨습니다. 조금 지나서 울음이 터졌습니다. 이상한 울음이 터졌습니다. 목사님이 "무당의 영은 정체를 밝힐지어다." 하고 명령을 하셨습니다. 목사님이 머리에 손을 얹고 "내가 나사렛 예수 이름으로 명하노니 대물림되는 무당의 영은 정체를 밝힐지어다." 하시는 것입니다.

내가 오른 손을 마구 흔드는 것입니다. 마치 TV에 나오는 무당이 굿거리 하는 장면같이 손을 마구 흔들어 댔습니다. 목사님이 "예수 이름으로 명하노니 혈통을 타고 들어온 무당 귀신의 줄은 끊어질지어다." "이제 내가 예수 이름으로 명하노니 혈통을 타고 들어온 무당 귀신은 묶음을 풀고 나올지어다." 명령을 하시니까, 내 속에서 한참 괴성이 나오더니만 입에서 맑은 물이 막 토해지면서 귀신이 떠나가는 것입니다. 그리고 다시 "가난하게 하고 사업을 방해하는 귀신은 결박을 풀고 떠나갈지어다." "가난하게 하고 사업을 방해하는 귀신은 결박을 풀고 떠나갈지어다." 하시면서 목사님이 명령을 하니 내가 막 소리를 지르고 악을 쓰고 토하면서 악귀들이 떠나갔습니다.

그리고 목사님이 "이제 사업이 풀리고 재정에 복이 임하는 영이 임할 찌어다." "이제 사업이 풀리고 복이 임하는 영이 임할 찌어다." 하며 안수 기도를 해주셨습니다. 이렇게 하기를 삼일 동안 했습니다. 충만한 교회 치유집회는 시간, 시간 개인별로 안수기도를 하면서 치유를 합니다. 그리고 목사님이 나에게 이렇게 말을 하셨습니다. 집사님 지금은 다른 형제들은 다 잘사는데 집사님만 어렵게 지냈지만, 앞으로 3년만 영적인 전쟁을 하면 집사님이 제일 영육 간에 복을 받고 다른 형제들이 못살게 될 것입니다. 믿고 영적전쟁하면 반드시 그렇게 됩니다. 하나님은 집사님에게 소원을 두고 일을 하시기 때문입니다. 그래서 믿고 영적인 전쟁을 하면서 믿음 생활을 한 결과 사업이 슬슬 풀리기 시작을 했습니다. 이제 어려움이 없이 믿음 생활을 하고 있습니다. 제 인생이 바뀌고 있습니다. 지금 생각을 하면 내가 영적으로 무지해서 지금까지 고생을 했다는 것입니다.

둘째, 예수 만나 개척교회 환경이 바뀌었어요. 저는 개척교회 사모입니다. 교회 개척한지는 벌써 7년이 넘었지만 교회가 부흥되지 않아 재정이 자립되지 못하여 물질로 항상 고통을 당합니다. 물질이 어려워서 사람 구실을 제대로 하지 못하고 살았습니다. 친척들이 모이면 얼굴을 제대로 들지 못하고 지금까지 살았습니다. 저는 개척 목회 스트레스로 말미암아 이 년 전부터 악성두통으로 힘든 삶을 살아왔습니다. 119 구급차도 세 번이나 탔습니다. 서울대 병원에 가서 뇌 MRI 도 두 번이나 찍었으나 아무런 이상이 없었습니다. 그래서 심한 두통으로 사모 노릇을 거의 하지를 못하면서 지냈습니다. 그러니 남편 목사님이 저를 치유 받게 하려고 여러 곳을 다 데리고 다녔습니다. 그러나 치유 되지를 않았습니다.

그러다가 어느 기도원 목회자 치유 세미나에 참석하여 강요셉 목사님을 만났습니다. 목사님을 만나서 저의 남편목사님도 내적치유를 받아야 한다는 것을 알게 되었습니다. 저도 남편 목사님도 그때까지 내적치유가 무엇인지 몰랐습니다. 강요셉 목사님이 기도원에서 제가 고생하는 것을 보시고 남편목사와 저를 안수하여 주시면서 내적치유에 대하여 알려주셔서 알게 되었습니다. 알고 보니 저뿐만이 아니고 남편에게도 상처가 말로 표현 못하게 많다는 것을 알았습니다. 솔직하게 말씀드리면 저는 남편과 결혼한 이후로 한 번도 마음이 편안하게 살아본 경험이 없습니다.

행위를 강조하시는 율법주의 목사라 이것저것을 가지고 저를 힘들게 했습니다. 개척교회를 하는데 성도가 주일날 오지 않으면 저에게 화풀이를 다합니다. 왜 오지 않았는지 전화해 보았느냐, 무슨 일이 있느냐, 오늘은 왜 이렇게 성도들이 오지를 않았느냐 하면서 저를 힘들게 하고 상처를 받게 했습니다. 그 스트레스가 쌓이고 쌓이다가 보니까, 저에게 우울증이 왔습니다. 악성 두통이 생겼습니다. 밤에 잠을 제대로 자지를 못했습니다. 그래서 치유 받으러 갔다가 강요셉 목사님을 만난 것입니다.

강요셉 목사님의 이야기를 듣고 매주 충만한 교회에 가서 치유를 받았습니다. 치유를 받다가 보니까, 저보다도 남편 목사님이 영적으로 변하는 것입니다. 목사님이 마음에 상처가 치유되니 영의 통로가 열려서 성령의 은혜가 나타나는 것입니다. 저의 교회 성도들이 저보고 하는 말이 목사님의 찬송소리가 달라졌다는 것입니다. 너무나 은혜로워졌다는 것입니다. 말씀도 너무나 은혜롭고 옛날 하고는 딴판으로 목사님이 달라지셨다는 것입니다. 그러면서 제가 자꾸 마음에 평안이 찾아오는 것입니다. 머리 아픈 것이 사라졌습니다. 우울증이 사라졌습니다. 이제 잠도 잘 잡니다.

그래서 참 평안을 찾았습니다. 이제 마음에 여유가 생겼습니다. 기도도 몇 시간을 할 수 있게 되었습니다. 사람을 보면 심령이 읽어집니다. 지금 생각하면 목사님이 상처가 정말 많았습니다. 부교역자로 가면 일 년을 채우지 못하고 나옵니다. 그래서 여덟 곳을 다니면서 부교역자를 했습니다. 그러니 마음에 얼마나 많은 분노가 쌓여 있었겠습니까? 그 분노 때문에 그렇게 저를 힘들게 하고 다른 사람에게 은혜를 전하지 못한 것입니다.

먼저 강요셉 목사님을 만나게 하신 성령님에게 감사를 드립니다. 그리고 치유하여 주신 성령하나님께도 감사를 드립니다. 제가 지금 치유 받아 영의 통로가 열리고 보니 목회자는 내적치유와 내면세계를 알아야 합니다. 말씀도 중요하지만 영적인 눈을 열어 내면세계, 영의 통로에도 관심을 가지시기를 바랍니다. 우리 목사님은 치유에 관심을 갖다가 영의 통로가 뚫리니 지금은 너무도 많이 영적으로 변했습니다. 성령님의 인도로 충만한 교회를 통하여 치유 받고 인생이 바뀌었습니다. 하나님에게 영광을 돌립니다.

셋째, 예수 믿고 가난의 저주가 끊어지니 인생이 바뀌었어요. 믿음생활을 잘하는 가운데 거지의 영이 대물림되어 고통당하게 된 집사님 부부가 있었습니다. 믿음이 좋고 신앙생활도 모범적으로 잘해 나가던 집사님 부부에게 문제가 한 가지 있었습니다. 맞벌이를 하는데도 불구하고 늘 물질 문제로 고통을 당하는 것입니다. 그래서 제가 하나님께 기도하니 그 집안에 거지 영이나 가난의 영이 흐르는지 분별해 보라는 감동을 주셨습니다.

두 부부는 이렇게 상담을 요청해 왔습니다. "목사님, 목사님이 아시다시피 우리 부부는 돈도 열심히 벌고, 믿음 생활도 열심히 하고 십일조 생활도 잘하는데 왜 그러는지 물질로 늘 고통을 당합니다. 왜 그럴까요?" "저는 그렇지 않아도 제가 집사님 부부를 위하여 기도를 하였는데 집안에 거지 영이나 가난의 영이 흐르는지 찾아보세요. 그리고 회개하시고, 예수 이름으로 가난이나 거지의 영의 줄을 끊고 귀신을 쫓아내세요" 하고 가르쳐 주었습니다. 집사님 부부는 날마다 열심히 마귀의 저주를 끊고 저주하던 귀신을 쫓아내는 기도를 하였습니다. 그런데 어느 날 여 집사님이 돌아가신 시아버지가 거지꼴을 하고 자신을 따라오는 꿈을 꾸었습니다.

"예수 이름으로 명하노니 떠나가라! 예수 이름으로 명하노니 떠나가라! 예수 이름으로 명하노니 떠나가라!" 라고 꿈속에서 아무리 외쳐도 시아버지가 계속 따라오는 것입니다. 그래서 "하나님 어떻게 해야 합니까?"하고 울부짖자, "물과 불을 통과하라! 물과 불을 통과하라! 물과 불을 통과하라! 물과 불을 통과해야 저 거지 귀신이 떠나간다." 라고 하셨습니다. 그래서 앞을 보니까 큰 강이 흐르는데 불이 훨훨 타면서 흐르더랍니다. 무서워서 도저히 통과할 수가 없었지만 시아버지가 계속 따라오고 있어서 에라, 모르겠다는 심정으로 불타는 강을 통과 했습니다. 그리고 나서 뒤를 돌아보니 거지 시아버지가 따라오지 않더랍니다. 그 다음부터 물질이 서서히 풀리기 시작하더니 지금은 물질의 문제가 풀려 하나님 나라에 열심히 물질을 심으면서 풍성하게 지내고 있습니다. 예수 믿고 예수로 죽고 예수로 다시 살아 교회 나와 인생이 바뀐 것입니다.

넷째, 예수 믿고 가난의 고통에서 해방되니 인생이 바뀌었어요. 여기 한 여성도의 간증을 들어보시기를 바랍니다. 대물림되는 가난과 거지의 영이 끊어졌어요. 라는 제목의 간증입니다. 어느 여 성도님이 결혼을 했는데 남편과 자신의 가계에 흐르는 가난의 대물림으로 너무너무 가난하고 헐벗고 굶주리면서 고통을 당하고 살았습니다. 이웃의 전도를 받고 예수님을 믿었습니다. 성령이 충만한 교회에 등록하여 성령을 체험하고, 내적치유도 받고, 가계에 흐르는 마귀역사를 끊는 집회도 참석하여 은혜를 받았습니다. 성령으로 충만하여 가정에 역사하는 가난의 대물림의 원인을 찾아 회개를 했습니다.

가난의 대물림의 줄을 끊고 대적하며 선포기도를 수없이 하였습니다. 성령의 보증의 역사로 하나님의 축복으로 서서히 물질적인 문제가 풀렸습니다. 물질 형편이 풀려서 조그마한 주택도 마련하고 이제는 가정의 삶이 평안하게 되었습니다. 계속적으로 대물림되는 가난의 귀신역사를 예수 이름으로 끊고 대적하며 선포기도하여 귀신을 몰아낸 결과입니다. 이 자매님이 교회에서 하는 가난의 고통을 끊는 집회에 참석하여 우리 시댁의 가난의 대물림도 끊어질 수 있다는 믿음을 가지게 되었습니다. 순수하게 강사 목사님이 하라는 영적인 원리대로 가정 예배드릴 때나 교회에서 기도할 때나 할 것 없이 성령이 충만한 가운데 매일 입버릇처럼 대적하며 선포 기도를 했습니다. "예수 이름으로 명하노니 우리 가정에 대물림되는 가난의 고통은 끊어질지어다." "가난하게 역사하는 귀신은 예수 이름으로 명하노니 떠나갈지어다." "예수 이름으로 명하노니 우리 가정에 대물림되는 가난의 고통은 끊어질지어다." "가난하게 역사하는 귀신은 예수 이름으로 명하노니 떠나갈지어다." "예수 이름으로 명하노니 우리 가정에 대물림되는 가난의 고통은 끊어질지어다." "가난하게 역사하는 귀신은 예수 이름으로 명하노니 떠나갈지어다." 하고 마음으로 외치고 다녔다고 합니다. 그러던 어느날 남편이 한 꿈을 꾸었습니다. 꿈에 밖에서 자꾸 문을 두드리면서, "주인 있소? 주인 있소?" 밖에서 주인을 부르는 소리가 나더랍니다.

그래서 문을 열고 나가보니까 자신의 할아버지 거지, 자신의 할머니 거지, 자신의 아버지 거지, 어머니 거지, 거기다가 세상에 있는 거지라는 거지는 다 모인 것같이 많은 거지 들이 모였더랍니다. 깡통을 차고 아주 험한 거지 옷을 입은 거지 할아버지가 와서 하는 말이 "우리가 몇 십 년 동안 이 집에서 거지노릇을 하면서 같이 살았는데,

왜 손자며느리가 들어와서, 그놈의 예수를 믿더니 자기만 믿을 것이지 손자까지 예수를 믿게 해가지고, 항상 가정에서 예배드리고 거지 귀신 떠나라고 예수이름으로 명령하고, 예수 그리스도와 함께 밥 먹고, 기도하고 예배하고 자고, 깨어나면 예수 이름으로 명하노니 거지 귀신아 물러가라고 그러느냐? 우리를 쫓아낼 너의 권한이 무엇이냐? 이유를 말해 달라." 그래서 그 거지 할아버지에게 대답을 어떻게 할까 생각하다가 성령께서 알려주시는 예수님의 말씀을 기억하고 "증명이 있다. 나는 예수님을 믿는 순간 죽었다. 다시사신 예수님으로 태어나 예수님의 사주팔자로 산다. 내가 예수 이름으로 명령한다. 알겠냐! 나사렛 예수 이름으로 명하노니 거지 귀신들은 물러갈 찌어다." 그러니까 다다다다 발걸음 소리를 내면서 전부 거지 떼가 걸음아 날 살려라 하면서 도망을 치더라고 했습니다. 그 꿈을 꾸고 나니 너무나 마음이 평안하고 가난과 거지의 영의 줄이 끊어졌다는 성령의 감동이 오더랍니다. 이 꿈은 가난과 거지영이 예수 이름으로 물러가는 꿈입니다. 성령께서 기도를 응답하여 가문에 흐르는 가난의 귀신들이 떠나갔다는 것을 꿈으로 보증해 주신 것입니다. 아주 좋은 꿈입니다. 그러나 선포기도를 중단하면 안 됩니다. 지속적으로 성령의 임재 하에 대적하며 선포 기도를 마음으로 해야 합니다. 당신도 이와 같이 꿈속에서도 선포기도를 하시기를 바랍니다. 그러면 예수 믿고 인생을 바꿀 것입니다.

다섯째, 예수 만나 가난의 고통을 청산하고 인생을 바꾸었어요. 예수를 잘 믿던 성도가 고난을 당하다가 하나님의 은혜로 창업하여 빈곤을 탈출한 간증입니다. 우리 교회에 오기 전에 상황은 일정한 직장이 없어 전에 다니던 교회 목사님이 기도원 사찰을 하라고 했는데 하지 않는다고 거부 했습니다. 교회에서 부인 집사에게 하나님의 말씀을 어겨서 하늘 문이 막혀 재정문제가 풀리지 않는다고 공공연하게 말을 하여 마음을 상하게 했다고 합니다. 그래서 내가 절대로 기도원 사찰하지 않았다고 하나님이 하늘 문을 막는 분이 아니라고 안심을 시키고 열심히 치유 받을 것을 권했습니다. 삼 년 전에도 일자리를 두 서 너 군데 옮기면서 일을 했다고 했습니다. 일자리를 잡아도 그곳에서 4-6달을 넘기지를 못했다고 합니다. 그러다가 일자리가 없어서 삼 년 전 10월부터 본 교회에 와서 치유를 받으면서 하나님의 뜻을 구했습니다.

기도하던 중에 식당을 해보겠다는 감동이 와서 놓고 기도하는 중에 웰빙 시대이니 먹을거리로 건강에 특별한 것을 하면 잘 될 수 있을 것 같은 성령의 감동이 와서 계속 기도하는 중에 새해 1월 말경 시장에서 가게가 하나 나왔습니다. 왜냐하면 부인집사가 요리사 자격증이 있기 때문에 할 수가 있고, 또 자신은 지금까지 채소가게 배달을 해왔기 때문에 배달은 자신이 있었습니다. 그 가게는 조그마한 가게인데 앞사람이 장사를 하다가 세 식구가 모두 허리가 아파서 장사를 하지 못하고 내놓았다고 합니다. 권리금 없이 보증금 천만 원만 주면 넘기고 간다고 했습니다. 그래서 감동이 와서 계약을 했습니다. 그러나 막상 가게를 준비하는데 재정에 문제가 되었습니다. 약 이천만원이 부족하였습니다. 그래서 본가의 형제들과 처가의 형제들에게 빌려달라고 했으나 모두 거절을 당했습니다. 왜냐하면 지금까지 무엇 하나 제대로 하는 것이 없었으므로 당연한 결과이었습니다. 또 불경기에 식당을 한다고 하니 망할까봐 그랬을 것입니다. 그래서 제가 조언을 했습니다. 사람은 다 그런 것이니 절대로 원망이나 앙심을 품지 말고 하나님에게 기도하라고 했습니다. 땅에서 매이면 하늘에서도 매이는 법이니 마음에 절대 응어리가 없게 해야 성령의 역사로 문제가 잘 풀린다고 당부를 했습니다. 기도하는 중에 하나님이 지혜를 주셔서 살고 있던 집을 월세로 돌리고 부족한 것은 사업대출을 받아 해결하여 가게를 열었습니다.

하나님에게 기도하여 가게를 준비하니 기도할 때 마다 응답이 잘 되었습니다. 집이 나가야 돈을 돌려서 사용하는데 심방 가서 기도하니 그 날로 집이 나가고, 대출 등 여러 가지 일이 술술 잘 풀렸습니다. 가게를 열자마자 장사가 아주 잘되었습니다. 한 달 두 달 지나니 물질도 풀리고 마음먹은 대로 잘되었다고 합니다. 그래서 06년 말에는 여 집사님의 소원이 아파트에서 사는 것이었다고 하는데 하나님이 소원을 들어 주시어 아파트를 사서 지난 2007년 1월에 입주를 하였습니다. 이는 창업을 한 후 2년만의 축복입니다. 그래서 필자가 항상 입버릇처럼 하는 말이 사람 팔자 시간 문제다. 성령님의 음성을 듣고, 성령의 인도만 받으면 아무리 불경기가 찾아와도 하나님의 말씀에는 불경기란 없다. 고로 예수를 믿는 자에게는 불경기란 없다, 불경기는 마귀가 일으키는 것이다, 라고 힘주어 설교하고 있습니다. 이렇게 하나님은 성도를 축복하시는 분입니다. 이 말씀을 믿으시고 빈곤을 물리치고 아브라함의 복을 다 받으시기를 바랍니다. 나도 할 수 있다는 희망을 가지시기를 바랍니다.

5부 꼬인 인생을 바꾸는 적극적인 방법

23장 꼬인 인생이 이렇게 하니 바뀌었어요.

하나님은 꼬인 인생의 문제를 해결하려면 예수로 죽고 예수로 살라고 하십니다. (갈 2:20)"내가 그리스도와 함께 십자가에 못 박혔나니 그런즉 이제는 내가 사는 것이 아니요 오직 내 안에 그리스도께서 사시는 것이라 이제 내가 육체 가운데 사는 것은 나를 사랑하사 나를 위하여 자기 자신을 버리신 하나님의 아들을 믿는 믿음 안에서 사는 것이라." 분명하게 하나님의 아들을 믿는 믿음 안에서 살라고 말씀하셨습니다.

하나님은 모든 크리스천들이 예수 안에서 새 생명으로 살아가기를 원하십니다. 새 생명으로 다시 태어나 하나님의 영광을 나타내며 살아가는 것이 하나님의 뜻입니다. 그런데 예수를 믿었는데 새 생명으로 살아가지 못하는 것일까요? 예수를 믿을 때 자신이 죽지 않았기 때문입니다. 예수를 믿고 성령으로 거듭났으면 이제부터 장례식 치르고 다시 산다고 생각하고 살아 보기 바랍니다.

어떤 상황에도 어떤 사람 앞에서도 "나는 죽었습니다!" "나는 죽었습니다!" 노래하며 살아 보기 바랍니다. 시험될 일도 낙심할 일도 없습니다. 비로소 살아계신 부활의 주님으로 사는 역사를 체험하게 됩니다. 자신 한 사람만 새 사람으로 살아도 예수님 가정, 예수님의 교회, 예수님의 세상이 됩니다.

첫째, 나는 예수 믿을 때 죽었다. "내가 그리스도와 함께 십자가에 못 박혔나니……." 성도는 예수님을 자신의 구주로 믿을 때, 우리의 옛 사람은 죽은 것입니다. 죄와 허물에 대해서 죽은 것입니다. 율법의 정죄에 대해서 죽은 것입니다. 그러기에 우리는 이제 새로운 피조물입니다. "그런즉 누구든지 그리스도 안에 있으면 새로운 피조물이라 이전 것은 지나갔으니 보라 새것이 되었도다(고후5:17)" 예수님을 구주로 믿고 죄와 허물로 죽었던 나는 이제 그리스도와 함께 새 생명으로 살아났습니다. 이제 우리는 진노의 자녀가 아닙니다. 이제 우리는 과거의 죄인이 아닙니다. 이제 우리는 하나님의 보배롭고 존귀한 자녀입니다. 옛 사람이 아니라, 그리스도 안에서 새로운 피조물입니다. 이것이 영적인 실제입니다. 우리는 이 영적인 사실(실제)를 받아들여야 합니다.

필자가 지난 25년간 성령치유 사역을 하면서 체험한 바로는 예수를 믿으면서 새 사람이 되지 못하고 잘 풀리지 않는 분들을 살펴보니 관념적인 믿음생활을 하더라는 것입니다. 살아있고 실제적인 성령의 역사가 교회의 예배당 안에서도 일어나고, 자신 안 성전에서 분출이 되어야 성령의 지배와 장악과 인도로 새 사람이 되게 되더라는 것입니다. 가정에서도 성령의 살아있는 역사가 지배하고 장악해야 새 생명으로 살아가게 되더라는 것입니다. 성령의 강력한 역사가 일어나지 않으면 육체에 역사하는 영들의 방해로 풀리지를 않더라는 것입니다. 예수를 믿으면서 풀리지 않던 분들도 성령의 역사가 자신 안에서 일어나 밖으로 분출되는 믿음 생활을 하니까 풀리더라는 것을 체험적으로 알게 되었습니다. 그렇기 때문에 열심히 하며 많이 알면 된다는 관념적인 믿음생활을 탈피해야 합니다. 성령의 실제적인 역사가 자신 안에서 일어나야 상처도 질병도 영적인 문제도 치유가 됩니다. 성령의 실제적인 역사가 자신 안에서 일어나야 실제적으로 방해하는 세력들이 물러가니 새 사람이 되어 잘 풀리게 되는 것입니다.

크리스천이 예수를 믿으면서 잘 풀리지 않는 것은 예수로 죽고 예수로 살지 못하기 때문입니다. 여전하게 자신이 살아있기 때문에 육체에 역사하는 세상신이 인간적인 욕심을 따르도록 역사하기 때문입니다. 이는 사도행전 5장 3-5절을 성령으로 깨달으면 이해가 될 것입니다. "베드로가 이르되 아나니아야 어찌하여 사탄이 네 마음에 가득하여 네가 성령을 속이고 땅 값 얼마를 감추었느냐, 땅이 그대로 있을 때에는 네 땅이 아니며, 판 후에도 네 마음대로 할 수가 없더냐, 어찌하여 이 일을 네 마음에 두었느냐 사람에게 거짓말한 것이 아니요, 하나님께로다. 아나니아가 이 말을 듣고 엎드러져 혼이 떠나니 이 일을 듣는 사람이 다 크게 두려워하더라" 아나니아와 삽비라가 예수를 믿을 때 옛사람이 죽고, 새사람으로 온전하게 성령의 지배 속에 들어가지 못하여 인간적인 욕심이 발동하여 땅 값의 일부를 감춘 것입니다. 이들이 온전하게 땅 판 전부를 드렸으면 하나님께서 받으시고 백배로 불려서 돌려주셨을 것입니다. 이유는 예수님을 믿는 순간 자신의 옛 사람은 죽고, 순간 예수님으로 태어나 자신과 모든 재산이 하나님의 소유가 되었기 때문입니다. 아브라함은 하나님의 뜻대로 이삭을 드렸는데 하나님께서 이렇게 말씀하셨습니다. "사자가 이르시되 그 아이에게 네 손을 대지 말라 그에게 아무 일도 하지 말라 네가 네 아들 네 독자까지도 내게 아끼지 아니하였으니 내가 이제야 네가 하나님을 경외하는 줄을 아노라(창 22:12)" 하나님께서 축복하시며 다시 말씀하십니다. "이르시되 여호와께서 이르시기를 내가 나를 가리켜 맹세하노니 네가 이같이 행하여 네 아들 네 독자도 아끼지 아니하였은즉 내가 네게 큰 복을 주고 네 씨가 크게 번성하여 하늘의 별과 같고 바닷가의 모래와 같게 하리니 네 씨가 그 대적의 성문을 차지하리라(창 22:16-17)" 아브라함이 독자까지 아끼지 아니하고 하나님께 드리니 크게 축복하신 것입니다. 아브라함은 이삭이 하나님의 것이니 받으시고 다시 돌려줄 것을 믿었습니다.

베드로의 신앙고백을 들어보시기를 바랍니다. "이에 베드로가 성령이 충만하여 이르되 백성의 관리들과 장로들아! 만일 병자에게 행한 착한 일에 대하여 이 사람이 어떻게 구원을 받았느냐고 오늘 우리에게 질문한다면, 너희와 모든 이스라엘 백성들은 알라 너희가 십자가에 못 박고 하나님이 죽은 자 가운데서 살리신 나사렛 예수 그리스도의 이름으로 이 사람이 건강하게 되어 너희 앞에 섰느니라(행 4:8-10)" 베드로는 죽고 예수님이 베드로를 통하여 착한 일을 하셨다고 담대하게 증언합니다. 크리스천이 하나님의 은혜 속에서 살아가려면 자신이 예수를 믿을 때 죽었고, 예수님으로 살아간다는 믿음과 행동이 아주 중요합니다. 자신이 없어져야 하나님께서 주인 되어 역사하시므로 잘 풀리는 역사가 일어나는 것입니다. 예수를 믿고 성령의 인도를 받는다고 하더라도 자신이 남아있으면 세상이 역사하게 됨으로 환경이 풀리지 않는 것입니다.

이스라엘 사람들을 애굽에서 나오게 하신 것은 모두 가나안에 들어가도록 하기 위해서 애굽에서 구출하신 것입니다. 이스라엘 사람들이 40년 동안 광야를 걷게 한 것은 자신이 없어지고 보이지 않는 영이신 하나님을 믿는 믿음의 사람으로 바꾸려고 광야를 걷게 하신 것입니다. 그런데 이스라엘 사람들은 모세를 통하여 역사하시는 보이지 않는 하나님을 믿지 못하고 광야에서도 보이는 우상을 만들어 섬겼습니다. 모세가 시내산에 하나님께 십계명을 받으러 올라갔습니다. 그때 이스라엘 사람들이 송아지 우상을 만듭니다. "이 사람이 백성을 인도하여 나오게 하고 애굽과 홍해와 광야에서 사십 년간 기사와 표적을 행하였느니라 (37) 이스라엘 자손에 대하여 하나님이 너희 형제 가운데서 나와 같은 선지자를 세우리라 하던 자가 곧 이 모세라 (38) 시내 산에서 말하던 그 천사와 우리 조상들과 함께 광야 교회에 있었고 또 살아 있는 말씀을 받아 우리에게 주던 자가 이 사람이라 (39) 우리 조상들이 모세에게 복종하지 아니하고자 하여 거절하며 그 마음이 도리어 애굽으로 향하여 (40) 아론더러 이르되 우리를 인도할 신들을 우리를 위하여 만들라 애굽 땅에서 우리를 인도하던 이 모세는 어떻게 되었는지 알지 못하노라 하고 (41) 그 때에 그들이 송아지를 만들어 그 우상 앞에 제사하며 자기 손으로 만든 것을 기뻐하더니 (42) 하나님이 외면하사 그들을 그 하늘의 군대 섬기는 일에 버려 두셨으니 이는 선지자의 책에 기록된바 이스라엘의 집이여 너희가 광야에서 사십 년간 희생과 제물을 내게 드린 일이 있었느냐 (43) 몰록의 장막과 신 레판의 별을 받들었음이여 이것은 너희가 절하고자 하여 만든 형상이로다 내가 너희를 바벨론 밖으로 옮기리라 함과 같으니라(행 7:36-43)"

이스라엘 사람들이 하나님께서 영이시라 보이지 않으니 자신들을 인도할 보이는 신을 손으로 만든 것입니다. 영의 눈이 열리지 않으니 하나님께서 무소부재하시어 자신들과 함께 하시는 하나님께서 보이지 않는 것입니다. 변화되지 못하여 광야에서도 여전하게 우상을 숭배하며 따라왔다는 것입니다. 이는 보이지 않는 하나님에 대한 관심이 없는 것입니다. 지금까지 인도하여 따라온 모세가 시내산에 올라가 40일 동안 보이지 않으니 자신들이 손으로 신을 만든 것입니다.

예수님은 분명하게 이렇게 말씀하십니다. "예수께서 대답하여 이르시되 너희가 사람의 미혹을 받지 않도록 주의하라. 많은 사람이 내 이름으로 와서 이르되 나는 그리스도라 하여 많은 사람을 미혹하리라(마 24:4-5)" 보이는 사람의 미혹을 받지 말고 자신 안에 보이지 않는 하나님께 소망을 두는 자세가 중요합니다.

우리 크리스천들이 분명하게 할 것이 있습니다. 예수를 믿을 때 자신이 죽고 예수님으로 다시 태어났다는 것입니다. 이제 예수님의 인생을 살아야 합니다. 보이지 않는 예수님이 자신을 통하여 나타내시는 것입니다. “그리스도의 사랑이 우리를 강권하시는 도다. 우리가 생각하건대 한 사람이 모든 사람을 대신하여 죽었은즉 모든 사람이 죽은 것이라. 그가 모든 사람을 대신하여 죽으심은 살아 있는 자들로 하여금 다시는 그들 자신을 위하여 살지 않고 오직 그들을 대신하여 죽었다가 다시 살아나신 이를 위하여 살게 하려 함이라(고후 5:14-15)” 분명하게 “자신을 위하여 살지 않고 오직 그들을 대신하여 죽었다가 다시 살아나신 이를 위하여 살게 하려 함이라고” 하셨습니다. 예수님을 위해서 살아가려면 자신의 생각이나 사람의 말을 듣고 행하지 말고 성령의 감동을 받아 행해야 합니다. 성령으로 살고 성령으로 행해야 합니다(갈5:25). 성경말씀도 성령으로 깨달아야 합니다. 분명하게 성령으로 깨닫고(고전2:13), 성령으로 기도하며 성령의 인도를 받아야 하나님께서 주인 되심으로 매사가 잘 풀리게 되는 것입니다. 예수를 믿을 때 옛사람은 죽고 다시 예수님으로 새롭게 태어난 것입니다. 예수님을 주인으로 모시고 살아야 잘 풀리는 것입니다.

둘째, 바울 사도도 그렇게 살았다. “내가 그리스도와 그 부활의 권능과 그 고난에 참여함을 알고자 하여 그의 죽으심을 본받아 어떻게 해서든지 죽은 자 가운데서 부활에 이르려 하노니 내가 이미 얻었다 함도 아니요 온전히 이루었다 함도 아니라 오직 내가 그리스도 예수께 잡힌바 된 그것을 잡으려고 달려가노라 형제들아 나는 아직 내가 잡은 줄로 여기지 아니하고 오직 한 일 즉 뒤에 있는 것은 잊어버리고 앞에 있는 것을 잡으려고 푯대를 향하여 그리스도 예수 안에서 하나님이 위에서 부르신 부름의 상을 위하여 달려가노라(빌3:10-14)"

내가 죽을 때 주께서 사십니다. 예수를 믿고 거듭났다고 하지만, 때때로 우리는 옛 모습이 나타납니다. 그래서 성도들은 괴로운 것입니다. 바울 사도도 이 문제로 괴로워했습니다. "내 속사람으로는 하나님의 법을 즐거워하되 내 지체 속에서 한 다른 법이 내 마음의 법과 싸워 내 지체 속에 있는 죄의 법으로 나를 사로잡는 것을 보는 도다 오호라 나는 곤고한 사람이로다. 이 사망의 몸에서 누가 나를 건져내랴(롬7:22-24)" 예수를 마음에 영접하였지만, 때로 내 성질이 나오고, 혈기가 나올 때가 있습니다. 어떨 때는 죄를 지을 때도 있습니다. 그래서 바울이 나는 날마다 죽노라고 한 것입니다.

내가 이것 밖에 안 되나…. 나는 정말 구원 받은 것이 맞나…. 그런데 괴로운 것이 맞는 것입니다. 형제와 싸우고 마음이 편치 않은 것이 맞는 것입니다. 술 담배를 끊지 못해서 마음이 괴로운 것이 맞는 것입니다. 주일 예배를 빠지면 뭔가 큰 문제라도 만날 것 같은 심정이 든다면, 그것이 정상입니다. 반대로 십일조를 드리지 않고도 아무렇지도 않고, 이웃과 다투고도 코를 드르렁 거리며 잠만 잘 잔다면…. 그것이 잘못된 것입니다.

내가 죽은 것은 옛 사람이 죽은 것이지, 나의 육신이 죽은 것은 아닙니다. 나의 육신을 멀쩡하게 살아 있습니다. 그러기에 믿는 우리도 실수합니다. 믿는 우리도 죄를 짓습니다. 그러나 믿지 않는 자와 다른 것이 있다면, 우리는 거듭난 양심이 있어서 괴로운 것이고, 믿지 않는 자들은 전혀 괴롭지 않다는 것입니다.

예수님은 우리의 연약함을 체휼하십니다. “우리에게 있는 대제사장은 우리의 연약함을 동정하시 못하실 이가 아니요 모든 일에 우리와 똑같이 시험을 받으신 이로되 죄는 없으시니라(히4:15)” 예수님은 우리의 연약함을 아십니다. 우리가 지금도 변해가는 과정인 것을 너무나도 잘 아십니다. 나의 육체의 껍질을 벗느라 몸부림치고 있는 것을 잘 아십니다. 내가 죽어야 주님께서 사십니다. 그럼에도 불구하고 우리가 죽어야 할 이유가 무엇입니까? 우리가 죽어야 주님께서 사시기 때문입니다.

바울이 아덴에서 여러 철학자들과 변론이 있었습니다. 에피쿠로스와 스토아 철학자들이 바울을 아레오바고로 데려가서 그의 주장이 무엇인지를 들었습니다. 바울은 이들에게 복음을 전할 기회를 가진 것입니다. “아덴 사람들아 너희를 보니 범사에 종교심이 많도다. 너희가 알지 못하는 신에게 라고 새긴 단도 보았으니, 내가 너희에게 알게 하리라. 우주와 그 가운데 있는 만물을 지으신 하나님께서는 천지의 주재시니 손으로 지은 전에 계시지 아니하신다. 우리가 그를 힘입어 살며 기동하며 존재하느니라.”

그러나 바울의 말을 듣고 사람들은 그를 떠납니다. 아덴에서 여러 철학자들에게 복음을 전할 때, 바울은 이전의 자신이 드러났던 것입니다. 말하기 좋아하고, 똑똑하고, 학식이 많은 바울이 나타난 것입니다. 유식해보이고, 굉장히 논리적인 말을 했지만, 그들은 바울이 전하는 하나님과 예수 그리스도를 믿지 않았습니다. 아니 바울은 예수와 십자가를 말하지도 않았습니다. 바울은 아덴의 전도를 경험으로 바울은 이런 고백을 하게 되었습니다.

"내가 너희 중에서 예수 그리스도와 그가 십자가에 못 박히신 것 외에는 아무 것도 알지 아니하기로 작정하였음이라(고전2:2)", "십자가의 도가 멸망하는 자들에게는 미련한 것이요 구원을 받는 우리에게는 하나님의 능력이라(고전1:18)". 그 위대한 바울이라고 할지라도 순간 순간 자신이 나타나는 것입니다. 내가 나타나고 나니, 예수님은 나타나지 않더라는 것입니다. 나는 똑똑한 사람이 될 수 있었지만, 예수님은 어디에서도 찾아볼 수 없었습니다. 예수님이 나타나야 하기 때문에 내가 죽어야 하는 것입니다. 내가 죽지 않고 살아서 나타날 때, 반대로 예수님은 나타나지 않으십니다. 아니, 예수님은 가려지고, 예수님의 영광을 훼손시키고 맙니다. 한 사람의 경건치 않은 행동이 예수님 얼굴에 먹칠을 하고 전체 교회를 잘못된 것으로 보게 만듭니다.

믿음으로 문설주에 어린양의 피를 바르고 홍해에서 세례를 받은 이스라엘 백성들을 하나님께서는 광야로 데리고 가셨습니다. 그곳에서 하나님은 그들의 육적인 자아를 죽이시는 훈련을 하신 것입니다. 순종의 훈련 양식 즉, 물질의 훈련, 믿음의 훈련, 내 생각으로는 할 수 없는 일들을 하라 하셨습니다.

내 감정으로는 용납할 수 없는 이들을 사랑하게 하십니다. 내 의지를 꺾지 않고는 안 될 순종과 섬김의 훈련을 하게 하십니다. 왜 이런 훈련이 있는 것입니까? 우리의 육적인 자아를 죽이시는 것입니다. 예전에 죄의 노예와 같은 나는 죽었지만, 아직 하나님의 백성으로는 완성되지 않은 것입니다. 내가 죽어야 주님께서 나타나고 내가 죽어야 주님께서 사시기 때문입니다.

셋째, 새사람으로 바뀌어야 한다. 보이는 사람의 이론을 따르지 말고 보이지 않는 영이신 하나님을 믿는 믿음으로 변화되어야 합니다. 오늘날 수많은 그리스도인이 "한 번 구원을 받으면 영원히 구원받는다." (Once Saved, Always Saved)라는 교리를 굳게 믿고 있습니다. 예수를 믿음으로서 일단 한 번 구원받으면, 변화나 품성과 믿음의 영적 성장에 상관없이, 그리고 하나님의 말씀에 대한 순종과 불순종에 상관없이 무조건 구원받게 된다는 이 구원론은, 많은 그리스도인을 미혹하여 환경이 변화되지 못하게 막고 있습니다. 보통 영원 구원이라고 불리는 이 가르침은 사람이 한 번 진실한 신자가 되면 그가 믿음을 잃는다는 것은 불가능하며, 그러므로 그가 구원을 잃는다는 것은 불가능하다고 말합니다. 그러므로 이렇게 믿는 사람들은 성령으로 세례를 받아 성령의 지배와 장악이 되어야 하며 성령으로 진리의 말씀을 깨닫고, 성령으로 기도하며, 곧 우리의 성품이 예수님의 성품과 같이 변화되어야 하며, 하나님의 계명을 순종해야 한다는 말씀, 그리고 죄를 승리하는 생활을 살아야 한다는 말씀을 들을 때, 진리를 거절하며 자신 있게 "우리는 이미 구원받았으므로 멸망당하지 않을 것입니다. 그런데 왜 우리가 그 진리를 지키려고 애씀으로써 어려움을 자초하며 변화되기 위해 그 어려운 희생과 포기의 길을 걸어야 합니까? 우리가 그 진리를 순종한다고 해서 지금보다 더 나은 구원을 받지는 못할 것이며, 그 진리를 거절한다고 해서 멸망당하지도 않을 것입니다."라고 합니다.

정말 한 번의 선택이면 다 되는 것일까요? 이 잘못된 구원론을 믿으면, 구원은 하나님의 말씀에 대한 순종이나 영적인 성장과는 아무런 관련이 없고, 전적으로 과거에 그리스도를 받아들이기로 했던 단 한 번의 선택에 달려 있다고 주장하게 됩니다. 또한, 이 그릇된 구원관을 가지고 있으면, 성령의 인도하심에 의해 새롭게 주어지는 진리의 빛에 순종하느냐 또는 불순종하느냐 하는 것은 구원이나 영생에 아무런 영향도 미치지 않는 것이라고 믿게 되고, 한두 가지 계명, 아니 계명 전부를 범할지라도, 그리고 하나님의 뜻대로 온전히 순종하지 않고 자신의 뜻대로 마음대로 살고 있으면서도, 교회만 다니면 구원받는다는 그릇된 확신을 하게 됩니다. 불순종은 주님과의 관계에서 얻어지는 마음의 기쁨이나 평화에 어떤 악영향을 미칠 수는 있어도, 최종적인 구원에는 아무런 영향도 미치지 않는다고 믿게 된다. 이것은 위험한 오류입니다. 사람이 만들어낸 허구적인 원리입니다.

정말 구원은 한순간의 결정으로만 완성되는 것일까요? 한 번 예수님을 선택한 그 한 번의 선택만으로 충분할까요? 성경 어느 곳에서도, 과거에 가졌던 한순간의 믿음의 경험이나, 한 번의 선택이 우리를 하나님 나라에 들어가게 한다는 기록이 없습니다. 구원은 영원한 생명의 공급자이신 하나님과 사랑의 관계에 의해서, 그 안에서 계속 자라나는 영적 성장으로 얻어지는 것입니다. 구원을 받고, 그것을 유지하기 위해서는, 매일 하나님의 편을 선택하고, 하나님과의 끊임없는 접촉과 관계를 지속하여야 합니다. 구원은 그리스도와의 살아 있는 연합을 떠나서는 절대 불가능합니다! "아들이 있는 자에게는 생명이 있고, 하나님의 아들이 없는 자에게는 생명이 없느니라(요일 5:12)", "내 안에 거하라 나도 너희 안에 거하리라. 가지가 포도나무에 붙어 있지 아니하면 절로 과실을 맺을 수 없음 같이 너희도 내 안에 있지 아니하면 그러하리라. 나는 포도나무요 너희는 가지니, 저가 내 안에, 내가 저 안에 있으면 이 사람은 과실을 많이 맺나니, 나를 떠나서는 너희가 아무것도 할 수 없음이라(요 15:4,5)" 모든 것이 우리의 주인이신 성령하나님으로 되는 것입니다.

한 번 구원 받으면 영원히 구원받는다는 가르침은 얼마나 성경에 어긋나는 가르침인가요? 그것은 사도 바울이 말한 고백에 얼마나 어긋나는 주장인가요? 그렇게 훌륭하고 위대한 사도 바울도 매일 변화되어야 할 필요성을 느끼고, "나는 날마다 죽노라."라고 외치면서, "그리스도 예수의 사람들은 육체와 함께 그 정과 욕심을 십자가에 못 박았느니라(갈 5:24)"라고 말하지 않았습니까! 육체와 함께 정과 욕심을 십자가에 못 박는다는 의미가 무엇인가요? 그것은, 육신의 본성, 곧 육체가 좋아하고 이끄는 대로 마음대로 살지 않는 것을 말합니다. 성령의 이끌림을 받는 다는 것입니다.

다시 말해서 육신의 정욕과 안목의 정욕과 이생의 자랑으로 가득 찬 육신적인 삶을 십자가에 못 박고, 포기하고, 부인하고, 다시는 육신을 따라 살지 않고 성령의 소욕을 따라 예수님의 뜻대로 사는 변화된 삶을 사는 것을 가리키는 것입니다.

당신은 새 사람으로 바뀌어야 합니다. 처음 믿을 때부터 하나도 바뀌지 않은 채, 세상 사람과 똑같이 돈을 사랑하고, 명예를 숭상하고, 사람에게 인정받기를 좋아하고, 교만하고, 화를 잘 내고, 인내하지 못하고, 질투하고, 미워하고, 복수하기를 좋아하고, 성품이 온유하고 겸손한 예수님의 성품을 전혀 닮아있지 않다면, 당신의 영적 상태는 심각한 것입니다. 당신은 바뀌어야 합니다. 모든 환경이 변화되지 못하게 가로막는 인간적인 가르침들을 다 버리고, 과감하게 진리로 돌아서서 주님께서 명령하신 성경의 참 진리가 무엇인지 연구하고, 그 진리가 말하는 대로 모든 것을 버리고 새롭게 바뀌고 거듭나야 합니다. 그리고 그 거듭남은 한 번만 이루어지면 안 됩니다. 그 거듭남은 매일 지속하여야 하며, 매일 매 순간 더 깊은 거듭남의 경험으로 들어가야 하며, 늘 그 거듭난 상태를 유지하며 살아야 합니다. 하나님의 능력과 은혜 안에서 그 일은 가능한 것입니다. 주인이 바뀐 것입니다. 자신 안 성전에 주인으로 임재하신 하나님께서 주인이십니다. 이제 자신의 주인된 삶에서 돌아서야 합니다.

24장 꼬인 인생이 이분의 지배로 바뀌었어요.

하나님은 꼬인 인생의 문제를 해결하려면 성령으로 선생이 되라고 말씀하십니다. 성령으로 깨달으라는 말씀입니다. 그래서 하나님과 같은 영적인 사람이 되라는 것입니다. (히 5:12)"때가 오래되었으므로 너희가 마땅히 선생이 되었을 터인데 너희가 다시 하나님의 말씀의 초보에 대하여 누구에게서 가르침을 받아야 할 처지이니 단단한 음식은 못 먹고 젖이나 먹어야 할 자가 되었도다." 말씀하시는 것입니다. 영이신 하나님과 일대일로 교통할 수 있는 영적인 성도가 되라는 것입니다.

하나님은 영이시라 보이지 않습니다. 그렇지만 살아계십니다. 살아계신다고 믿는 사람에게만 초자연적으로 역사하십니다. 예수를 믿고 신앙 생활하는 성도들이 살아계신 하나님의 성전으로 살아가지 못하는 것은 하나님을 말로 이론으로 알고 행하기 때문입니다. 성령의 역사는 보이지 않는 역사이기 때문에 체험해 보지 않고는 정확한 맛을 알 수가 없습니다. 강단에서 말씀을 전하시는 목회자도 성령을 체험해 보아야 정확하고 담대하게 전할 수 있습니다. 그러나 체험하지 못한 목회자는 지식으로 아는 성령의 역사 밖에 전할 수가 없는 것입니다. 현대교회의 일부는 성령의 살아있는 역사가 일어나지 않는 것은 체험하지 않고 지식으로 설교하기 때문입니다. 성령충만해야 합니다.만 있고 어떻게 성령충만 받는지를 알려주지 않기 때문입니다. 성령충만을 받으려면 성령이충만한 장소를 가야 합니다. 성령의 역사는 보이지 않아서 체험하지 않고는 설명할 수가 없습니다. 라면을 먹어보지 않고는 설명할 수가 없는 것과 같이 살아계신 하나님은 직접체험해보지 않고는 정확하게 알지 못하여 설명할 수가 없는 것입니다.

성령을 받고 체험하고 성령의 충만함을 받기 위해 강요하는 기도를 해야 합니다. 성령님은 가장 좋은 선물입니다. 실제로 체험해 봐야 압니다. 뭔가 맛을 알려면 체험해 보아야 합니다. 그런데 새로운 것을 체험할 때는 항상 두려움이 따릅니다. 성령 체험도 그렇습니다. 처음에는 약간 두려움이 따릅니다. 이러다가 광신도가 되는 것은 아닐까? 미치는 것은 아닐까? 전 재산 다 팔아 교회에 헌금하라고 하는 것은 아닐까? 이런 두려움이 생길 수 있습니다. 그러나 체험해 보지 않고는 하나님의 가장 좋은 선물인 성령님을 경험할 수 없습니다.

예수님의 제자들도 우리와 마찬가지로 성령 체험이 없었던 사람들입니다. 그들도 우리와 마찬가지였습니다. 그러나 그들은 예수님의 말씀에 따라 함께 모여 기도하기 시작했습니다. 하루, 이틀, 사흘, 성령 체험을 하지 못했습니다. 그러나 그들은 포기하지 않았습니다. 나흘, 닷새, 엿새, 9일이 될 때까지도 아무런 변화가 나타나지 않았습니다. 그러다가 그다음 날 오순절 날이 되었습니다. 사도행전 2장 1~4절에 보면 “오순절 날이 이미 이르매 그들이 다 같이 한곳에 모였더니, 홀연히 하늘로부터 급하고 강한 바람 같은 소리가 있어 그들이 앉은 온 집에 가득하며, 마치 불의 혀처럼 갈라지는 것들이 그들에게 보여 각 사람 위에 하나씩 임하여 있더니, 그들이 다 성령의 충만함을 받고 성령이 말하게 하심을 따라 다른 언어들로 말하기를 시작하니라."

이들은 난생처음으로 이상한 경험을 하게 되었습니다. 갑자기 하늘로부터 급하고 강한 바람 소리가 들렸습니다. 그러더니 그 소리가 120명쯤 모여 기도하는 곳에 가득 채워졌습니다. 또 위에서부터 불이 내려오는데 불꽃이 갈라지는 것같이 각 사람에게 임하는 것이 보였습니다. 그러자 사람들이 다 불덩이가 되었습니다. 불덩이가 되어 기도하는데 자기 말이 아닌 다른 나라 말로 기도하기 시작했습니다. 이것이 성령강림절에 일어났던 일입니다. 이 성령 체험은 경험하지 않은 사람은 알 수가 없습니다. 설명해도 이해가 되지 않습니다. 성령님은 하나님께서 우리에게 주시는 가장 좋은 선물이기 때문에 꼭 받아야 한다는 것입니다. 성령세례, 성령으로 충만함을 받고, 성령의 지배와 장악을 당하고, 성령의 인도하심을 받기 위해서는 성령님께 관심을 집중해야 합니다.

개인적으로 성령 체험하기를 바랍니다. 가정적으로 성령의 충만함을 위해 시도합시다. 교회적으로 주일 예배 때 체험할 수 있도록 시도합시다. 성령 체험과 충만의 은혜를 구합시다. 저는 은혜라는 말을 많이 합니다. 저만이 아니라, 많은 그리스도인이 그렇습니다. 항상 '은혜', '은혜' 한다고 하지만 저는 더 많은 은혜를 구합니다. 은혜라는 것은 받을 자격이 없는데 대가 없이 받는 것을 말합니다. 부모님께서 대가 없이 길러주십니다. 이것이 부모님의 은혜입니다. 선생님들이 뭔가 바라지 않고 철부지들을 지도하고 가르쳐주는 것이 스승의 은혜입니다. 하나님의 사랑을 받을 자격이 없는데 대가 없이 주십니다. 이것이 하나님의 은혜입니다. 이 하나님의 은혜를 받고 죄인 중의 죄인이었던 존 뉴턴과 같은 분은 찬송가를 지었습니다. "나 같은 죄인 살리신 주 은혜 놀라와 잃었던 생명 찾았고 광명을 얻었네" 존 뉴턴이 성령의 은혜를 받고 찬송을 지은 것입니다.

사도행전 2장 1-4절의 성령의 강림도 하나님의 은혜입니다. 성령은 지금 성령이 역사하시는 교회 시대에는 '하늘(마음)로부터' 임하십니다. 성령 하나님이 자신 안에 주인으로 계시기 때문입니다. "너희는 너희가 하나님의 성전인 것과 하나님의 성령이 너희 안에 계시는 것을 알지 못하느냐"(고전 3:16). 땅에 있는 것이 아닙니다. 하늘의 은혜, 하늘의 선물인 성령님을 경험하도록 기도합시다. '저희가 다 성령의 충만함을 받고' 성령은 충만함을 받는 것입니다. 내가 충만해지는 것이 아닙니다. 충만함을 구합시다. '성령의 말하게 하심을 따라' 성령님께서는 사람들에게 말하게 하십니다. 그럴 때 사람들이 말합니다. 오순절에 성령 충만을 받은 제자들은 세상에서 부자들이 아니었습니다. 하지만 이들은 항상 기뻐했습니다. 가장 좋은 선물을 받았기 때문입니다. 이들은 핍박받았습니다. 그러나 행복했습니다. 가장 좋은 선물인 성령께서 그들과 함께하셨기 때문입니다. 성령과 함께하면 행복합니다. 성령과 함께하면 기쁨이 넘칩니다. "세상에서는 환란을 당하나 담대하라! 내가 세상을 이기었노라." 성령세례를 받기 위해서, 성령의 충만함을 받기 위해서, 성령의 인도하심을 받기 위해서 공통으로 해야 할 것이 있습니다. 구하고 찾고 두드리는 것입니다. 기도하며 구하는 것입니다.

그래서 교회는 반드시 성령의 살아있는 역사가 실존해야 합니다. 바뀐다는 내용은 이론적으로는 너무 간단하고, 쉽습니다. 전혀 어려울 게 없습니다. 그런데 내가 체험적으로 알기에는 바울처럼 하루 만에 되는 사람도 있지만, 때에 따라서는 1~10~20년이 걸리기도 합니다.

첫째, 사울이 바울로 변화되기 위하여 하나님의 빛이 필요하다. "가는데 다메섹에 가까웠을 때 오정쯤 되어 홀연히 하늘로서 큰 빛이 나를 둘러 비취매 내가 땅에 엎드러져 들으니"(행22:6~7). 사울이 다메섹으로 가는 길에 큰 빛을 만나게 되었습니다. 그런데 그 때가 오정쯤이라고 성경은 소개하고 있습니다. 낮 12시는 태양의 빛이 가장 빛날 때입니다. 그러나 그 태양 빛으로는 사람의 시력을 잃는 일이 일어나지 않고 쓰러지는 일도 일어나지 않습니다. 그런데 사울이 큰 빛으로 쓰러지고 시력을 잃은 것을 보면 태양 빛이 아닌 다른 큰 빛이었던 것을, 우리는 발견하게 됩니다. 그것은 바로 하나님이 하나님의 자녀들에게 특별하게 주시는 신비로운 빛입니다. 창세기 1장을 보면 하나님이 세상을 창조하신 기록이 나옵니다. 3절에, 빛이 있으라 하시매 빛이 있었고 그 빛을 낮이라 칭하시고 어두움을 밤이라 칭하셨다고 기록되어 있습니다. 그런데 창세기 1장 14절 이하를 보면 또, 하나님이 해와 달과 별을 만드신 기록이 나옵니다. "하나님이 두 큰 광명을 만드사 큰 광명으로 낮을 주관하게 하시고 작은 광명으로 밤을 주관하게 하시며 또 별들을 만드시고"(창1:16). 이것을 보면 하나님이 먼저 특별한 빛을 만드신 후에 해와 달과 별과 같은 자연의 빛을 만드신 것을 볼 수 있습니다. 사울이 다메섹 도상에서 만난 빛은 바로 '자연의 태양 빛'이 아니라 하나님이 만드신 '특별한 빛'인 것을 발견하게 됩니다. 그리고 그 특별한 빛을 받을 때 우리는 사울이 바울 되는 것과 같은, 참 변화를 체험할 수 있다는 것입니다. 사울이 받았던 이 하나님의 특별한 빛을 우리도 받기를 간절히 사모해야 합니다. 그러면, 어느 날 나도 모르게 내게도 그 빛이 임할 것입니다. 일생에 몇 차례, 계속해서 임할 것입니다. 그러면 이 특별한 빛을 하나님은 어떤 사람들에게 주실까요?

첫째로 그저 은혜로 주십니다. 사울은 지금 예수 그리스도를 대적하는 사람이었습니다. 그런데 그는 정통 히브리 사람이었고, 이스라엘의 최고 학문을 배운 사람입니다. 당시는 그리스 철학과 문화가 전 세계를 지배하고 있었는데 그 문화의 핵심인 헬라어가 바울은 능통한 사람이었습니다. 그리고 그에게는 나면서부터 받은 로마 시민권도 있었습니다. 하나님의 사업에 쓰기에 정말 좋은 재목이었습니다.

그러나 바울 같은 자격을 갖춘 사람은, 바울 말고도 당시에 수두룩하게 많이 있었습니다. 바울이 그 은총의 빛을 받은 것은, 오직 은혜로, 그 특별한 빛을 비침 받았습니다. 그래서 바울은 이렇게 고백했습니다. "그러나 나를 모태로부터 따로 세우시고, 은혜로 불러 주신 분께서, 그 아들을 이방 사람에게 전하게 하시려고, 그 아들을 나에게 기꺼이 나타내 보이셨습니다."(갈1:15~16).

둘째로 하나님은 특별한 소수의 사람만 택하시거나, 부르실까요? 그게 로또 수준의 확률이라면, 나는 은혜로 선택받기가 거의 불가능하지 않을까요? “그러므로 형제들아, 더욱 힘써 너희 부르심과 택하심을 굳게 하라 너희가 이것을 행한즉 언제든지 실족하지 아니하리라”(벧후1:10). “하나님의 사랑하심을 받는 형제들아, 너희를 택하심을 아노라”(살전1:4). 이런 구절들을 놓고 볼 때, 하나님은 모든 신자는, 다 은혜로, 불러 주신다는 것입니다. 우리 몸의 지체 각 부분 중에, 더 중요하고, 덜 중요한 부분이 있을까요? 없습니다. 몸의 지체는 모두 다 각기 중요한 역할을 감당하고 있습니다. 작은 발가락 하나만 다쳐도, 제대로 정상적으로 걸을 수 없습니다. 사도 바울은 사도바울이라서 중요했지만, 나는 사도바울이 아니라도, 그리스도의 몸의 각 지체로서 얼마든지 중요합니다.

그런데 사도 바울은, 자기의 부르심을 깨달았고, 나는 특별히 안 부르신 것 같고…. 그렇다고 보는 것보다는 하나님이 안 불러 주시는 것보다, 사람들이 그 부름을 깨닫지 못하는 경우가 백배로 더 많다고 봅니다. 아무리 불러도, 사람들이 깨닫지 못합니다. 아무리 빛을 비추어도, 사람들이 그저 우연이거나, 그냥 자기 눈이 잘못된 것으로 여깁니다. 그럴 수도 있습니다. 그러나 사울은, 그 빛에 예민하게 반응했습니다. 사울이 바울로 변화되기 위해서, 하나님의 빛이 비침이 필요한데, 그 빛의 비춤은, 은혜로 주신다는 것입니다. 나도 받을 수 있다는 것입니다. 그리스도의 몸의 모든 지체는, 각각 나름대로 다 중요하다는 것입니다.

셋째로 주의 일에 열심히 봉사하며, 사모할 때, 그 빛과 음성을 주십니다. 사도 바울은, 다메섹 도상 말고도, 그 이후에도, 계속 신비한 체험이 몇 차례 더 있었습니다. 우리도, 바울처럼, 하나님이 기뻐하시는 좋은 일꾼들이 되시기를 바랍니다. 그러면 하나님이 특별한 빛을 비추어 특별한 영적 체험을 하게 하시고 나를 변화시켜 하나님 나라의 확장을 위하여 쓰실 것입니다. 하나님은 이사야 선지자를 통하여 우리에게 이렇게 명령하고 계십니다. "일어나라 빛을 발하라 이는 네 빛이 이르렀고 여호와의 영광이 네 위에 임하였느니라"(사60:1). 하나님의 빛이 내게 임하면, 우리가 빛을 발하는 존재가 되고 하나님의 영광이 임하는 사람은 바로 일어나 빛을 발할 일꾼이 된다는 것입니다.

둘째, 직접 듣는 주님의 음성이 필요하다. "소리 있어 가로되 사울아, 사울아 네가 왜 나를 핍박하느냐 하시거늘 내가 대답하여, 주여 뉘시니이까 하니 가라사대 나는 네가 핍박하는 나사렛 예수라 하시더라."(행22:7~8). 빛으로 인해 쓰러진 사울에게 이어서 예수 그리스도의 음성이 들려왔습니다. 그 음성의 내용은 3가지였습니다.

첫째로 책망의 음성이 들려왔습니다. 그것은 네가 왜 나를 핍박하느냐 하는 것이었습니다. 우리는 책망의 음성을 두려워합니다. 그러나 사실 책망의 음성은 축복입니다. 왜냐하면 나를 사랑하시고 나를 바로 잡으실 주님의 마음이 있기 때문입니다. 우리가 어떤 사람을 책망할 때는 그가 바뀌고 변화되어 더 좋은 길에 서기를 바랄 때입니다. 그러나 그럴 가능성이 전혀 보이지 않을 때는 책망할 것도 포기합니다. 그냥 방치하고 그냥 놔둡니다. 이제는 그에 대한 기대나 사랑이 없기 때문입니다. 그러니 책망이 없다고 자신이 잘하고 있다고 착각해서는 안 됩니다. 그러므로 우리는 주님의 책망 음성을 듣기를 사모하고 기다려야 합니다. "주여! 제게 책망하여 주옵소서!" 간구하시고 기도하셔서 주님의 책망 음성을, 사울처럼 들으실 수 있기를 축복합니다. 그러나 음성만 들으려고 하면 안 됩니다. 마귀 귀신도 음성으로 역사할 수가 있기 때문입니다.

둘째로 확증의 음성을 들려주셨습니다. "나는 네가 핍박하는 나사렛 예수라"(행22:8). 이 엄청난 빛과 두려운 이적의 원인이 바로 자신을 부르시기 위하여 전능하신 하나님, 그리고 그 아들 예수님이 행하셨다는 확증을 들려주신 것입니다. 이것이 바로 바울이 어떤 위기와 환난과 핍박 속에서도 그것을 이기고 극복하는 최고의 원동력이 되었습니다. 신앙생활을 하다가, 가끔 하게 되는 "신비적 체험"이 좋은 이유는, 자신의 신앙에 큰 확증이 되기 때문입니다. 특별히 환란과 고난의 날이 연속될 때도, "신비적 체험"이 있는 사람은 전혀 흔들리지 않습니다. 하나님이 자기를 불러서, 분명한 사명을 맡겨주셨다는, 확증이 있기 때문입니다.

셋째로 해야 할 사명을 알려주셨습니다. "내가 가로되 주여, 무엇을 하리이까? 주께서 가라사대 일어나 다메섹으로 들어가라 정한바 너의 모든 행할 것을 거기서 누가 이르리라 하시거늘"(행22:10). 내가 왜 이런 이적을 네게 행하였는지를 다메섹에 들어가면 예수님이 사람을 보내어 알려주겠다고 하십니다. 그리고 정말 아나니아 라는 사람이 와서, 그의 보이지 않는 눈을 뜨게 해주었고, 그가 할 사명을 정확하게 알려주었습니다. 이 음성이 사울이 바울 되는 원동력이었습니다. 이런 음성을 귀하도 꼭 들을 수 있기를 주님의 이름으로 소원합니다.

그러면 어떻게 이런 주님의 음성을 들을 수 있을까요? 성령으로 기도를 많이 하시기를 바랍니다. 통성기도도 많이 하시고 조용한 묵상 기도도 많이 하십시오! 마음 안에서 성전에서 성령으로 분출되는 방언으로 기도하십시오. 그러면 그 묵상 기도 시간에 하나님이 음성을 들려주십니다. 그리고 성경을 많이 읽으십시오! 그리고 그 말씀을 묵상하십시오! 그러면 하나님이 우리의 귀로 들려주시는 음성이 아니라 내 마음으로 들려주시는 음성을 주십니다. 말씀을 통해서든지, 기도를 통해서든지, 직접 하나님의 음성을 듣는 사람은 흔들리지 않습니다. 요동하지 않습니다. 지금 요동하고 있습니까? 마음에 안정이 되지 않으십니까? 일을 중단하시고, 기도와 말씀의 깊은 곳으로 빠져들어 가시기를 바랍니다. 기도와 말씀을 통해, '직접 하나님의 음성'을 들어야 요동하지 않습니다. 그 외에는, 요동할 수밖에 없습니다.

셋째, 예수님께서 지정한 도움의 사람이 필요하다. 하나님은 함께 하시면서 사람 앞에 은혜를 입게 하십니다. 하나님의 빛과 주님의 음성을 들은 사울은 다메섹으로 들어가 '직가'라는 거리의 한 집에서 3일간 식음을 전폐하고 기다렸습니다. 그러자 아나니아 라는 사람이 그를 찾아왔습니다. 예수님이 친히 아나니아에게 바울에게 가서 안수하여 주라고 하셨습니다. 본문은 그를 경건한 사람이라고 소개합니다. 그가 기도와 말씀 읽기와 묵상의 삶을 사는 경건의 사람이었다는 것입니다. 이어서 그는 모든 유대인에게 칭찬

듣는 사람이라고 소개합니다. 이런 사람이 사울을 찾아와 그를 위하여 기도하니 눈이 떠졌습니다. 그리고 그가 해야 할 일을 정확하게 가르쳐주었습니다.

"내게 와 곁에 서서 말하되 형제 사울아 다시 보라 하거늘 내가 즉시 그를 쳐다보았노라. 그가 또 가로되 우리 조상들의 하나님이 너를 택하여 너로 하여금 자기 뜻을 알게 하시고 저 의인 Jesus Christ를 보게 하시고, 그 입에서 나오는 음성을 듣게 하셨으니, 네가 그를 위하여 모든 사람 앞에서 너의 보고 들은 것에 증인이 되리라."(행22:13-15). 아나니아는 기독교 2천년 역사의 최고의 인물인 바울을 만들어 낸 최고의 도움의 사람이었습니다. 이런 사람이 내 주변에 필요합니다. 이런 사람 곁에 내가 있으면, 바로 내가 사울이 바울 되는 변화의 사람이 될 수 있습니다.

그러므로 우리는 내 주변에 아나니아 같은 사람이 있으면 그를 가장 가까이하여야 합니다. 그리고 나도 아나니아 같은 사람이 필요하듯이 다른 사람도 그런 사람이 필요한 것을 아시고 귀하가 그들에게 아나니아 같은 사람이 되시기를 바랍니다. 우리는 그동안, 세상적인 일이 가장 중요한 줄 알고 그런 사람들을 가까이하려고 애썼습니다. 물질이나 건강이나 미모나 지식을 추구했고 그런 사람들에게 가까이 가려고 애썼습니다. 깨닫고 보면 내면이 생명의 말씀과 성령으로 꽉 채워지니 미인이 되고 지혜로워집니다.

그러나 세월이 가면 그게 다 그거입니다. 50이 넘으면 잘생긴 사람이나 못생긴 사람이나 같아진다고 합니다. 미모의 평준화입니다. 60이 넘으면 많이 배운 사람이나 적게 배운 사람이나 같아진다고 합니다. 건망증이 심해지고 깜박깜박하는 것이 비슷해진다는 뜻입니다. 지식의 평준화입니다. 70을 넘기면 부자나 그렇지 않은 사람이나 같아진다고 합니다. 돈이 있어도 쓰기 힘든 나이가 된다는 것입니다. 물질의 평준화입니다. 80이 넘으면 건강한 사람이나 병약한 사람이나 같아진다고 합니다. 건강의 평준화입니다. 90을 넘으면 산 사람이나 죽은 사람이나 같아진다고 합니다. 살아도 죽은 사람과 별 차이가 없다는 얘기입니다. 생사의 평준화입니다. 그런데 우리는 이렇게 같아질 것을 모르고 지식과 미모와 물질을 추구하여 그런 사람들과 가까이하는 게 제일 중요한 줄 알고 살았다는 것입니다.

그런데 절대 평준화가 안 되는 것이 있습니다. 그것은 바로 경건과 영적인 삶입니다. 그것은 다른 것은 이 세상에서 끝이지만 경건과 영적인 삶은 이 세상을 마치면 하나님 나라에 가서 계속 쓸 것이기 때문에 절대로 평준화가 안 된다는 것입니다. 그러므로 우리는 잘생긴 사람, 돈 많은 사람, 얼짱과 몸짱인 건강한 사람을 찾지 말고 아나니아 같이 경건한 사람, 그리고 내가 무엇을 하여야 할지를 정확하게 알려주고 이끌어 줄 사람을 찾아 성령님의 인도를 받으며 그와 함께 행동해야 사울이 바울 되는 변화의 축복을 누릴 수 있는 줄로 믿습니다. 성령이 역사하는 지금은 아나니아와 같이 하나님이 사용하시는 사람을 통하여 성령의 충만을 전이 받을 수가 있기 때문입니다. 당시 아나니아는 별로 유명하지 않은 사람이지만 예수님이 직접 인도하시면서 사용하시는 사람이었습니다. 우리는 이런 아나니아와 같은 사람과 같이하고 행동하면 축복입니다.

넷째, 성령의 인도에 순종하면 변화가 된다. 예수님의 음성에 순종하는 사람이 되는 모든 것이 성령으로 되는 것입니다. 하나님 앞에서 자아의 깨어짐을 체험한 자는 그리스도의 영을 받아 모든 것을 예수 그리스도를 중심으로 보고 생각하며 행동하게 됩니다. 갈라디아서 2장 20절에 "내가 그리스도와 함께 십자가에 못 박혔나니 그런즉 이제는 내가 산 것이 아니요 오직 내 안에 그리스도께서 사신 것이라 이제 내가 육체 가운데 사는 것은 나를 사랑하사 나를 위하여 자기 몸을 버리신 하나님의 아들을 믿는 믿음 안에서 사는 것이라"고 바울은 고백합니다.

예전처럼 교만하지 않으며 자긍하지 않으며 다만 겸손과 온유와 평화가 그에게 있을 뿐입니다. 하나님께서는 이러한 자를 부르시고 당신의 종으로 사용하십니다. 멸망의 길에 있던 사울을 거꾸러뜨리시고 새롭게 태어나게 하신 하나님께서는 또한 그를 부르사 당신의 큰 일꾼으로 삼으셨습니다. 세계 만민을 구원하시기 위해 이방인의 사도로 사울을 부르셨습니다. 하나님의 부르심에 순종한 모세가 이스라엘 백성을 인도하여 홍해를 가르는 위대한 역사를 담당한 것처럼 하나님의 부름을 받은 바울은 전적으로 하나님의 뜻에 순종함으로써 세계 선교에 지대한 공헌을 하게 된 것입니다.

기독교는 '체험의 종교'라고 합니다. 성경을 보면 그것을 확연하게 알 수 있습니다. 성경은 어느 곳을 펼쳐도 살아계신 하나님을 만난 '체험'에 대한 고백으로 가득합니다. 다른 종교의 정경처럼 도를 깨달았다고 하거나 계시를 받았다고 하는 사람이 책상에 앉아 오랜 명상을 통해 만들어진 것이 아닙니다. 우리에게 신앙적으로 귀한 교훈을 주는 아브라함, 이삭, 야곱, 요셉, 모세와 출애굽, 여호수아, 사사, 다윗, 다니엘 등의 이야기는 꾸며낸 이야기가 아니라, 실지로 이 지구상에 살았던 사람들이 그들의 삶 속에서 하나님을 체험한 내용들입니다.

예를 들어 우리 성도들에게 큰 위로와 힘을 주는 '여호와 이레(여호와께서 준비하심)'라는 말은 하나님의 선하심을 상상해서 만들어진 말이 아닙니다. 아브라함이 단 하나밖에 없는 사랑하는 외아들 이삭을 하나님의 말씀에 따라 제물로 바쳐야 하는 몹시 힘든 상황에서 하나님께 믿음으로 온전히 순종하였을 때, 하나님께서는 이미 다른 제물을 준비해 놓으셨음을 알게 된 하나님의 선하심에 대한 아브라함의 체험에서 나온 고백입니다. '여호와 닛시(여호와께서 승리케 하심, 출17:15)', '브엘라해로이(나를 살피시는 살아계신 이의 우물, 창16:14)', '벧엘(하나님의 집, 창28:19) 등과 같이 성경에 나오는 많은 단어와 지명들은 살아계신 하나님의 은혜와 능력을 경험하고 체험한 고백들입니다.

그리스도인인 우리가 하나님을 아는 데에는 두 가지 차원이 있습니다. 하나는 성경을 읽고 배움으로 알게 되는 지식적인 차원입니다. 또 하나는 성경이 말하는 내용대로 하나님을 체험함으로 알게 되는 체험적인 차원입니다. 그런데 지식적인 차원의 '앎'은 도저히 체험적인 차원의 '앎'을 이길 수 없습니다. 지식적인 차원의 '앎'은 시험에 부딪히면 "~라 했다. 카드라~"고 하며 확신하지 못합니다. 자신이 없습니다. 무너집니다. 그러나 체험적인 차원의 '앎'은 큰 시험에 부딪혀도 부인할 수가 없습니다. 부정할 수가 없습니다. 체험했는데, 눈으로 똑똑히 보았는데, 마음으로 분명히 느꼈는데, 양심상 어떻게 부인할 수 있겠습니까? 세상 법정에서도 증인이 죄의 유무를 가리는 판단이 되는 것은 '보았다는데' 할 말이 없는 것입니다. 기독교는 체험의 종교입니다. 하나님을 지식적인 차원에서만 안다면, 아무리 많이 안다고 할지라도 그것은 '믿음의 사람'이 아니라 '철학가 또는 명상가'일 뿐입니다. 그렇다면 우리는 하나님에 대해 무엇을 체험해야 하는가? 크게는 두 가지입니다. 하나님의 성품과 능력입니다. '하나님의 성품' 중 무엇보다 첫째는 '하나님의 사랑' 체험입니다. 성경이 "하나님은 사랑이시라"(요일4:8)라고 가르쳐 주는 그 말씀 그대로 하나님의 크고 무한하신 끝이 없는 사랑을 체험해야 합니다. 하나님과의 친밀한 교제와 건강하고 성숙한 믿음은 '하나님의 사랑' 체험의 크기와 깊이에 비례하기 때문입니다. '하나님의 능력' 중, 우리가 꼭 체험해야 할 것은 '살아계신 하나님', '하나님의 전능하신 능력'입니다. 성경은 분명하게 하나님이 전능하신 분(창17:1)이심을 가르쳐 줍니다. 이 체험은 우리를 그 어떤 어려움과 문제 속에서도 낙심하거나 두려워하지 않게 합니다.

이 외에도 하나님의 성품에서는 하나님의 끝이 없는 용서, 긍휼, 오래 참으심, 인애, 기도의 들으심 등과 하나님의 능력에서는 전지하심, 만유의 주가 되심, 섭리, 기도의 응답, 심판 등을 체험해야 합니다. 성경을 지식적으로만 아는 것이 아니라 성경의 말씀 그대로 성령의 인도하심을 따라 하나님을 체험함으로 하나님의 크신 은혜와 복의 역사가 충만하기를 축복합니다.

25장 꼬인 인생이 새 주인을 모시고 사니 바뀌었어요.

하나님은 우리의 온몸을 성전 삼고 계십니다. 꼬인 인생의 문제를 푸시려면 하나님을 주인으로 모시고 살아계신 하나님의 성전으로 살아야 합니다. 꼬인 인생의 문제를 풀고 성숙한 성도로서 살아가려면 자신이 걸어 다니는 성전 된 삶을 살아가야 합니다. 하나님은 분명하게 "너희가 하나님의 성전인 것과 하나님의 성령이 너희 안에 거하시는 것을 알지 못하느뇨"(고전 3:16).

성경은 '하나님의 성전,' 즉 '하나님이 거하시는 성전'이 예수를 주인으로 영접한 사람의 몸이라고 말씀합니다. 우리는 달력 등에 실린 삽화에서 예수님이 문밖에서 노크하고 계신 그림을 본적이 있습니다(계 3:20). 우리의 마음 문밖에 서 계신 예수님을 우리의 마음 안에 주인으로 모셔 들입시다.

무너져 내린 전인격을 말씀과 성령으로 치유하여 성전을 다시 건축해야 합니다. 하나님께서 오늘 우리에게 이렇게 명하십니다. '내가 거할 성소를 너희 몸과 마음 안에 지으라.' 수천 년 전 이 땅에 세워졌던 성전은 우리 마음 안에 건축되어야 할 성전의 표상입니다. 하나님의 지도하심을 따라서 성도의 전인격이 성전으로 완성되고 예수 그리스도의 거룩한 피가 우리의 전인격인 성전에 뿌려져야 합니다. 어떻게 해야 자신이 걸어 다니는 성전이 되겠습니까?

첫째, 꼬인 인생을 다스리려면 마음 안에 계신 성령 하나님께서 주인으로 좌정하고 계셔야 합니다. 세상에서도 집안을 다스리려면 집안을 청소하고 정리해야 되는 것처럼 마음을 성령으로 청소하고 하나님께서 다스려야 되는 것입니다. 말씀과 성령으로 정신적으로 미움, 혈기, 분노, 시기, 질투, 교만, 탐욕 같은 쓰레기의 원인을 찾아내고 양심의 고통스런 죄책을 다 회개하고 성령의 역사로 씻어야 마음을 다스릴 수가 있는 것입니다. 마음에 세상과 스트레스로 들어온 쓰레기가 잔뜩 쌓여있고 마음이 안정되지 못하고 불완전하게 흩어져서 정신을 차릴 수 없는데 다스려집니까?

마가복음 7장 21절로 23절에 "속에서 곧 사람의 마음에서 나오는 것은 악한 생각 곧 음란과 도둑질과 살인과 간음과 탐욕과 악독과 속임과 음탕과 질투와 비방과 교만과 우매함이니 이 모든 악한 것이 다 속에서 나와서 사람을 더럽게 하느니라." 우리 속에는 세상을 살아오면서 들어온 쓰레기가 있습니다. 너나 할 것 없이 우리 가슴을 활짝 펴고 진리의 말씀과 성령으로 충만한 가운데 자신 안을 들여다보면 쓰레기가 다 있습니다. 남에게만 쓰레기가 있다고 손가락질하지 말 것은 내 속에도 보이지 않지만 쓰레기가 있는 것입니다. 이를 인정하는 것이 제일 중요합니다. 그래야 마음이 열리기 때문입니다. 마음을 열고 성령의 역사에 순종하면 성령께서 쓰레기를 청산하십니다. 자신의 집안 청소는 누가 하며 나온 쓰레기를 누가 치웁니까? 그 집의 주인인 집안에 사는 사람이 청소하고 치웁니다. 그렇다면 자신 안에 자신도 모르게 쌓여있는 쓰레기는 누가 청소하고 치우겠습니까? 자신 안에 주인으로 계시는 성령 하나님께서 청소하고 치우십니다. 자신이 청소하고 치우려고 하니까, 청소되지 않고 치워지지 않는 것입니다. 자신 안의 쓰레기는 자신의 주신이신 성령님이 청소하시고 치우시는 것입니다. 자신은 마음을 열고 성령께서 인도하시는 대로 순종할 때 청소되고 치워질 수 있는 것입니다. 성령께서 쓰레기를 치우실 때 상처와 귀신들을 떠나가는 것입니다.

우리의 전인격인 성전에 하나님을 주인으로 모시고, 성령으로 마음을 정리정돈 하고 여유가 생겨서 마음속이 행복하면 환경이 행복한 환경으로 변화되는 것입니다. 먼저 버려야 할 사소한 생각으로는, 불행하다는 마음과 마음의 고통, 슬픔, 상처 등 주로 부정적인 것들을 다 밀어내야 합니다. 화, 불안, 혈기, 분노, 비난 등 부정적인 감정들도 성령의 역사로 지금 당장 버리고 망설이고, 걱정하고, 불신하고, 갈등하고, 조급증, 적대감 등의 행동을 과감하게 성령의 역사를 통하여 정화해야 합니다.

성령으로 충만하면 마음속의 쓰레기가 밀려서 나가는 것입니다. 마음이 성령의 역사로 세상 것으로부터 해방되면 행복하게 된다는 것입니다.

둘째, 하나님께서 마음 안에 주인으로 계시니 꼬인 인생의 문제가 풀리고 지금 살아서 천국의 삶을 사는 것입니다. 우리는 모두 다 영원한 천국의 꿈을 갖고 사는 것입니다. 꿈이 없는 백성은 망한다고 말한 것입니다. 작은 꿈, 큰 꿈, 살아있는 사람은 다 마음에 꿈을 갖고 있는 것입니다. 그런데 희망찬 꿈을 갖고 살아야지 꿈이 언제나 비관적이고 절망적이면 절대 행복하지 않습니다. 마음 안에 주인으로 계시는 예수님을 쳐다보고 용서와 의의 꿈을 언제나 꿀 수 있고 거룩하고 성령 충만한 꿈을 꿀 수 있고 치료받고 건강한 꿈을 꿀 수가 있고 아브라함의 복과 형통한 삶을 사는 꿈을 꿀 수 있고 부활 영생 천국의 꿈을 꿀 수가 있습니다.

꿈은 꿈이니까요. 그래서 내 영혼이 잘됨같이 범사에 잘되며 강건하고 생명을 얻되 넘치게 얻는 꿈을 꾸고 나아가면 그 꿈이 우리들을 그 세계로 이끌어 가는 것입니다. 자신이 꿈을 이루는 것이 아닙니다. 절대로 그것을 오해하지 마십시오. 꿈을 가슴에 품고 있으면 성령께서 꿈을 이끌어 가는 것입니다. 그렇기 때문에 꿈을 갖는다는 것은 그렇게 중요한 것입니다. 믿음의 주요 또 온전케 하시는 예수를 바라보라고 성경에 말한 것입니다. 예수를 바라보고 나아가면 그 꿈이 우리를 예수께로 이끌어 주는 것입니다.

그래서 "누구든지 그리스도 안에 있으면 새로운 피조물이라 이전 것은 지나갔으니 보라 새것이 되었도다." 이전의 죄악 된 삶, 부패한 삶, 병든 삶, 패배와 실패, 낭패, 가난, 저주의 삶. 죽음의 고통의 삶이 다 사라지고 새로운 삶, 영혼이 잘됨같이 범사에 잘되며 강건하고 생명을 얻되 넘치게 얻는 삶으로 변화되는 것입니다. 그것은 내가 노력하고 힘쓰고 애써서 되는 것이 아니라, 성령으로 발원한 꿈이 그 세계로 이끌어 가는 것입니다. 우리가 마음 안에 예수님을 주인으로 모시면 성령이 오셔서 그 꿈대로 변화시켜 주는 것입니다.

셋째, 하나님께서 함께 하시고, 걸어 다니는 성전 의식을 가지고 살아가는 성도는 주변 사람들 앞에서 은혜를 받고 사는 것입니다. 하나님께서 함께 하시는 증표가 어디를 가든지 주변 사람들에게 은혜를 받고 주는 것입니다. 하나님의 지혜를 받아 난제와 과제를 처리하는 것입니다. 하나님께서 주인으로 살아계시기 때문입니다. 그래서 우리는 자녀들이나 배우자나 교우들을 위하여 기도할 때에 주변 사람들을 통하여 은혜를 입는 자가 되도록 기도해야 합니다.

또한 주변 사람에게 은혜를 끼치는 자가 되라고 기도해야 합니다. 이방 나라에 포로가 된 느헤미야는 이렇게 기도합니다. "종들의 기도를 들으시고 오늘 종이 형통하여 이 사람들 앞에서 은혜를 입게 하옵소서(느1:11)" 기도의 응답은 형통이고 이 형통의 구체적인 표현은 아닥사스다 왕에게서 은혜를 받는 것입니다.

느헤미야의 기도의 구체적 내용은 포로생활을 하던 자신의 삶을 청산하고 돌아가는 것입니다. 그에게는 자신의 조국 예루살렘의 운명을 안타까워하는 마음이 있었습니다. 우리는 오늘 먼저 한 가지 결론을 내립니다. 걸어 다니는 성전으로 사는 성도가 기도하여 하나님의 응답을 받게 되는 구체적인 일은 바로 주변에 있는 사람들에게서 은혜를 받은 것입니다. 걸어 다니는 성전으로 사는 성도는 일상생활 속에서 사람들과 함께 잘 사는 것입니다.

사람들 속에서 하나님과 교통하며 살아가는 것입니다. 필자는 명절이 되어 우리가 만나는 가족 간에도 은혜 받기를 원합니다. 사람들과의 관계 속에서 하나님이 주시는 은혜를 사람들을 통하여 누리시길 바랍니다.

느헤미야는 이방 나라에서 아닥다스 왕에게 은혜를 입습니다. 아닥다스 왕은 하나님께 기도하고 있는 느헤미야의 상관입니다. 느헤미야는 유대인으로 하나님의 백성입니다. 하나님의 백성에게 역사하시는 하나님의 은혜의 수단은 이방나라 페르시아 제국의 왕입니다. 그리고 이방나라 페르시아의 종교는 조로아스터교입니다. 이 조로아스터교의 신자인 아닥다스 왕이 하나님의 손에 이끌려서 하나님의 일을 하고 있습니다.

하나님이 예수 믿는 사람을 구원하신다는 사실은 분명하지만, 하나님이 이 예수 믿는 사람들만을 제한적으로 사랑하는 특정한 사랑이 아닌 것을 깨달아야 합니다. 하나님은 세상을 이처럼 사랑하셔서 독생자를 주실 때에 불교신자를 사랑하시고 이교신자들도 사랑하셨습니다. 모두 예수를 믿고 돌아오기를 기다리십니다. 하나님은 사람을 귀하게 여기시고 사람을 통하여 일하십니다.

하나님의 사랑은 하나님의 백성과 자녀라고 하는 울타리를 뛰어넘는 우주적 사랑이시고, 하나님은 모든 인간에게 대한 기본적인 사랑을 베푸십니다. 그래서 하나님이 위대하신 것입니다. 우리의 왜곡된 신앙이 하나님을 협소하게 한 것입니다. 우리가 기도할 때에 구체적으로 기도해야 합니다. 느헤미야의 기도가 위대했던 것은 구체적으로 기도했기 때문입니다. “하나님! 제게 은혜를 베풀어 주셔서 아닥사스다 왕과 페르시아 통치자들에게 역사해주셔서 제게 은혜를 베풀어 주십시오”라고 기도합니다. 하나님께서 느헤미야와 함께하시기 때문에 기도에 응답하시는 것입니다. 우리는 하나님께 우리의 병을 고쳐주시고 건강하게 해달라고 기도하면서 하나님을 주인으로 생각하지 않고 구체적으로 기도하지 않습니다. 기도자의 형통은 바로 나와 가까이 있는 사람을 통해서 주시는 은혜의 역사입니다. 하나님은 사람을 통하여 일을 하십니다.

그러므로 자신이 하는 기도를 통하여 역사하시는 것입니다. 기도할 때 성령님이 역사하시고 하늘의 천사들이 동원됩니다. 자신이 병들어 기도할 때 질병을 치유할 수 있는 사람을 천사를 통하여 만나게 하십니다. 기도는 영의 활동입니다. 기도할 때 마음 안에 주인이신 성령으로 충만할 수 있습니다. 성령으로 충만해야 하나님의 손을 움직일 수가 있는 것입니다. 하나님의 손을 잘 움직이도록 기도하는 성도가 걸어 다니는 성전 의식으로 사는 성도입니다.

느헤미야가 아닥사스다 왕을 만날 때에 그 옆에 왕후가 옆에 있었습니다. 페르시아제국의 왕후들은 공식적인 자리에 잘 나타나지 않는다고 합니다. 그런데 이 왕후가 느헤미야와 자신의 왕이 수산궁에서 연회를 베풀 때 나타났다고 하는 것은 둘 중의 하나로 보입니다. 하나는 이 자리가 공식적인 자리가 아닌 사적인 자리이거나 아니면 왕후가 관례를 깨고 느헤미야를 도우려고 왕을 설득하고자 나왔다는 것입니다. 왕후가 느헤미야와 왕의 사이에서 가교역할을 했습니다.

그러면 이 느헤미야는 아닥사스다 왕 뿐 아니라, 그의 왕후의 도움까지도 받았다는 이야기입니다. 자기 주변에 있는 사람을 하나님이 내게 은혜를 베푸는 통로로 삼는 자가 복이 있습니다. 하나님은 내 옆의 가까이 있는 사람을 통해서 은혜를 베풀어 주시고 기도자의 형통을 베풀어 주십니다. 우리는 가까이 있는 사람들과 관계를 잘 맺어야 합니다. 하나님은 가까이 있는 사람을 통하여 당신의 문제를 해결하여 주십니다.

당신의 가까운 곳에 하나님의 형통의 복을 가진 사람이 있습니다. 우리는 빈부귀천, 남녀노유를 따지지 말고 귀한 하나님의 은혜의 통로라고 생각하며 관계를 맺어야 합니다. 제가 지금까지 하나님에게 기도하여 문제를 해결한 것은 가까이 있는 사람을 통하여 문제를 해결했습니다. 절대로 하나님은 생판 모르는 사람을 통하여 당신의 문제를 해결하는 경우는 극히 드물다는 것을 이해하시기 바랍니다.

느헤미야는 왕 앞에 나갈 때 수심이 가득했습니다. 왕정시대에 왕 앞에 나갈 때 수심이 가득한 사람은 모략을 꾸며 심지어 자객이 될 수도 있는 상황이 될 수 있다는 이유로 왕 앞에서 수심이 있는 얼굴은 금했습니다. 그러나 일상적인 관례를 벗어난 느헤미야의 수심을 보고도 아닥사스다 왕은 걱정합니다.

이때 느헤미야는 "왕이시여 내가 소식을 들었는데 내 조국 이스라엘이 다 망하고 예루살렘의 성문이 무너지고 불탔다고 합니다.

이 궁에서 왕에게 은총을 입었지만 나 혼자 호위호식을 할 수 있겠습니까?" 느헤미야의 이야기를 듣고 아닥사스다 왕은 이렇게 이야기 합니다. "네게 어떻게 해주면 되겠느냐?" 그때부터 느헤미야는 2장에 나오는 일련의 프로젝트를 브리핑하기 시작합니다. "저를 예루살렘으로 떠나게 하시고 조서를 주셔서 제가 페르시아의 영토를 지날 때마다 그 지역의 총독들로부터 보호받게 해주십시오. 또 성벽과 성읍을 건축할 때 필요한 자재들을 얻도록 도움을 베풀어 주시길 원합니다."

느헤미야서를 읽어보시면 느헤미야는 철저하게 예루살렘 성벽을 재건할 계획을 가지고 왕이 물어 볼 때에 주저하지 않고 대답하게 됩니다. 왕은 느헤미야의 요구를 다 들어줍니다. 하나님이 주변의 사람들을 통해서 자신의 문제를 해결토록 허락해주실 때 "내가 네게 무엇해 주길 원하느냐"라고 물으실 때 우리는 대답을 준비해야 합니다. 우리도 걸어 다니는 성전이 되어 자신 안에 계신 하나님께 느헤미야처럼 구체적으로 기도하여 하나님의 역사로 주변 사람들에게 은혜를 받는 성도라는 것을 믿고 누리시기를 바랍니다.

넷째, 성도는 전인격이 성전이 되도록 말씀과 성령으로 가꾸어야 영혼의 만족으로 꼬인 인생의 문제가 풀리고 행복합니다. 전인격이 성전이 되어야 꼬인 인생의 문제를 이길 수가 있습니다. 크리스천의 모든 권능은 마음 안에 주인으로 계시는 예수님에게서 흘러나오는 것입니다. 우리는 늘 깨어서 마음 안에 세상 것들이 들어와 집을 짓지 못하도록 말씀을 묵상하고 성령으로 기도하면서 전 인격이 성전 되도록 자신을 정화시켜야 합니다. 아하스가 죽은 후, 그의 아들 히스기야가 왕이 되었습니다. 히스기야는 지난 세월 교만했던 이스라엘과 유다 왕들과는 달리 다윗이 한 모든 것을 그대로 본받아 행한 올바른 왕이었습니다. 그는 25세의 젊은 나이에 왕이 되었지만 하나님의 마음을 알았기 때문에 하나님이 보시기에 옳게 행함으로 닫혀있던 성전 문을 열고 수리했습니다. 그리고 제사장들과 레위 사람들을 모으고 자신을 성결케 하고 성전을 성결케 하여 더러운 것을 없애도록 지시했습니다. 이것이 바로 성전 정화 사건입니다.

필자도 하나님 앞에 무릎 꿇고 성령으로 기도할 때마다 내 마음에 예수님이 주인으로 들어 오셔서 순결한 자녀라고 여겨주시기를 생각하면서 성령으로 기도합니다. 분명하게 보이는 건물이 성전이 아닙니다. 예수 믿는 내가 성전입니다. 마음 안에 하나님께서 좌정하고 계시기 때문입니다. 자신은 걸어 다니는 성전입니다. 성전은 하나님을 만나는 곳이고 하나님의 기쁨이 되는 곳이기 때문입니다. 그러니 내가 교회를 오면 교회가 성전입니다. 내가 가정에 가면 가정이 성전입니다. 우리가 일터에 나가면 그곳이 성전입니다. 자신이 성전이기 때문입니다. 거기서 주님과 동행하며 주님의 기쁨이 되어야 하기 때문입니다. 항상 주님과 동행 의식을 가져야 합니다.

그런데 그 성전이 인간의 욕망으로, 돈 때문에 타락하고 말았습니다. 예수님은 그 성전에 들어가셔서 모든 것을 뒤집어 엎으셨습니다. 예수님이 성전이시기 때문입니다. 돈이 기준이고 인간의 욕망이 기준인 곳은 이미 성전이 아니기 때문입니다.

주일은 영과 진리로 예배를 드리며 우리의 전인격인 성전을 청소하는 날입니다. 성전인 우리의 전인격에 주님이 주인으로 거하실만하실까? 우리의 마음은 깨끗할까? 그렇지 못하면 성령의 임재 가운데 주님의 보혈에 의지하여 고백하며 청소해야 합니다, 그리고 말씀과 성령으로 충만하게 채워야 합니다. 그래야 다시 주님과 통할 수 있습니다.

주님과 통해야 지금 천국을 만끽하며 누릴 수가 있는 것입니다. 절대로 천국의 주인은 예수님이시기 때문입니다. 예수님 안에 천국이 있습니다. 예수님을 주인으로 모신 사람이 천국이 되는 것입니다. 그렇기 때문에 걸어 다니는 성전 의식은 참으로 중요한 것입니다. 걸어 다니는 성전이 되니 지금 천국을 만끽하며 누리는 것입니다.

26장 눈이 열려 나를 정확하게 보니 바뀌었어요.

꼬이는 인생을 풀고 하나님의 축복을 받으면서 살아가려면 자신을 정확하게 보는 눈이 열려야 합니다. 자신을 보는 눈은 성령께서 열어주십니다. 성령께서 자신을 보게하실 때 자기 인생의 꼬이는 원인이 자기 안에 있다는 것을 깨닫게 됩니다. 깨달을 때 자기를 고치게 됩니다. “안약을 사서 발라 보게 하라.” 이 말씀은 “나는 부자라 부요하여 부족한 것이 없다.” 라는 말씀은, 오늘날 기독교인들의 영적 상태는 믿음으로 이미 구원을 받아 하나님을 아버지라 부르며 이미 하나님의 아들이 되어있기 때문에 부요하여 영적인 부자가 되어 있다는 말씀입니다. 그런데 위의의 말씀은 오늘날 기독교인들에게 네가 가난한 것과 눈먼 것과 벌거벗은 것을 알지 못한다고 합니다. 가난이란 영적으로 빈곤한 상태를 말합니다.

오늘날 기독교인들은 이미 믿음으로 구원은 받은 상태라 신앙으로 부를 축적하였으니 영적으로는 하나님의 말씀과 그리스도의 복음을 받아들이는 길이 막히면서 심히 가난한 자들이 되어버린 것입니다(계2:9). 하나님께서는 생명의 말씀들을 저축하여 부요한 자들이 되라고 하시건만 오늘날 기독교인들은 생명의 말씀에 대하여는 전혀 관심이 없고 이미 믿음으로 구원을 받은 자들이기 때문에 성경을 모르는 영적으로 심히 가난한 자들이라는 것이요, 그들은 또한 영적으로 가난하다는 것조차도 알지 못하는 가련한 자들이었던 것입니다. 눈이 멀었다는 것은 영적인 진리에 대하여 소경들이라는 것입니다. 눈이란 영이라 하였고 영은 진리라고 하였습니다. 그러므로 진리의 영이 없는 사람은 사도들과 선지자들이 말하는 것이 무엇인지도 모르고 장성한 자로 성장해야 된다는 것을 알지도 못하며, 하나님이 사람들과 함께 하시는 새 하늘과 새 땅을 볼 수 있는 눈이 전혀 없는 자들이라는 것입니다.

그리고 벌거벗었다는 것은 오늘날 기독교인들이 신학 교리와 교권과 직분과 직책의 옷은 입었으나 속빈강정으로 성령께서 깨닫게 하시는 말씀의 지식이 없는 예수님의 말씀의 옷을 입지 않았다는 것이요(갈3:27) 세마포 옷(진리)이 무엇인지 알지도 못한지라 자기가 입어야 하는 옷을 알지도 못하며(계19:8) 예복이 무엇인지도 모르는 벌거벗은 자들이라는 것입니다(계16:15). 예복을 입지 않고 벌거벗은 자가 천국에 들어가면 그 수족을 결박하여 바깥 어두움에 내어 던져 거기서 "슬피 울며 이를 가는 자"가 될 것입니다.

마태복음 22:12~13 친구여 어찌하여 예복을 입지 않고 여기 들어왔느냐 하니 저가 유구무언 이어 늘, 임금이 사환들에게 말하되 그 수족을 결박하여 바깥 어두움에 내어 던지라 거기서 슬피 울며 이를 갊이 있으리라, 임금은 큰 잔치를 배설하는데 수많은 하객 중에 예복을 입지 않은 한 사람을 발견하고, 마치 알곡 중에서 뉘를 골라내듯이 그 한 사람을 골라내어 밖에 내쳐서 불타는 지옥 불에 던져버렸다는 것입니다.

상기의 말씀이 하나님의 말씀이라면 이 말씀을 잘 이해를 해야 사후에 지옥문 앞에서 슬피 울지 않게 됩니다. 예복이 무엇을 비유하는지 이 말씀을 이해를 못하면 사후(死後)에 본인에게 해당이 되는 말씀입니다. 오늘날 기독인들의 영적인 실상은 이렇게 참으로 비참한 상태임에도 불구하고 그것을 인식하지도 못한 채 스스로 믿음으로 구원을 받았다고 착각하고 있었으니 하나님은 그들을 너무나 역겨워서 토하여 내치시겠다는 것입니다. 그리고 상기의 말씀에 금을 사서 부요하게 하라는 것은 금은 믿음을 비유하고 있습니다(벧전1:7). 믿음은 하나님의 말씀에서 나온다고 하였으며 믿음의 주인은 예수라 하였고 믿음은 바라는 것들의 실상이라 하였으니 믿음의 실상이란 하나님의 말씀이 사람들에게 모두 성취되어 말씀과 사람이 하나가 되고 하나님과 사람이 하나가 되면서 진리를 금(金)과 같다고 하신 것입니다. 그러므로 금을 사라는 것은 하나님의 진리의 말씀을 사라는 것이요, 말씀을 매수하는 자는 말씀이 육신이 되신 예수처럼 예수 안에 있는 지혜와 지식의 모든 보화들을 소유하고 부요한 자들이 되는 것을 말합니다.

그리고 안약을 사서 보게 하라는 말씀은, 오늘날 기독교인들은 모두 영적인 소경들이었습니다. 주님은 그들을 향하여 안약을 사서 눈에 바르고 하나님의 나라를 볼 수 있는 자들이 되라고 하십니다. 자신이 지금 어떤 상태에 있는지 보라는 것입니다. 안약을 사라는 것은 예수님의 눈을 가지라는 말씀이요, 예수의 눈은 일곱 눈이요 일곱 날의 빛이요 일곱 날의 영이니 예수가 가지고 있는 안약을 사서 바르고 사도들과 선지자들의 영과 눈으로 하나님의 나라를 보고 새 하늘과 새 땅을 볼 수 있는 자들이 되라는 말씀입니다. 오늘날 기독교인들도 예수님의 금(金)과 같은 믿음을 매수하여 예수님의 옷(흰옷)을 입고 예수의 눈 안약을 가지면 예수님의 보좌에 앉게 하여 주시겠다는 것입니다.

말씀의 실체이신 하나님께서 육신을 입고 오시면서 하나님의 보좌에 앉아 은혜시대를 창조하셨던 것처럼, 오늘날 아멘이요 충성된 증인이시오 창조의 근본이신 주님을 이기고 예수님의 보좌에 앉은 자들을 통하여 새 하늘과 새 땅을 창조하는 자들이 되게 하시겠다는 말씀입니다.

하나님께서 주신 좋은 것을 누리면서도 주를 섬기지 않고 악을 행하는 자기 자신을 보는 눈이 열려야 합니다. 눈이 열려서 자기 자신을 볼 때 진심으로 기도하게 됩니다. 사람의 열심은 하나님의 일을 방해하게 되고 또한 자기 자신을 해하게 만듭니다. 바울이 하나님을 위해서 얼마나 열심이었던 사람이었나요? 가말리엘 문하에서 배우기 위해 열심을 내었고 율법을 지키기 위해 열심을 내었고 예수님을 믿는 사람들을 잡아들이기 위해 열심을 내었습니다. 그러나 그것은 하나님의 음성을 들은 후에 열심을 내고 최선을 다하는 것이 아니었습니다. 하나님께 순종한 것이 아니라는 것입니다. 사람의 악한 생각들 뿐만 아니라 사람의 선한 생각들이 얼마나 하나님의 일을 방해하고 자신을 자해하는 일을 하는지를 볼 수 있어야 합니다. 이것을 볼 수 없으면 자신을 부인하는 일을 하지 못하고 자신을 부인하지 못하면 주님을 따를 수도 없게 됩니다. 주님을 따르지 못하면 그 마지막은 영원한 지옥형벌입니다.

자신을 부인하며 하나님과 동행하지 않는 것이 얼마나 큰 대가를 불러오는지를 깊이 생각해 보아야 합니다. 아브라함이 어떻게 믿는 자의 조상이 되었는가요? 자신을 부인하고 하나님께서 말씀하시는 대로 따랐기 때문입니다. 자신을 부인하지 않는데 이삭을 제물로 바칠 수 있었겠는가요? 자신을 부인하고 전적으로 하나님을 신뢰하니 이삭을 제물로 바칠 수 있는 것입니다. 우리가 삶에서 하나님을 전적으로 따르지 못하는 것은 자신을 부인하지 못했기 때문입니다. 자신의 생각들, 선한 것이든 악한 것이든 자신의 생각들을 부인하지 못했기 때문입니다. 바울이 왜 3일 동안 눈이 멀었을까요? 바울의 생각대로 할 수 없다는 것을 경험시켜 주신 것입니다. 그 3일 동안 누가 도와주지 않으면 아무것도 할 수 없는 자신을 보며 바울은 사람의 생각대로 사는 것이 아니라는 것을 깊게 경험했을 것입니다. 그리고 다시는 그렇게 살지 않겠다고 회개하며 하나님께 부르짖지 않았겠습니까? 아나니아를 통하여 회복한 뒤에 바울이 즉시 회당에서 예수님을 하나님의 아들이라고 선포할 수 있었던 것은 자신을 부인하였기 때문이고 하나님의 능력과 하나님의 증거하심을 경험하게 되어 하나님의 영으로 충만해졌기 때문입니다.

"아나니아가 떠나 그 집에 들어가서 그에게 안수하여 이르되 형제 사울아 주 곧 네가 오는 길에서 나타나셨던 예수께서 나를 보내어 너로 다시 보게 하시고 성령으로 충만하게 하신다하니"(행 9:17). 하나님을 위한다는 사람의 생각이 얼마나 자신과 주변 사람들에게 피해를 주는지를 보아야 합니다. 진리를 보는 눈이 열려야 합니다. 영안이 열렸다는 것은 진리를 보는 눈이 열렸다는 것입니다. "내 눈을 열어 주소서. 그리하시면 내가 주의 법의 경이로운 것들을 보리이다."(시 119:18). 진리를 보는 눈이 열려야 나 자신과 다른 사람들이 하나님을 위한다는 사람의 생각으로 행하는지, 정말 하나님의 뜻대로 행하는지, 자신의 유익을 위하여 행하는 지를 볼 수 있습니다. 성경의 기록과 같이 진리를 감각하는 장성한 믿음의 선배들은 감각적으로 알 수 있을 것입니다. 우리 역시 그렇게 장성한 사람들이 되어 그리스도의 충만하신 경지에까지 도달해야 합니다. 그러면 이후에는 주님 안에서 감각적으로 분별하게 될 것입니다. "단단한 음식은 장성한 사람들의 것이니, 그들은 그 말씀을 사용함으로 감각들을 단련하여 선과 악을 분별하는 사람들이라."(히 5:14).

하나님께서는 사람의 생각을 빼기 위해, 사람의 힘을 빼기 위해 사람을 광야로 보내시는 분입니다. 모세가 팔십 세가 될 때까지 하나님의 일을 하기 위해 자격증을 준비한 것이 아닙니다. 요셉이 애굽의 총리가 되기 위해 자격증을 준비한 것이 아니고 다니엘이 바빌론 전 지방의 치리자가 되기 위해 자격증을 준비한 것이 아닙니다. 모세는 애굽에서 도망가서 팔십 세가 될 때까지 장인 집의 양들을 치고 있었고, 요셉은 감옥에 있었고, 다니엘은 포로였습니다. 자신들이 무엇을 할 수 있는 사람들이 아니었습니다. 그들의 삶은 광야에 있는 것과 마찬가지였습니다. 그런 이들의 삶에서 하나님께서 일하셨을 때는 사람의 생각을 빼고, 사람의 힘을 빼고 온전히 하나님만 바라보았을 때였습니다. 하나님의 일을 하기 위해 무엇을 하려고 애쓰는 것도 아닙니다. 사람의 생각으로는 어떤 것도 하지 않고 가만히 있는 것 자체가 하나님의 일을 할 준비를 하는 것입니다.

자신의 생각들을 부인하기 위해, 자신의 힘을 빼기 위해 수많은 생각들 중에 그래서 그에 관한 하나님의 생각은 무엇인지를 비추어 봐야 합니다. 빛이 비치면 어둠은 물러갑니다. 이 어두운 세상의 주관자들이 넣는 생각에 빛을 비추면 어둠의 세력들은 물러가게 되어 있습니다. 빛은 진리, 곧 하나님의 말씀이고 주님이시기 때문입니다. 우리에게 들어오는 수많은 생각들에 관하여 빛을 비추면 진리가 드러나서 어두운 생각들이 사라지는 것을 경험하게 되는 것입니다. “주의 말씀을 열면 빛이 비치어 우둔한 사람들을 깨닫게 하나이다.”(시 119:130). 성경은 “사람이 물과 성령으로 거듭나지 아니하면 하늘나라를 볼 수 없다”고 말씀하셨습니다.

육으로 난 것은 육이요, 성령으로 난 것이 영입니다. 우리는 부정모혈로 육으로 태어나 육의 사람이 되었지만 이제 또다시 성령으로 태어나야 하는 것입니다. 우리는 성령으로 태어날 수밖에 없는 것입니다. 이러므로 유대인의 선생이요 율법사로서 윤리와 도덕적인 면에서 흠이 없는 사람이었던 니고데모가 주님을 찾아왔었을 때 예수님께서는 단도직입적으로 “내가 진실로 진실로 네게 이르노니 사람이 물과 성령으로 거듭나지 아니하면 하늘나라를 볼 수 없느니라”고 말씀하셨던 것입니다.

이와 같이 거듭난다는 것은 하나님께로부터 태어나는 것입니다. 이는 혈통으로나 육적으로나 사람의 뜻으로 나지 않고 아버지께로부터 태어나야 하는 것입니다. 이렇게 거듭나게 하기 위해서 하나님께서 그 아들 예수님을 보내주신 것입니다. 하나님의 아들 예수님은 바로 우리의 생명나무요 생명의 씨앗인 것입니다. 예수께서 오셔서 우리의 거역한 모든 죄를 당신의 몸에 짊어지고 죄악을 다 책임지시고 십자가에서 몸 찢고 피 흘리시며 죽으심으로 말미암아 우리를 구하시고 죽은지 사흘 만에 부활하심으로 말미암아 생명의 원천이 되신 것입니다. 이러므로 예수 그리스도를 구주로 모시지 않고 거듭날 수 있는 사람은 한 사람도 없습니다. 예수님의 생명나무에 접붙임을 받지 않고 생명을 얻을 존재는 없습니다. 예수님의 생명의 씨앗을 받아야 우리가 영의 사람, 신령한 사람으로 태어나게 되는 것입니다.

저는 이런 이야기를 들었습니다. 이 사람은 가난한 집에서 태어나서 결심하고 뼈가 으스러지도록 일을 해서 48살에 거부가 되어 더 이상 일한 필요가 없어서 은퇴했다고 말했습니다. 그는 은퇴한 후 아들과 함께 산장을 지어놓고 사냥, 낚시를 해보고 해도 마음에 만족을 느낄 수가 없다고 했습니다. 뼈가 부러지게 일을 할 때는 가난을 면해보겠다고 일했으므로 인생의 권태를 몰랐는데 이제는 은퇴 후 시간과 돈이 있다가 보니 인생이 허무하기 짝이 없다는 것입니다. 왜 사는지 그 공허가 말할 수 없다는 것입니다.

그래서 예수를 믿으라고 했다는 것입니다. 그러니까, 예수를 믿는다고 공허감이 사라지느냐고 묻더랍니다. 그래서 예수를 믿고 성령으로 충만해지면 마음의 참 평안을 찾게 될 것이라고 예수를 믿을 것을 권면 했습니다. 그래서 예수를 믿고 교회에 나가기 시작하자 공허감이 사라졌다는 것입니다. 예수님을 믿고 구원을 받아야 비로소 우리 마음속의 공허와 허탈감이 사라지는 것입니다. 왜냐하면 하나님께서 사람을 지으셨을 때 하나님을 주인으로 모시며 살도록 만들어 놓으셨기 때문입니다. 하나님이 없으면 그 마음속에 영원한 공허감이 생기게 되는 것입니다. 사람은 영적인 존재이기 때문에 영의 만족을 누리지 않으면 공허할 수밖에 없는 것입니다.

영적인 공허함 그것은 돈, 지위, 명예, 권세로 절대 메울 수 없습니다. 오직 예수님을 모시고 거듭나면 마음속이 공허가 메워지는 것입니다. 그리고 삶의 참 목적과 가치와 기쁨을 체험하게 되는 것입니다. 이러므로 영의 사람, 영적인 사고를 하는 사람은 말씀과 성령으로 거듭난 사람을 말합니다. 예수님을 구주로 살아서 주인으로 역사하시는 분으로 믿는 사람을 말합니다.

영적인 사고를 하는 사람은 하나님의 자녀가 된 사람을 말합니다. 인본주의에서 벗어나 하나님을 중심에 모시고 섬기는 신본주의가 되어서 의와 거룩함의 열매를 맺게 되는 것입니다. 그러므로 우리모두가 다 하나님의 자녀인 것입니다. 더 나아가서 영적인 사고를 하는 사람이란 하나님의 성령이 주인으로 계시는 사람입니다. 예수를 주인으로 영접하여 영의 사람이 되자마자 하나님은 거룩한 성령을 우리에게 보내주셔서 성령이 우리 속에 거하고 계시는 것입니다. 성경은 "너희가 하나님의 성전인 것과 하나님의 성령이 너희 안에 거하시는 것을 알지 못하느뇨" 라고 말씀하십니다. 육으로 있을 때는 육의 세계만 알지만 하나님이 성령이 오셔서 거하심으로 말미암아 3차원의 육의 세계를 떠나 영의 눈이 열려 신령한 세계의 시민이 되고, 신령한 세계와 대화하고 호흡하게 되는 것입니다.

육에 속한 사람은 하나님의 성령의 일을 받지도 아니하고 신령한 세계에 대해 전혀 알 수 없습니다. 그런 우리 속에는 성령이 오셔서 거하시게 되므로 신령한 세계와 대화가 이루어지고 호흡할 수 있게 되는 것입니다. 우리 속에 신령한 세계가 개발되어 들어오게 되는 것입니다. 이렇기 때문에 영의 눈이 렬려 영적인 사고를 하는 영에 속한 사람과 육에 속한 사람은 다릅니다.

그래서 하나님의 영적인 사고를 하는 성령의 사람은 기도와 말씀이 요구되는 것입니다. 그는 기도하지 않고는 살 수가 없습니다. 성령이 주인으로 들어와 계시므로 하나님과 교제하는 대화의 생활을 통해 신령한 하나님의 생명이 우리에게 공급되는 것입니다. 성령으로 기도하지 않으면 하늘나라의 신령한 생명이 우리에게 공급되지 않습니다. 영적인 사고를 할 수가 없습니다.

그러므로 교회에 아무리 왔다 갔다 하여도 성령으로 기도하지 않는 사람은 하나님의 생명(성령)을 받을 수가 없는 것입니다. 성령이 아니고는 영적인 사고를 할 수가 없습니다. 자신의 부족를 볼 수가 없습니다. 그리고 성령이 거하시며 영적인 사고를 하는 사람은 하나님의 성령이 주시는 영의 양식을 먹어야 합니다. 육의 양식을 먹지 않으면 살아날 천하장사가 없는 것처럼, 성령 안에서 영의 양식을 먹지 않고서 영적인 사고를 할 수 있는 영이 살아날 사람은 없는 것입니다. 그래서 우리는 하나님의 말씀을 열심히 먹고 싶은 욕구가 생기는 것입니다. 그리고 하나님의 성령이 거하시기 때문에 성령이 증거의 영으로서 우리로 하여금 육의 세계가 아닌 영의 세계가 있다는 것을 끊임없이 증거 하게 만드시는 것입니다.

이러므로 육신의 정욕, 안목의 정욕, 이생의 자랑을 따라 썩어질 것만 추구하는 사람들에게 '이 길로 가면 종국에는 멸망한다. 죽어 지옥에 떨어지게 되고 만다. 그러나 여기에 더 높은 길, 다른 길, 사는 길이 있다. 그리스도의 길이 있다'하고 성령께서는 우리를 통해 부모, 형제, 친지, 이웃 간에 지속적으로 전도하게 만들어 주시는 것입니다. 그리고 성령께서 속에 거하시기 때문에 폐일언하고 생활에서 영적인 사고를 하며 성령의 열매가 맺어집니다. 감나무에 감 열리고 밤나무에 밤 열리는 것처럼, 성령이 오시면 성령의 열매인 사랑, 희락, 화평, 오래 참음, 자비, 양선, 충성, 온유, 절제와 같은 열매가 맺어지게 되는 것입니다.

예수님을 믿어 교회를 10년 20년 다녔다고 해서 조금도 열매 없는 삶을 사는 것은 영적인 사고를 하지 않기 때문입니다. 그 사람 속에 성령이 주인이 되시지 않았다는 증거입니다. 또한 영의 사람이 되지 않았다는 증거입니다. 많은 사람이 '나는 카톨릭 교인이다. 프로테스탄트다'하고 말하면서도 예수를 구주로 모시고, 성령이 내주 장악하는 체험을 하지 않아, 영의 사람이 되지 않았기 때문에 십 년을 믿어도 변화되지 않고 성령의 열매가 없습니다. 그래서 '예수 믿는 저 사람을 봐라 예수 믿는 사람이 저런 사람이냐?' 하는 지탄을 받게 됩니다. 그러나 영의 사람이 되어 영적인 사고를 하며 성령이 속에 거하시는 사람이 되면 성령께서 우리의 생활 속에 열매를 맺을 수 있도록 역사 하여 주시는 것입니다. 이러므로 영의 사람은 영적인 사고를 하며 성령의 열매를 맺게 되는 것입니다.

그리고 영적인 사고를 하는 영의 사람은 하나님 앞에 의롭다 함을 입은 사람입니다. 예수님께서 우리의 일체의 죄악을 짊어지셨기 때문에 죄에서 용서를 받고 이제는 죄를 한 번도 안 지은 사람처럼 하나님 앞에 부끄럼 없이 설 수 있는 자격자로서 의롭다 함을 입은 사람이 됩니다. 영적인 사고를 하며 영의 사람은 그리스도와 함께 그 영광과 고난에 참여하는 사람이 되는 것입니다. 영의 사람이기 때문에 예수께서 십자가에서 우리의 죄를 도말 하셔서 중생의 열매를 얻고 성령 충만의 열매를 맛봅니다. 치료의 열매를 맛보고, 저주에서 해방되는 축복의 열매를 맛보며, 영원한 천국의 영광의 열매를 맛볼 수 있는 것입니다. 영적인 사고를 하는 영의 사람은 영생천국의 상속자인 것입니다.

하나님께서 우리를 일으켜 세우신 것은 그리스도와 함께 신령한 세계와 온 물질적인 우주를 상속받게 하시기 위해서입니다. 그래서 오늘날 이 세상 사람들은 영적인 사고를 하는 영에 속한 사람이거나 육에 속한 사람인 것입니다. 영에 속한 사람, 육에 속한 사람, 그 종류 이외의 존재란 이 세상에 존재하지 않습니다. 교회가 존재하는 것은 육에 속한 사람에게 거듭나서 영의 사람이 되라고 외치기 위한 것입니다. 영적인 사고를 하여 영안을 열고 영에 속한 사람으로 변화되는 기간을 단축하시기를 바랍니다.

로마서 8잘 9절에 "만일 너희 속에 하나님의 영이 거하시면 너희가 육신에 있지 아니하고 영에 있나니 누구든지 그리스도의 영이 없으면 그리스도의 사람이 아니라"고 말씀하고 있는 것입니다. 오늘 예수를 나의 주인 구주로 믿으셨으면 '아멘' 하십시다. 그렇다면 영적인 사고로 생활하며 성령의 인도를 받아야 합니다. 그래야 하나님이 원하시는 대로 영안이 열리는 것입니다. 이 사람은 영적인 사고로 생활하며 말씀과 성령으로 사는 사람인 것입니다. 육신의 정욕을 따라 살지 아니하고, 인간의 혼의 교만과 인간의 지성으로 살지 아니하고, 말씀과 성령으로 사는 사람인 것입니다. TV를 보거나 컴퓨터를 하더라도 영적인 사고를 하며 사는 신령한 사람인 것입니다. 세상 모든 생활을 할 때 영적으로 사고하는 사람이 신령한 사람입니다. 하나님은 이런 영적인 사람을 들어서 사용하십니다. 하나님은 지금도 이런 사람을 찾고 있습니다. 이렇게 영적인 사고로 생활하며 변화된 사람이 되게 하기 위하여 성령으로 인도하며 훈련하시는 것입니다.

성경은 말하기를 사람이 떡으로만 살 것이 아니요, 하나님의 입으로 나오는 모든 말씀으로 살 것이라고 했는데, 이 말씀은 바로 하나님의 지식이요, 하나님의 지혜요, 하나님의 판단인 것입니다. 우리가 영적인 사고로 생활하며 영으로 사는 사람은 주야로 이 성경 말씀을 자기의 삶의 양식으로 삼아야 되는 것입니다. 우리가 육신의 떡을 먹고사는 것처럼, 우리의 이 신령한 영은 하나님의 영의 말씀을 먹고삽니다. 영적인 사고로 생활할 때 영이 깨어나기 때문에 영안이 열리는 것입니다. 이렇기 때문에 말씀을 등한히 하면서, 신령한 생활을 할 수 있다는 것은 절대로 거짓말인 것입니다. 말씀은 매일 먹어야 되고, 매주일 먹어야 되고, 묵상해야 되는 것입니다. 그리고 영적인 사고를 하며 생활을 해야 합니다. 그래야 영이 깨어나고 사고가 영적으로 변하니 영안이 밝아지는 것입니다. 영안은 영적으로 사고를 해야 열리는 것입니다. 영적으로 사고를 하며 생활을 하고 말씀을 삶에 적용하며 체험을 할 때 영안이 열리는 것입니다. 영안은 능력 있는 사람에게 눈 안수 한번 받았다고 열리는 것이 아닙니다. 성령으로 말씀을 깨달을 때 영안이 열리는 것입니다.

예수를 믿고 말씀과 성령으로 거듭난 사람은 하루 빨리 육적인 사고를 탈피해야 합니다. 영적인 사고로 바꾸어야 합니다. 그러기 위해서 생활을 하면서도 영적으로 사고를 해야 합니다.

이 책을 통해 예수님이 땅끝까지 전파 되기를 소원합니다.
(출판으로 인한 이익금은 문서선교와 개척교회 선교에 사용합니다.)

꼬인 인생을 푸시려면 이리해 보세요.

발 행 일 l 2025. 2. 05초판 1쇄 발행

지 은 이 l 강요셉

펴 낸 이 l 강무신

편집담당 l 강무신

디 자 인 l 강요셉

교정담당 l 강무신

펴 낸 곳 l 도서출판 성령

신고번호 l 제22-3134호(2007.5.25)

등록번호 l 114-90-70539

주 소 l 서울 서초구 방배천로 2길 53(방배동)

전 화 l 02)3474-0675/ 3472-0191

E-mail l kangms113@hanmail.net

유 통 l 하늘유통. 031)947-7777

ISBN l 978-89-97999-97-2 부가기호 l 03230

가 격 l 18,000원